STUDY ON
THE STRATEGIES OF PROMOTING RURAL
REVITALIZATION IN BEIJING

北京推进实施乡村振兴战略的对策研究

陈俊红　龚晶　孙素芬 / 等著

中国经济出版社
CHINA ECONOMIC PUBLISHING HOUSE
北京

图书在版编目（CIP）数据

北京推进实施乡村振兴战略的对策研究/陈俊红等著.
—北京：中国经济出版社，2019.4
ISBN 978 – 7 – 5136 – 5571 – 2

Ⅰ.①北… Ⅱ.①陈… Ⅲ.①农村经济发展—研究—北京 Ⅳ.①F327.1

中国版本图书馆CIP数据核字（2019）第039397号

责任编辑　叶亲忠
责任印制　马小宾
封面设计　华子图文

出版发行	中国经济出版社
印　刷　者	北京建宏印刷有限公司
经　销　者	各地新华书店
开　　　本	710mm×1000mm　1/16
印　　　张	18.75
字　　　数	300千字
版　　　次	2019年5月第1版
印　　　次	2019年5月第1次
定　　　价	48.00元

广告经营许可证　京西工商广字第8179号

中国经济出版社网址　www.economyph.com　社址　北京市西城区百万庄北街3号邮编 100037
本版图书如存在印装质量问题，请与本社发行中心联系调换（联系电话：010 – 68330607）

版权所有　盗版必究（举报电话：010 – 68355416　010 – 68319282）
国家版权局反盗版举报中心（举报电话：12390）　　服务热线：010 – 88386794

编 委 会

（按姓氏笔画排序）

孙素芬　张慧智　杜洪燕　吴　红
陈玛琳　陈俊红　陈香玉　陈　慈
周中仁　孟　鹤　赵　姜　龚　晶

序

乡村振兴　北京画卷

"农者，天下之大本也。"在更加注重公平正义和均衡发展的新时代，全面加强相对薄弱的"三农"工作，不仅是国家的意图伦理，也是国家的责任伦理。党的十九大明确提出实施乡村振兴战略，坚持农业农村优先发展。2018年9月印发的《乡村振兴战略规划（2018—2022年）》，进一步明确了乡村振兴战略的目标任务和基本原则：到2020年，乡村振兴取得重要进展，制度框架和政策体系基本形成；到2035年，乡村振兴取得决定性进展，农业农村现代化基本实现；到2050年，乡村全面振兴，农业强、农村美、农民富全面实现。这是以人民为中心的发展观的直接体现，也是党对广大农民做出的庄严承诺。

北京市作为首都，解决好"三农"问题，推进高标准、高水平、高质量农业农村现代化，是建设"四个中心"和国际一流的和谐宜居之都的必然要求，对全国实施乡村振兴战略具有重要的示范引领作用。党的十八大以来，北京市以习近平总书记关于"三农"工作的重要论述和对北京重要讲话精神为根本遵循，不断加大统筹城乡改革发展力度，出台了一系列强农惠农富农政策举措，全市农业农村呈现良好发展局面，为实施乡村振兴战略奠定了坚实基础。北京乡村所独有的生态资源优势和人文资源优势，已成为转换乡村发展方式、推动产业转型升级的新动能，为乡村振兴提供着必不可少的物质基础和精神内涵保障。2017年全市农业生态服务价值贡献率已达到61.6%，其中，旅游服务价值增长8.4%，对农业生态服务的价值贡献率达到96.5%。

与此同时，北京市的乡村振兴也面临着前所未有的挑战。随着时代的发展，北京的"乡村"已不是传统意义上的"乡村"。从各方面统计和调研数据来看，北京"农村"之"农"的特征越来越不明显，传统的"工农"和"城乡"关系发生转变，日渐呈现出"大城市小农业""大京郊小城区"的特点。截至2017年底，北京市域面积中1.5万平方公里为郊区

"农村",占全市面积的91.5%,是城市面积的11倍。但是,北京"农村"人口仅占全市的13.5%,第一产业从业人员比重仅为4%,完全从事与传统农业有关的人口比例则更小;2017年第一产业生产总值为120.4亿元,占全市GDP比重仅为0.4%;同时,全年农林牧渔业总产值同比下降8.8%,农业的生产功能进一步弱化。

推进北京市乡村振兴,必须立足于北京的现实,充分考虑特大城市的城乡结构关系,既促进城市和谐宜居,又要实现农村现代化,增进农民福祉,实现城乡融合发展,美美与共。一方面,要做到在干部配备上优先考虑、在要素配置上优先满足、在资金投入上优先保障、在公共服务上优先安排,实现农业农村优先发展。同时,要"建立健全城乡融合发展体制机制和政策体系","清除阻碍要素下乡各种障碍",并进一步赋权,"破除一切束缚农民手脚的不合理限制和歧视",解决农村有资源缺要素的现状,完善乡村振兴的动力机制。另一方面,要充分发挥自身的地理区位和地缘优势,依靠自身所具有的独特资源,在乡村环境整治、绿色农业发展和乡村旅游品质上重点突破,在集体经济组织发展水平、低收入脱低工作水平和基层治理水平上重点提升,努力走出一条具有首都特点的乡村振兴之路。

本书深入贯彻落实党的十九大以及《中共中央国务院关于实施乡村振兴战略的意见》和北京市委市政府《关于实施乡村振兴战略的措施》精神,对标对表《乡村振兴战略规划(2018—2022年)》任务要求,结合北京市实际,从乡村振兴的"20字方针"出发,深入分析北京农业农村发展的现状、问题,借鉴国内外典型经验,为编制北京市乡村振兴战略规划、加快推进乡村振兴战略实施提供参考。本书也是跨专业合作研究的成果。编写团队的专业背景涉及农业经济管理、农村区域发展、农业资源与环境、农业知识管理等,内容基本涵盖了产业兴旺、生态宜居、乡风文明、治理有效、生活富裕等乡村振兴的各个方面,力求用科学、客观的学术语言,为读者描绘出一幅乡村振兴的"北京画卷"。在这幅画卷当中,古老的京郊大地正孕育着蓬勃力量,展示着首都北京的生动实践。

北京市农林科学院院长

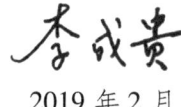

2019年2月

前　言

党的十九大做出中国特色社会主义进入新时代的科学论断，提出实施乡村振兴战略的重大历史任务，指出要按照"产业兴旺、生态宜居、乡风文明、治理有效、生活富裕"的总要求，建立健全城乡融合发展体制机制和政策体系，加快推进农业农村现代化。2018年中央农村工作会议进一步确定实施乡村振兴战略"三步走"时间表，并提出要走中国特色社会主义乡村振兴道路。2018年中央一号文件制定《中共中央国务院关于实施乡村振兴战略的意见》，确立起乡村振兴战略的"四梁八柱"，实施乡村振兴战略做出了全面的部署。为进一步落实乡村振兴战略，2018年9月中共中央、国务院印发了《乡村振兴战略规划（2018—2022年）》，围绕今后5年这个阶段的主要任务做出阶段性安排和部署，提出要梯次推进乡村振兴。未来我国发展将由"城乡统筹"发展进入到"城乡融合"发展的新时代，国家资源的配置必定更大程度地向"三农"倾斜，补农业短板，我国农业的发展、农村的繁荣、农民的富裕也将得到更大力度的推进。

为全面深入贯彻落实十九大精神和实施《北京城市总体规划（2016—2035年）》，2018年1月，北京市人民政府办公厅印发了《关于开展"实施乡村振兴战略、推进美丽乡村建设"专项行动（2017—2020年）的实施意见》，确定了以美丽乡村建设为抓手，全面提高农村文明程度、增加农民收入、缩小城乡差距、提升农村精细化管理水平。2018年5月，北京市政府印发了《关于实施乡村振兴战略的措施》，提出抓紧研究编制北京市乡村振兴战略实施规划，明确目标任务和重大项目，并按年度分解任务，动态实施，滚动推进。为全面了解北京乡村振兴的基础，分析乡村发展不平衡不充分问题所在，服务于北京市乡村振兴规划编制，课题组开展了相关研究。

本书作为对北京乡村振兴基础的系统总结和研究梳理，共由三部分组成。上编为北京推进实施乡村振兴战略的对策研究。围绕乡村振兴战略提出的"产业兴旺、生态宜居、乡风文明、治理有效、生活富裕"的总目标，梳理了北京落实乡村振兴战略的现实基础，研判北京落实乡村振兴战略面临的新形势及乡村演变发展态势，从壮大优势产业、培育农村人才、提升乡风文明、改善乡村生态宜居环境、加强乡村自治法治德治、促进城乡民生保障均等化、深化城乡融合发展体制机制改革方面提出北京实施乡村振兴战略的对策建议。中编为专题研究。结合乡村振兴战略总要求及北京农业农村发展热点问题，下设北京美丽宜居乡村建设、农村产业发展、乡风文明、农村民生保障、乡村治理、城乡融合发展体制机制、农村人口老龄化问题七个研究专题。深入分析北京农业农村发展状况、特点及存在的主要问题，并有针对性地提出了对策建议。下编为乡村振兴国内外经验案例。采取调研和专家咨询方式，搜集、整理了北京市、国内其他省份、其他国家和地区的近百个典型案例，总结了各地具体做法，并借鉴经验。

本书拟解决两个问题：第一，深入理解乡村振兴内涵，围绕乡村振兴战略总体要求，力求构建研究乡村振兴问题的体系框架；第二，梳理近些年北京市农业农村发展基础，提出了振兴乡村的有关建议，为有关部门制定乡村振兴的相关政策提供决策支撑；第三，搜集整理各地乡村振兴典型做法，为深入开展实践研究提供参考。希望通过对上述三个问题的解决，能为北京市全面实施乡村振兴战略，决胜全面建成小康社会和建设国际一流的和谐宜居之都宏伟目标尽一份绵薄之力。

尽管课题组成员做了很大努力，但因时间和水平限制，书中仍有许多不完善之处，一些内容还需要今后进一步深入研究探讨，恳请读者对本书提出宝贵意见。

著　者
2018 年 12 月于北京

目 录

上编　推进实施乡村振兴战略的对策研究

- 一、研究背景和研究意义 ·· 3
  - （一）研究背景 ·· 3
  - （二）研究意义 ·· 4
  - （三）研究内容和方法 ·· 4
- 二、北京农村概况 ·· 5
  - （一）行政区划 ·· 5
  - （二）农村人口 ·· 6
  - （三）土地利用 ·· 9
  - （四）村庄分类 ··· 10
- 三、北京实施乡村振兴战略的现实基础 ································ 11
  - （一）农村美丽宜居环境建设 ······································· 11
  - （二）农村产业发展 ··· 13
  - （三）农村公共服务和民生保障 ···································· 14
  - （四）乡风文明建设 ··· 16
  - （五）乡村治理 ··· 17
  - （六）农村人才培养 ··· 18
  - （七）农村体制机制改革 ·· 19
- 四、北京实施乡村振兴战略面临的形势分析 ························· 20
  - （一）面临的机遇 ·· 20
  - （二）面临的挑战 ·· 21
- 五、乡村社会结构的变迁及乡村功能的变化 ························· 23

  （一）乡村功能的变化 ·· 23
  （二）推进实施乡村振兴的思路 ······································ 25
六、北京实施乡村振兴战略的对策建议 ····································· 26
  （一）加快培育壮大优势产业 ··· 26
  （二）完善农村人才培育和引进制度 ································ 27
  （三）全方位提升乡风文明 ·· 28
  （四）着力改善乡村生态宜居环境 ··································· 29
  （五）加强乡村自治法治德治 ·· 30
  （六）促进城乡民生保障均等化 ······································ 32
  （七）深化城乡融合发展体制机制改革 ···························· 33

中编　推进实施乡村振兴战略的专题研究

专题Ⅰ　北京美丽宜居乡村建设问题研究 ···························· 37

一、农村人居环境建设 ··· 37
  （一）农村疏解整治工作全面推进 ··································· 37
  （二）农村污水处理水平不断改善 ··································· 38
  （三）农村垃圾处理取得显著成效 ··································· 38
  （四）农村厕所革命持续深入开展 ··································· 39
  （五）村庄绿化美化水平不断提高 ··································· 39

二、农村基础设施建设 ··· 40
  （一）乡村路网建设水平不断提高 ··································· 40
  （二）村镇供水蓄水水平不断提高 ··································· 42
  （三）农村清洁能源利用超常规推进 ································ 42
  （四）农村信息化建设水平不断提高 ································ 43
  （五）邮政快递业提档升级发展 ······································ 43
  （六）其他基础设施建设 ··· 44
  （七）农村基础设施运营管护机制不断健全 ······················ 45

三、乡村生态环境建设 ··· 46
  （一）森林绿地建设大力推进 ·· 46
  （二）水源涵养和水系治理不断加快 ································ 46

  （三）农业污染治理成效显著 …… 46
  （四）生态文明制度建设不断加快 …… 47
  （五）区域生态环境协同保护与建设有效推进 …… 47

四、美丽宜居乡村建设存在的主要问题 …… 48
  （一）人居环境治理还存在突出短板 …… 48
  （二）农村基础设施管护机制亟待优化完善 …… 50
  （三）生态环境保护与修复工作 …… 51

五、对策建议 …… 53
  （一）补短板强弱项，全面推进美丽宜居乡村建设 …… 53
  （二）完善投融资机制，保障建设的巨大资金需求 …… 54
  （三）建立健全管护机制，提高美丽宜居乡村建设成效 …… 55
  （四）巩固生态环境建设成果，支撑美丽宜居乡村建设 …… 56

专题Ⅱ 北京农村产业发展问题研究 …… 60

一、北京市农村产业发展取得成效分析 …… 60
  （一）都市型现代农业 …… 60
  （二）现代种业 …… 67
  （三）乡村旅游业 …… 68
  （四）农产品加工业 …… 70
  （五）农村其他产业 …… 72
  （六）京津冀产业协同发展 …… 73

二、北京市农村产业发展面临的主要问题 …… 74
  （一）产业发展要素制约明显 …… 74
  （二）首都特色"高精尖"产品缺乏 …… 75
  （三）农村产业融合深度有待深入推进 …… 76
  （四）产业发展环境亟须改善 …… 77

三、推进乡村产业发展的对策建议 …… 78
  （一）构建乡村产业发展体系 …… 78
  （二）推动农村产业高质量发展 …… 79
  （三）推动城乡产业要素融合发展 …… 80

专题Ⅲ 北京乡风文明问题研究 ········· 82

一、北京乡风文明建设现状 ········· 82
（一）乡村文化资源保护与开发成效显著 ········· 82
（二）乡村公共文化服务体系建设日趋完善 ········· 84
（三）文明乡风得到有效培育 ········· 86

二、北京乡风文明建设存在的问题 ········· 88
（一）乡村文化资源缺乏保护与过度开发的问题并存 ········· 88
（二）公共文化服务体系尚未健全 ········· 89
（三）弘扬和传承优秀传统文化面临困境 ········· 89

三、推进北京乡风文明的对策建议 ········· 90
（一）加强资金投入、开发管理和文化宣传 ········· 90
（二）加强基层公共服务体系建设 ········· 92
（三）从微观主体探索培育乡风文明 ········· 93

专题Ⅳ 北京农村民生保障问题研究 ········· 95

一、北京农村基本公共服务发展现状 ········· 95
（一）农村教育事业 ········· 95
（二）农村医疗卫生服务 ········· 97
（三）农村养老服务 ········· 98
（四）北京农村就业创业服务 ········· 100

二、北京农村社会保障发展现状 ········· 101
（一）农村养老保险 ········· 101
（二）农村医疗保险 ········· 102
（三）农村社会救助 ········· 103

三、北京低收入帮扶现状 ········· 104

四、北京农村民生保障面临的问题 ········· 108
（一）城乡教育发展不平衡 ········· 108
（二）农村基层医疗卫生服务水平有待提升 ········· 108
（三）农村养老服务能力提升面临挑战 ········· 110
（四）农村剩余劳动力就业难度大 ········· 111
（五）农村社会保障水平仍需提高 ········· 112

（六）低收入户持续增收难点多 ……………………………… 113
五、推进北京农村民生保障工作的对策建议 …………………… 114
　　（一）推进城乡教育均衡发展 …………………………………… 114
　　（二）强化农村医疗卫生服务 …………………………………… 115
　　（三）建设农村养老服务体系 …………………………………… 116
　　（四）促进农村劳动力转移就业 ………………………………… 117
　　（五）进一步完善农村社会保障制度 …………………………… 119
　　（六）深入推进低收入帮扶工作 ………………………………… 120

专题 V　北京乡村治理问题研究 …………………………………… 122

一、北京乡村治理现状 ……………………………………………… 122
　　（一）全面加强农村基层党组织建设 …………………………… 122
　　（二）以村民自治促进社会治理创新 …………………………… 126
　　（三）夯实法治基础，保障乡村治理有效 ……………………… 131
　　（四）实施乡村德治工程 ………………………………………… 134
二、乡村治理中存在的主要问题 …………………………………… 139
　　（一）农村基层党组织服务能力有待提升 ……………………… 139
　　（二）村民自治难以真正落实 …………………………………… 141
　　（三）乡村法治意识薄弱，公共法律服务体系不完善 ………… 143
　　（四）乡村德治建设未得到足够的重视 ………………………… 144
三、促进乡村治理现代化的对策与建议 …………………………… 145
　　（一）增强农村基层党组织引领发展能力 ……………………… 145
　　（二）进一步完善民主自治制度 ………………………………… 148
　　（三）完善社会协同、多元参与的乡村治理体系 ……………… 149
　　（四）健全农村公共法律服务体系 ……………………………… 150
　　（五）"三治"融合发展引领乡村发展 ………………………… 150

专题 VI　北京推进城乡融合发展体制机制研究 …………………… 152

一、农村土地制度改革成效显著 …………………………………… 152
　　（一）农村基本经营制度更加巩固与完善 ……………………… 152
　　（二）农村集体产业用地管理逐步规范 ………………………… 154
　　（三）宅基地制度改革持续创新与优化 ………………………… 154

二、农村集体产权制度改革深入推进 …………………………………… 156
  （一）农村集体产权制度体系不断健全与完善 ………………… 156
  （二）农村集体经济全面发展壮大 ……………………………… 157
  （三）农村集体"三资"监督管理不断加强 …………………… 157
  （四）集体林权制度改革进一步深化 …………………………… 159

三、人才支撑体系建设持续加强 …………………………………………… 159
  （一）人才政策支持不断升级 …………………………………… 160
  （二）农村实用人才队伍建设持续加强 ………………………… 160
  （三）新型经营主体培育创新开展 ……………………………… 161

四、乡村振兴经费投入逐步增强 …………………………………………… 162
  （一）涉农资金管理不断完善 …………………………………… 162
  （二）农用地抵押贷款启动试点 ………………………………… 162
  （三）农业保险覆盖面不断扩大 ………………………………… 163

五、北京城乡融合发展体制机制存在的问题 ……………………………… 163
  （一）"三块地"改革推进困难 ………………………………… 163
  （二）农村集体经济发展存在障碍 ……………………………… 165
  （三）乡村振兴人才瓶颈亟待突破 ……………………………… 166
  （四）农村金融有效供给不足 …………………………………… 167

六、健全北京城乡融合发展体制机制的政策建议 ………………………… 168
  （一）加大改革力度，推进土地节约集约利用 ………………… 168
  （二）全面深化改革，探索农村集体产权制度改革新路径 …… 170
  （三）创新体制机制，构建多层次人才支撑体系 ……………… 171
  （四）采取多项措施，深化农村金融改革 ……………………… 171

专题Ⅶ 北京农村人口老龄化问题研究 ……………………………… 174

一、农村人口年龄特征分析 ………………………………………………… 174
  （一）农村老龄人口比重高，且老龄化速度快 ………………… 174
  （二）农村仍处于人口"红利"期，劳动力后继乏力 ………… 175
  （三）农村人口呈现举家迁徙和长期在外居住趋势 …………… 177

二、人口老龄化对乡村振兴带来的挑战 …………………………………… 178
  （一）农村劳动力活力不足，制约农村产业振兴 ……………… 178
  （二）农村基层管理人才缺乏，制约农村组织振兴 …………… 179

(三) 养老保障供给不足,影响农民幸福感 …… 181
三、北京市农村养老模式探索 …… 182
　(一) 居家养老 …… 182
　(二) 集体养老 …… 184
　(三) 慈善＋志愿＋社会组织 …… 184
四、应对农村人口老龄化的几点建议 …… 185
　(一) 营造"积极老龄化"社会氛围 …… 185
　(二) 培养农村发展高素质人才 …… 186
　(三) 完善农村养老保障体系 …… 186

下编　推进乡村振兴的国内外经验案例

北京篇 …… 191

一、产业兴旺 …… 191
　(一) 典型案例 …… 191
　(二) 经验借鉴 …… 195

二、文明乡风 …… 196
　(一) 典型案例 …… 196
　(二) 经验借鉴 …… 199

三、乡村治理 …… 201
　(一) 典型案例 …… 201

四、农民增收 …… 206
　(一) 典型案例 …… 206
　(二) 经验借鉴 …… 208

五、农村体制机制改革 …… 209
　(一) 典型案例 …… 209
　(二) 经验借鉴 …… 213

全国篇 …… 215

一、产业融合发展 …… 215
　(一) 典型案例 …… 215

（二）经验借鉴 ·· 219
二、美丽宜居乡村建设 ······································ 220
　　（一）典型案例 ·· 220
　　（二）经验借鉴 ·· 225
三、乡风文明 ·· 226
　　（一）典型案例 ·· 226
　　（二）经验借鉴 ·· 230
四、乡村治理 ·· 231
　　（一）典型案例 ·· 231
　　（二）经验借鉴 ·· 237
五、民生保障 ·· 238
　　（一）典型案例 ·· 238
　　（二）经验借鉴 ·· 240
六、盘活乡村资产 ··· 241
　　（一）典型案例 ·· 241
　　（二）经验借鉴 ·· 245
七、引育乡村人才 ··· 246
　　（一）典型案例 ·· 246
　　（二）经验借鉴 ·· 248
八、城乡融合发展 ··· 248
　　（一）典型案例 ·· 248
　　（二）经验借鉴 ·· 250

其他国家篇 ··· 251

一、主要做法 ·· 251
　　（一）日本 ··· 251
　　（二）韩国 ··· 255
　　（三）德国 ··· 256
　　（四）荷兰 ··· 257
　　（五）法国 ··· 258
　　（六）美国 ··· 260
　　（七）英国 ··· 260

二、经验借鉴 ··· 261
 （一）加强顶层设计 ····································· 261
 （二）推进产业升级改造 ································· 264
 （三）夯实生态环保基石 ································· 266
 （四）传承培育文化底蕴 ································· 267
 （五）提升乡村治理能力 ································· 268

参考文献 ··· 269
重要术语索引 ··· 277
后记 ··· 281

上 编

推进实施乡村振兴战略的对策研究

一、研究背景和研究意义

(一) 研究背景

1. 实施乡村振兴战略是新时代做好"三农"工作的总抓手

城市与乡村是一个相互依存、相互融合、互促共荣的生命共同体，城市的发展和繁荣绝不能建立在乡村衰败的基础上。在城镇化进程中，如何避免乡村凋敝，实现城乡共荣是一个世界性的难题。我们党在总结中外农业农村发展经验基础上，着眼于当前城乡经济社会发展实际和未来新型城乡关系发展趋势，提出了振兴乡村的重大战略部署，这是我党"三农"工作一系列方针政策的继承和发展，是解决人民日益增长的美好生活需要和不平衡不充分的发展之间矛盾的必然要求，是实现"两个一百年"奋斗目标的必然要求，更是中国特色社会主义进入新时代做好"三农"工作的总抓手。

2. 实施乡村振兴战略，北京必须带头完成并争创一流

2018年5月，农业农村部部长韩长赋指出"乡村全面振兴将在大中城市率先实现"。北京作为国际化大都市，适合率先启动乡村振兴，全面激发农村活力，成为全国城乡融合发展的"前锋"。2018年1月，北京市颁布了《关于开展"实施乡村振兴战略、推进美丽乡村建设"专项行动（2017—2020年）的实施意见》，启动美丽乡村建设。5月，中共北京市委北京市人民政府印发了《关于实施乡村振兴战略的措施》，提出"实施乡村振兴战略，是党的十九大做出的重大决策部署，北京必须率先贯彻、认真落实；实施乡村振兴战略，是决胜全面建成小康社会、全面建设社会主义现代化国家的重大历史任务，北京必须带头完成、争创一流；实施乡村振兴战略，是新时代'三农'工作的总抓手，北京必须紧抓在手、科学推进。"作为首都，北京在实施乡村振兴战略各个方面，有条件、有责任当好表率、做出示范。

3. 实施乡村振兴战略是北京落实城市定位和建设小康社会的内在要求

2014年2月26日，习近平考察北京时提出"四个中心"，即全国政治中心、文化中心、国际交往中心、科技创新中心，要求努力把北京建设成为国际一流的和谐宜居之都。在新定位的指引下，北京开始大力疏解非首都功能，腾退一般制造业、区域性市场和区域性物流功能，加快构建"高精尖"产业结构。农村是首都的重要组成部分，需要做好服务保障和能力建设，服务于"四个中心"建设。目前，北京农村居民持续增收动能不足，农业绿色发展质量有待提升，环境还存在突出短板，社会事业发展滞后，影响着农民的获得感、幸福感、安全感，是北京实现全面小康社会的短板。研究北京农业农村发展的现状和特点，摸清底数，分析北京农业农村发展不平衡不充分的突出问题（基础设施、公共服务、产业、社会保障等），对于科学落实北京乡村振兴战略具有重要意义。

（二）研究意义

本课题为深入贯彻落实中央农村工作会议精神和《中共中央国务院关于实施乡村振兴战略的意见》，结合北京市实际，从乡村振兴的20字出发，深入分析北京农业农村发展的现状、问题，在借鉴国内外典型经验基础上，提出推进北京乡村振兴战略实施的对策建议。本研究将为政府有关部门的决策提供支撑，也为各界深入了解北京乡村振兴的基础、判断农业农村发展需求及趋势提供参考。

（三）研究内容和方法

1. 研究内容

对标国家发展改革委乡村振兴战略规划要求，专题分析农村人口分布、老龄化、空心化、"闲人"现象等现状问题，系统研究北京市农业农村总体发展状况和特点以及发展不平衡不充分的突出问题（基础设施、公共服务、产业、社会保障等），围绕产业兴旺、生态宜居、乡风文明、治理有效、生活富裕的总要求，研究提出实施乡村振兴战略的规划任务和政策措施建议，为编制北京市乡村振兴战略规划、加快推进乡村振兴战略实施提供参考。

2. 研究方法

本项目主要采用文献资料搜集、座谈会、专题调研等方法开展数据搜集和研究工作。

（1）文献资料搜集。数据来源渠道有：一是政府部门发布的统计年鉴和普查数据。包括《中国统计年鉴》《中国人口和就业统计年鉴（2016）》《北京统计年鉴》《2017年北京市卫生工作统计资料》《北京市第三次全国农业普查主要数据公报》《北京农村经济发展报告》等。二是北京市属44个职能部门有关数据和资料。分析整理各职能部门总结、工作计划和出台的相关政策文件、上位规划、分析工作成效、面临的问题和总结经验，作为本项研究基础。三是学术成果。搜集整理国内外有关乡村振兴研究的学术成果、领导及专家政策解读信息，从宏观和理论上支撑乡村振兴对策研究。

（2）座谈会。与市发改委、市农委、市教委、市农业局、市人力社保局、市民政局、市园林绿化局等政府相关部门领导开展研讨，结合北京实际，共同探询未来乡村振兴之路；邀请农业政策、农村发展等领域权威专家开展学术研讨，研究北京乡村振兴的主要建设内容和实施路径。

（3）专题调研。就农村人口老龄化、农村劳动力就业转移、山区生态搬迁、"三新"农业、闲置农宅利用、基层党建等北京农业农村发展突出问题开展问卷调研和实地走访，撰写分析报告，为本项研究提供技术支撑。

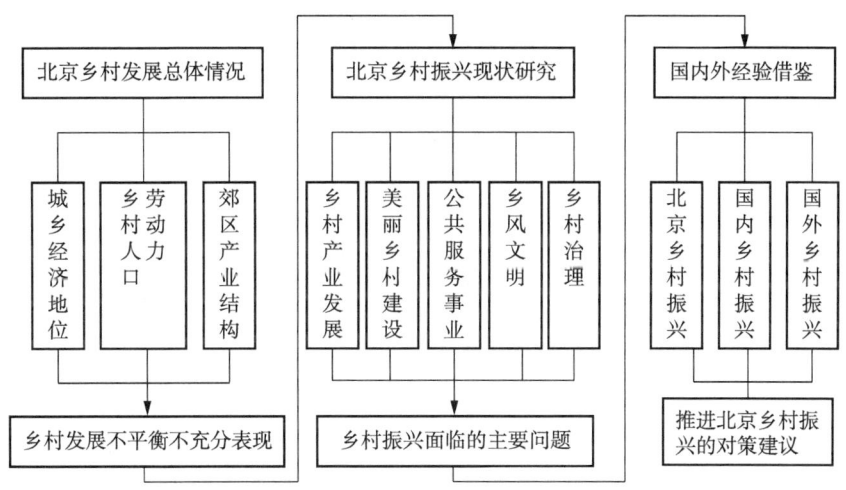

图1 技术路线

二、北京农村概况

（一）行政区划

从行政区划看，北京市乡镇行政区总面积1.55万平方公里，占北京市总面积1.64万平方公里的94.73%，约为中心城区的18.0倍。其中，山区面积1.04万平方公里，占北京市的62%。乡镇建成区面积9550平方公里，是中心城区面积的11倍。乡村行政区域面积1.43万平方公里，占乡镇总面积的92.25%。由此可见，北京呈现了明显的"大京郊、小城区"特点。

北京市郊区现有13个涉农区，196个乡镇（143个建制镇、37个乡、16个街道办事处），其中，通州区于家务回族乡、怀柔区的喇叭沟门满族乡和长哨营满族乡、朝阳区常营地区办事处为少数民族聚居区。

有行政村3838个，包括3822个村委会、16个居民委员会、109个少数民族聚居村、20个中国传统村落。从区域分布看，城市发展新区有行政村数量最多，为2146个，占北京市行政村总数的55.91%；生态涵养区有行政村1409个，占比为36.71%；功能拓展区三个区有行政村283个，占比为7.37%。

从地形风貌情况来看，北京市有平原乡镇112个，丘陵乡镇34个，山区乡镇50个。行政村中，平原村2631个，丘陵村322个，山区村885个。

表1 行政村类型情况

各区	行政村（个）	村委会（个）	居委会（个）	少数民族聚居村（个）	中国传统村落（个）	民族乡（个）
功能拓展区	283	278	5	4	0	1
城市发展新区	2146	2144	2	49	5	1
生态涵养区	1409	1400	9	56	15	2
合计	3838	3822	16	109	20	4

资料来源：第三次全国农业普查，北京市统计局，2016年。

（二）农村人口

截至2017年末，北京市有乡村人口294万人，占北京市常住人口的13.5%。农业户籍人口达到230万人，仅占北京市常住人口的10.5%。从近年来变化趋势看，农村人口在以1.30%的速度缓慢增加，农业户籍人口以年2.2%的速度下降。

从人口密度来看，北京市常住人口主要集中在城区，常住人口2170.7万人，其中，城镇人口1877万人，城镇化率达到86.3%，纯粹意义上的农村、农民和农业比重小，已进入高城市化水平的行列。

表2　北京市人口情况

年份	常住人口				户籍人口		
	总数（万人）	城镇人口	乡村人口	城镇化率（％）	总数（万人）	非农业人口	农业人口
2005	1535	1286.1	251.9	83.79	1180.7	880.2	300.5
2006	1601	1350.2	250.8	84.33	1197.6	905.4	292.2
2007	1676	1416.2	259.8	84.50	1213.3	929	284.3
2008	1771	1503.6	267.4	84.90	1229.9	950.7	279.2
2009	1860	1581.1	278.9	85.01	1245.8	971.9	273.9
2010	1961.9	1686.4	275.5	85.96	1257.8	989.5	268.3
2011	2018.6	1740.7	277.9	86.23	1277.9	1013.8	264.1
2012	2069.3	1783.7	285.6	86.20	1297.5	1039.3	258.2
2013	2114.8	1825.1	289.7	86.30	1316.3	1065	251.3
2014	2151.6	1859	282.6	86.40	1333.4	1089.8	243.6
2015	2170.5	1877.7	292.8	86.51	1345.2	1111.3	233.9
2016	2172.9	1879.6	293.3	86.50	1362.9	1132	230.9
2017	2170.7	1876.7	294.0	86.5	1359.2	1129.5	230
年增长率（％）	2.93	3.20	1.30	0.27	1.18	2.10	-2.20

资料来源：《北京统计年鉴》，北京统计局。

北京农村外来常住人口比重较高。截至2016年末，北京市农村（乡镇和乡村）共有外来人口535.37万人，占北京农村常住人口比重的一半。其中，昌平、海淀、朝阳农村外来人口接近70％，丰台、通州、大兴三个区外来人口比重接近或超过本地常住人口的一半以上。

表3　北京乡村常住人口情况（2016年）

	常住人口（万人）	外来人口（万人）	外来人口比重（％）
朝阳区	190.17	126.90	66.73
丰台区	39.49	20.10	50.91
海淀区	60.14	41.29	68.66
功能拓展区	289.81	188.30	64.98
房山区	94.26	33.07	35.08
通州区	120.31	66.11	54.95
顺义区	78.77	36.47	46.30
昌平区	192.68	137.78	71.51

续表

	常住人口（万人）	外来人口（万人）	外来人口比重（%）
大兴区	96.02	53.04	55.24
城市发展新区	582.05	326.47	56.09
门头沟区	14.51	6.98	48.13
怀柔区	26.19	4.02	15.37
平谷区	39.23	2.78	7.09
密云区	28.95	4.02	13.90
延庆区	20.83	2.78	13.36
生态涵养区	129.70	20.60	15.88
总计	1001.55	535.37	53.45

资料来源：第三次全国农业普查，北京市统计局，2016年。

与城市相比，北京乡村人口老龄化现象更为突出。乡村65岁以上老龄人口占比达到11.5%，乡村比城市高0.9个百分点。按照国际惯例，60岁及以上老年人口占总人口10%以上，或65岁以上老年人口占总人口7%以上的国家或地区，被称为老龄化社会。因此，北京农村已经进入老龄化社会。

表4 北京市农村人口结构（2015年）

	人口数（人）	0~14岁比重（%）	15~64岁比重（%）	65岁以上比重（%）
北京市	335775	10.1	79.2	10.7
城市	268914	10.2	79.2	10.6
建制镇（乡）	20833	10.8	80.0	9.1
乡村	46028	9.5	79.0	11.5

资料来源：《中国人口和就业统计年鉴（2016）》，国家统计局。

从变动趋势看，农村青壮年劳动力大量流入城市，导致农村人口和农村青壮年人口比重下降，少儿与老年人比重上升，呈现农村人口"空心化"现象。自2009年以来，农村地区65岁以上老龄人口比重不断上升，7年来一共增长了1.85个百分点。其中，建制镇（乡）老龄人口增长快于乡村0.15个百分点，0~14岁人口比重下降了1.17个百分点，乡村儿童人口下降明显快于城镇0.97个百分点。

表5 乡村0~14岁和65岁以上人口比重及变动趋势（2009—2015年）

年份	65岁以上人口比重（%）			0~14岁人口比重（%）		
	建制镇（乡）	乡村	合计	建制镇（乡）	乡村	合计
2009	7.83	10.57	10.07	11.35	11.05	11.11
2010	7.22	9.71	8.91	9.83	9.16	9.37
2011	8.82	9.16	9.04	9.38	8.82	9.05
2012	12.85	8.1	9.54	10.93	9.02	9.6
2013	7.39	12.43	11.15	11.45	9.67	10.12
2014	5.23	9.74	8.21	8.28	9.16	8.86
2015	9.15	11.49	10.76	10.81	9.55	9.94
变化幅度	1.93	1.78	1.85	-0.54	-1.51	-1.17

资料来源：《中国人口和就业统计年鉴（2016）》，国家统计局。

从农村户籍来看，农村人口向外流动性较高。全家外出农户占农村户籍农户总数的10.25%，其中，外出超过3年的达到43.19%。从农村户籍人口来看，全家外出人口达到8.66%，其中，外出超过3年以上的人口达到43.95%。

表6 农村人口外出情况（2016年）

各区	全家外出户数比重（%）	其中，全家外出3年及以上户数（%）	全家外出人口（%）	其中，全家外出3年及以上人口（%）
功能拓展区	11.16	50.82	10.13	52.52
城市发展新区	8.39	45.71	7.38	45.74
生态涵养区	13.07	36.78	10.42	36.97
合计	10.25	43.19	8.66	43.95

资料来源：第三次全国农业普查，北京市统计局，2016年。

（三）土地利用

根据北京市统计局三普数据，2015年末，北京农用地经营总面积为1319.54万亩，其中，林地占76.74%，耕地占11.95%，园地占8.8%，渔业占2.46%。近年来，北京市开展的未利用地开发、工矿用地复垦、建设用地整理、山区搬迁、农业结构调整等工作，使耕地面积在减少，林地和草地面积不断增加，林地草地生态功能得到了进一步强化。

表 7　农村土地利用情况（2015 年末）　　　　　　　　　　　　万亩

各区	农业用地	耕地	林地	园地	草地	其他
功能拓展区	36.97	4.83	26.30	3.49	0.05	2.30
城市发展新区	286.31	83.23	153.68	28.41	0.02	20.97
生态涵养区	996.26	69.76	832.67	84.31	0.20	9.32
总计	1319.54	157.81	1012.65	116.20	0.28	32.59

资料来源：第三次全国农业普查，北京市统计局，2016 年。

（四）村庄分类

根据《北京城市总体规划（2016—2035 年）》，2017 年 12 月，北京市出台了《北京市村庄规划导则》，明确北京市行政村庄划分为城镇化、局部或整体迁建、特色保留、提升改造四大类型和村庄建设规划条件，针对不同类型的乡村，应因村施策、分类指导，推进乡村资源整合，集成优化土地政策，提升农村人居环境。

2017 年，北京市规划和国土资源管理委员征求了各区村庄初步分类意见。根据网站数据整理和不完全统计，确定北京市 14 个区 3836 个村庄分类初步意向，其中，城镇化村庄 1148 个，占 29.93%；局部或整体迁建村庄 822 个，占 21.43%；特色保留村庄 324 个，占 8.45%；提升改造村庄 1542 个，占 40.2%。北京市在录的各类特色保留村庄，包括中国历史文化名村 5 个（全部为传统村落），传统村落 44 个。

表 8　北京市村庄"四类"初步分类

各区	城镇化村庄（个）	局部或整体迁建村庄（个）	特色保留村庄（个）	提升改造村庄（个）	合计（个）	比重（%）
丰台	49	7	0	8	64	1.67
海淀	70	8	1	1	80	2.09
朝阳	108	0	5	15	128	3.34
石景山	126	45	22	210	403	10.51
门头沟	37	76	25	34	172	4.48
房山	130	4	12	139	285	7.43
大兴	115	42	36	215	408	10.64
通州	126	45	22	210	403	10.51
顺义	72	44	12	269	397	10.35
昌平	114	67	37	65	283	7.38

续表

各区	城镇化村庄（个）	局部或整体迁建村庄（个）	特色保留村庄（个）	提升改造村庄（个）	合计（个）	比重（%）
怀柔	45	110	26	104	285	7.43
平谷	44	89	16	36	185	4.82
密云	38	158	33	126	355	9.25
延庆	74	127	77	110	388	10.11
北京市	1148	822	324	1542	3836	100.00
比重（%）	29.93	21.43	8.45	40.2	100	

资料来源：课题组根据有关网站数据整理。

三、北京实施乡村振兴战略的现实基础

"十二五"以来，北京市委市政府把城乡发展一体化作为解决"三农"问题的根本途径，加快制度建设，加大投入力度，加强统筹协调，全面推进城乡一体化进程。经过多年来的发展，城乡规划布局、产业发展、基础设施、公共服务、收入和社会保障以及社会管理等方面的一体化水平全面提升。根据北京市统计局监测，2013年北京市城乡一体化进程综合实现程度达88.3%，整体处于较高水平，基本形成了城乡经济社会一体化发展新格局。

（一）农村美丽宜居环境建设

"十二五"以来，北京市不断加大对农村的投入力度，实施了"三起来""五项基础设施""美丽乡村"等建设工程，乡村基础设施水平大幅提升。

1. 扎实推进美丽乡村建设

坚持把美丽乡村建设作为实施乡村振兴战略的重要载体，研究制定了《实施乡村振兴战略扎实推进美丽乡村建设专项行动计划（2018—2020年）》，围绕"清脏、治乱、增绿"抓好农村环境整治，有效推进基础设施和公共服务设施建设。研究制定了《美丽乡村建设导则》《北京市村庄规划导则》《绿化美化工作导则》《四好农村路实施方案》《厕所革命方案》《美丽乡村精神文明建设工作方案》《农宅改造意见》等一系列配套文件措施。2017年全年建成美丽乡村300个，累计达到1300个。目前，北京农村人居环境得到明显改善。农村疏解整治方面，重点加大对违法建筑的查处和整治力度，坚决遏制和打击违法建设行为。依法严厉打击了违法建设"大棚房"行为。农村污

水处理方面，截至2017年底，北京市3930个行政村庄中有957个村庄已解决了污水收集、处理问题，年污水处理量4314万立方米。农村垃圾处理方面，99.3%的村生活垃圾达到集中处理或部分集中处理，农村垃圾处理已达到较高水平。持续农村"厕所革命"，户厕改造73万余座，农户卫生厕所覆盖率达到83%。目前，农村公厕保有量6440座，农村公厕等级达标率达到76.35%。开展农村绿化美化工作，村庄绿化总面积达到2亿多平方米，密云区、房山区、海淀区的村庄绿化覆盖率超过45%。

2. 不断提高基础设施建设水平

目前，北京由轨道交通、高速公路、新城路网、浅山区路网等构建的城乡交通路网体系已具规模，农村生活条件更加便利。一是乡村路网建设。以"四好农村路"建设为抓手，目前北京市乡村公路总里程达到13804公里。中等路以上比例逐年提高，2017年达到90.58%。郊区客运水平不断提升，现有郊区运营线路442条，日均客运量120万人次。农村街坊路是农村公路建设的延伸，街坊路硬化率超90%。二是村镇供水蓄水能力建设。2017年，100%的乡级单位达到集中或部分集中供水。92.6%的村庄饮用水经过集中净化，100%的村庄饮水经过安全用水检验。此外，已建成1200余处农村雨洪利用工程，蓄水能力达2932万立方米。三是农村清洁能源利用。截至目前，北京市累计完成2513个村庄、约95万户住户"煤改清洁能源"任务，基本实现南部7区平原地区农村"无煤化"。2017年在山区乡村还探索开展冬季清洁取暖的有效方式。北京市已完成三分之二的农村地区农户取暖煤改清洁能源。四是农村信息化建设。目前北京市99.9%的村通宽带互联网，北京市48.8%的村有电子商务配送站点。此外，北京市深入推进互联网在农村社区管理服务中的应用。"十三五"以来，推进了32个智慧乡村建设。五是农村邮政快递业发展。农村医疗卫生服务、文体教育设施建设水平也不断提高，有力改善了农村生产生活条件。六是农村基础设施运营管护。多年建设的经验与教训使农村基础设施管护工作的理念在发展中不断创新，措施更加务实有效，整体上从重工程建设向建管并重、更重管护转变。

3. 有效改善乡村生态环境

北京郊区延绵起伏数百公里，地貌类型丰富，生态多样、乡村乡土文化浓郁、民俗风情独特、历史文化遗产众多，也是北京重要的生态涵养地。近年来，先后实施生态造林、流域治理、绿化美化等系列工程，使京郊生态屏障进一步巩固。一是森林绿地建设。全面启动"一绿"地区城市化建设，累计拆迁腾退 731 万平方米，复绿植绿 1.35 万亩，统筹实现了功能疏解、减量发展和环境改善。截至 2017 年，北京市林地面积达到 1.08 万平方公里，林木绿化率达到 59.6%，森林覆盖率达到 43.0%，基本形成"山区绿屏、平原绿海、城市绿景"的绿化格局。二是水源涵养和水系治理。90% 以上的水土流失面积得到治理，80% 的区已经建成国家级生态示范区，100 多个村镇获得"北京市优美乡镇"称号。全面建立落实四级河长制，连续实施两个污水治理三年行动计划，污水处理率由 83% 提高到 92%，累计建成 381 条生态清洁小流域，北京市水生态环境明显改善。三是农业污染治理。截至 2017 年底，北京市关闭禁养区内规模化养殖场 353 家，开展农业面源污染治理，粪肥利用率达 98%。加大了生态农业建设，建成 76 个生态农业标准园，北京市化学农药使用总量降幅达 17%，化肥利用率提高到 35%，北京市农药利用效率提高到 42%。四是生态文明制度建设。2018 年市人民政府办公厅发布了《关于健全生态保护补偿机制的实施意见》，从空气、森林、湿地、水流、耕地等重点领域和生态保护红线区、生态涵养区等重点区域对生态保护补偿进行全覆盖。

（二）农村产业发展

农村产业结构调整不断深化，越来越朝着与市民需求相配套、与城市产业相衔接、与首都定位相一致的方向发展。

1. 深入推进农业"调转节"

严格落实总书记两次视察北京重要讲话精神，按照"调粮保菜、做精畜牧水产"的思路，深入推进农业"调转节"。耗水型作物面积进一步压缩，经营性畜牧水产业有序退出。2017 年，北京市粮田面积已由 2013 年的 176 万亩调减到了 100 万亩，冬小麦、秋粮播种面积分别下降 29.5% 和 22%；规模养殖场从 2013 年的 2535 家调减到 1226 家，生猪和家禽出栏调减了 12.1% 和 9.8%；农业年用新水从 7.3 亿立方米下降至 5 亿立方米左右，年均减少 4000 万立方米以上。农业用新水从 7.3 亿立方米减少到 5.06 亿立方米，农田灌溉水有效利用系数从 0.691 提高到 0.723。

2. 加大农业科技创新

2010 年开始启动北京国家现代农业科技城（以下简称"北京农科城"）建设，依托首都丰富的科技创新资源，创新资源整合思维，在推进农业产融合、高端发展过程中发挥了巨大作用。坚持农业绿色发展为导向，以争创国家现代农业示范区、国家农业可持续发展试验示范区、国家农产品质量安全、北京市、国家（北京）现代种业自主创新试验示范区为抓手，推进农业现代化。2018年市政府与农业农村部签署了共建农产品绿色优质安全示范区合作协议，全力打造绿色生产、全程监管、产品优质、品牌过硬、区域协同的北京"安全农业"品牌。2017年，北京农业科技进步贡献率达到70%，高出全国14个百分点。北京市已建成全程农产品质量安全标准化示范基地22家，农业标准化基地1556家，农业标准化基地覆盖率达45.8%。"三品"认证覆盖率达到60%，农产品检测合格率保持在97%以上（畜禽类达到100%），长期处于全国领先水平；农业农村部评价北京市国家现代农业示范区建设水平综合得分76.11分，达到基本实现农业现代化水平。

3. 培育壮大农业农村服务业

种业是北京的优势主导产业，北京市全力打造以种业为核心的全国农业科技创新中心。农业社会化服务体系进一步完善，农业信息、农资供应、农机作业及维修、农产品营销等生产性服务业蓬勃发展。鼓励农民以土地、林权、资金、劳动、技术、产品为纽带，开展多样化的联合与合作，发展家庭农场（林场）、合作社、集体林场、龙头企业、社会化服务组织和农业产业化联合体。截至2016年，北京市农民专业合作社已经达到7168家，成员达到18万人，市级示范社达到216家。加入农民专业合作社的农户占北京市农业人口的60%。成功举办了世界种子大会、世界葡萄大会、世界马铃薯大会、世界月季洲际大会等国际性农业展会，连续举办五届农业嘉年华。7个区被认定为全国休闲农业和乡村旅游示范区，20个村被推介为中国美丽休闲乡村，67家农业园区被认定为全国休闲农业和乡村旅游星级园区。北京市现有休闲农业园区1216个，民俗旅游接待户8363户，2017年休闲农业和民俗旅游全年接待游客4337万人次，实现收入44.1亿元。北京农村还通过盘活农村闲置资产，发展休闲养老服务业，增加了农民财产性收入。

（三）农村公共服务和民生保障

1. 有效提高农村公共服务水平

全面推进落实城乡教育"四倾斜"政策，学前教育、中小学建设三年行动计划顺利实施，北京市16区一次性通过全国义务教育均衡发展督导评估。建立了城乡一体的就业服务管理制度，制定了城乡统一的鼓励用人单位招用就业困难人员补贴政策，城市化建设地区836个村的38.4万农村劳动力纳入城乡统一的就业失业管理体系，年均转移就业约4万人。中心城区优质医疗资源加快向郊区疏解，积水潭医院、同仁医院等城区医院在郊区建立分院，乡村基本医疗和公共卫生服务体系日趋完善。一批区级养老机构抓紧建设，公办养老床位逐年增加。统筹推进城乡文化体育发展，率先在全国实现城乡公共文化服务设施基本全覆盖。在3838个村级单位中，3478个村有体育健身场所，占90.6%；978个村有幼儿园、托儿所，占25.5%；2630个村有卫生室，占68.5%。

2. 持续提升民生保障水平

着眼于保障和改善农村民生，完成城乡居民基本医保制度和低保标准整合统一。2017年内两次提高城乡居民基础养老金和福利养老金标准，分别达到了610元/人/月和525元/人/月，北京市85.2万人受益，其中农民70.6万人。落实提高低收入农户家庭救助水平的相关政策，对北京市低收入农户开展全面筛查，对符合条件的低收入农户做到应保尽保，将2017年城乡低保标准和低收入家庭认定标准，分别由家庭月人均800元和1050元提高到家庭月人均900元和1410元。2017年末，参加城乡居民养老保障的人数为213.1万人，参加新型农村合作医疗的人数为186.9万人，享受农村居民最低生活保障的人数为4.4万人。

3. 多策并举促进农民就业增收

市委、市政府于2016年出台《关于进一步推进低收入农户增收及低收入村发展的意见》，完成低收入农户7.26万户、15.6万人和234个低收入村精准识别、建档立卡工作，扎实精准推进"六个一批"分类帮扶措施。每年安排2.5亿元市级专项帮扶资金，用于扶持低收入村、户产业发展。2017年，低收入农户人均可支配收入实现快速增长，达到10698元，同比增长19.4%，55%的低收入农户家庭人均收入超过低收入标准线（11160元）。截至2017年底，北京市共有低收入农户7.06万户、15.15万人、低收入村234个。为确保完成2020年率先全面小康目标，近期北京市将出台《关于进一步加强低收入农户帮扶工作的措施》，目标是到2020年，力争有劳动能力、有就业意愿的低收入劳动力实现就业；符合条件的低收入农户全部纳入民政社会救助范围，实现"应保尽保"；所有低收入农户家庭人均可支配收入超过低收入标准线（11160元），低收入村全部消除。"三保障"水平进一步提高，确保低收入农户中没有一个适龄学生因贫失学辍学,促进低收入农户家庭全部参加医疗保险,低收入农户危房问题全部得到有效解决。

(四) 乡风文明建设

1. 保护性开发乡村文化资源

人文历史遗迹具有较大的开发价值,历史文化保护区分布范围比较广泛,文物类型比较多样,相关部门保护措施成效显著。三大文化带建设取得初步进展,2017年在《北京城市总体规划(2016—2035年)》中,把制定实施"三个文化带"保护建设规划作为重要内容,并赋予重要使命,力求实现历史文化遗产连片、成线整体保护。非物质文化遗产内涵丰富,多年来,北京市以宣传、展示、推广非物质文化遗产为抓手,建立市、区二级非物质文化遗产名录,充分发挥政策引领作用,广泛开展群众文化活动,成功举办了一系列品牌活动,充分展示了北京及京津冀三地非遗丰厚的人文内涵和独特的文化魅力,让非遗走近包括乡村群众在内的寻常百姓。自然山水文化资源得到有效梳理与开发,随着首都农业功能的转变,农业文化内涵逐渐丰富,形成传统农业与都市型现代农业相互渗透、融合、并存的特征。农业文化开发取得了显著成效,民俗节庆活动、乡村旅游、休闲农业、农业文化创意、高科技农业等多种新业态涌现,有效保护和传承了农业文化。

2. 完善乡村公共文化服务体系

北京市政府高度重视公共文化设施空间结构优化及质量提高,巩固公共文化服务体系的主体地位,加强对公共文化设施与空间的建设改造与升级拓展。制定实施了《关于加快推进公共文化服务体系示范区建设的意见》《北京市公共文化服务体系示范区建设运行机制》和《北京市加快推进公共文化服务体系示范区建设行动计划(2017—2020年)》,农村地区的基层公共文化服务能力和水平发展迅速。北京市乡镇综合文化站和行政村文化活动室建设任务已经完成,实现每个乡镇所在地、每个行政村均有一个综合性的文化体育活动场所。通过文化信息共享工程、农村文化室四网合一工程和数字文化社区建设的实施,初步形成了北京市街道、乡镇、社区、行政村为一体的网络服务体系。截至2017年底,全市建立乡镇综合文化中心共182个,行政村综合文化室3518个,乡情村史陈列室235个;共有55个乡镇、村获得"全国文明村镇"称号,115个乡镇、760个村分别荣获"首都文明乡镇""首都文明村"称号。公益惠民演出形式多样,大力开展公益惠民演出活动,着力完善文化活动配送体系，着力完善公益演出配送体系。

（五）乡村治理

1. 加强农村基层组织规范化建设

连续开展农村党的建设"三级联创"活动，扎实开展各级党组织书记抓基层党建述职评议考核，严格落实党建工作责任制。采取"村村联建""村企联建""村居联建"等方式调整优化党组织设置，初步建立了"B+T+X"工作体系与"五个一"网络服务平台。启动实施农村基层干部人才培养工程，2016年换届完成后，60%的村书记、51.6%的村主任达到大专及以上文化程度。连续19年开展农村党建"三级联创"活动，扎实开展各级党组织书记述职评议考核；推行候选人资格联审制度，严格把控准入条件，培养选拔忠诚于党、担当干事、作风扎实的干部。强化基层组织功能，建立健全党领导下的乡村治理架构，建强农村党支部，理顺村级组织关系，强化村党组织的领导核心地位；健全干部驻村帮扶工作机制，2015—2017年共选派第一书记623名，实现低收入村、软弱涣散村和集体经济薄弱村的全覆盖。建立村干部基本报酬财政托底和社会保险补贴机制，对村干部进行激励保障。

2. 提升农村"三治"水平

一是完善村民自治。推进公开内容精细化、公开形式多样化、村务公开网络化建设，实现了村务公开事项全覆盖。以基层政府及其派出机关、社区/村党组织、居/村民委员会等利益相关方作为协商主体，以议事厅、驻村警务室开放日、村/社区论坛、妇女之家等为平台，建立新型农村协商民主治理架构。二是夯实法治基础。建立了由市级公共法律服务中心、区级法援中心、街道乡镇公众法律服务站、村/居民社区公共法律服务室组成的四级服务平台，实现了农村地区全覆盖。推进"一村一居一律师"、互联网+服务模式，提供多方位法律服务。以建设"法治乡村""平安乡村""民主法治示范村/社区"为着力点，完善综合执法平台，落实"街乡吹哨、部门报到"。截至2017年底，北京已创建了民主法治示范村593个，其中，"全国民主法治示范村"47个，"北京市民主法治示范村"546个；创建"民主法治示范区社区"102个，其中"全国民主法治示范社区"5个。三是加强乡村德治。建立道德讲堂、文化主题公园、文化礼堂等阵地，以德为政，以孝治村，引导人们讲道德、守道德；开展"道德模范""最美家庭"等评选活动，发挥身边榜样示范带动作用。北京98%的村庄有村规民约。涌现出了房山区韩村河、顺义区马坡镇石家营村"婆媳澡堂"、平谷区峪口镇水峪嘴村"诚信台账"等乡村治理典型。

(六) 农村人才培养

1. 加强人才培养制度建设

人才振兴是乡村振兴的核心与关键。北京市围绕创新创业、职业农民培养、实用人才队伍建设等内容，出台系列农村人力资本开发政策，推动城乡人才一体化。2010年北京市印发《首都中长期人才发展规划（2010—2020年）》，提出城区与郊区结对帮扶政策要求，通过项目共建、挂职锻炼、支教、助医等形式，促进城区人才智力带动郊区事业发展。2011年，印发《首都中长期农村实用人才发展规划纲要（2010—2020年）》，提出农村实用人才队伍建设重点工程。围绕青年人才返乡下乡创业创新和新型职业农民培养，2016年、2017年分别研究出台了《关于支持返乡下乡人员创业创新促进农村一二三产业融合发展的意见》《关于实施北京市新型职业农民激励计划的若干意见》《关于深入推进科技特派员工作的实施意见》等政策，为农村创业创新营造良好环境。2017年发布了《关于推进北京市种业人才发展和科研成果权益改革工作的若干意见》，以激发广大种业科技人员的创新活力。在一系列优惠政策的支持下，初步形成了市民下乡或人才返乡创业热潮。据不完全统计，2017年各类返乡创业人员已达700万，返乡农民工占到68%，是返乡创业的生力军。

2. 培育农村"四类"人才

近年来，北京加快建设以职业农民为主体、以科技人才为引领、以专业人才为保障、以乡土人才为特色的人才队伍。一是农业职业人才。加快构建以市农职院、市农广校等为主体，市农科院、北京农学院、各级农技推广机构、农业企业、农民专业合作社广泛参与的"市—区—乡镇工作站—村教学点（农民田间学校）"四级农业教育培训体系，2015—2017年，北京市每年培训新型职业农民1.5万人，其中市级骨干示范培训4000人。二是农业科技人才。2008年开始，北京市人才工作领导小组就注重盘活中心城市高层次人才资源，弥补京郊地区人才发展短板，从科技、教育、卫生等部门选派专家人才到京郊开展对口支援和基层服务锻炼。截至2017年底，已累计共选派10批514名人才到京郊地区服务。三是农村专业人才。加大"互联网+农业""高科技+农业"等创业项目支持力度，培养生产型、经营型、社会服务型、技能带动型和技能服务型人才。截至2016年底，北京市农村实用人才总量达5.2万人。四是农村乡土人才。全面开展新型经营主体带头人、职业经理人、乡土专家、技能人才等乡土人才培训，对于有一定学历基础、有发展潜力的年轻农村劳动力，培养成为当地的技术骨干或管理人才。

（七）农村体制机制改革

1. 分类实施农村"三块地"改革

稳妥推进土地承包经营权确权颁证，截至2017年底，北京市共有125个乡镇2609个村开展了确权工作，分别占拟确权乡镇、村数的100%和98.1%，涉及承包土地面积278.5万亩，占北京市拟确权土地总面积的98.5%，土地承包经营权确权登记颁证工作主体任务基本完成。积极探索农村土地"三权分置"的有效实现形式，全面建立"村地乡管"机制，加强农村集体土地承包及流转管理，促进适度规模经营。北京市集体建设用地1536平方公里，占北京市城乡建设用地（2886平方公里）的53%，稳步推进集体经营性建设用地入市试点，大兴区西红门镇首宗集体建设用地成功入市，溢价77%，初步实现了与国有土地同等入市、同权同价。总结试点经验，制定了《关于统筹利用集体建设用地政策的有关意见》及试点工作方案，13个区分别选择了一个乡镇开展试点。开展集体建设用地建设租赁住房试点。积极推进闲置农民住宅盘活利用，发展健康养老、度假休闲等三次产业，形成了怀柔田仙峪、密云干峪沟、房山黄山店等一批典型经验，北京市已有26个乡镇、29个村开展试点，盘活闲置院落农宅800余套，预期租金收入1.27亿元。

2. 深化农村集体经济产权制度改革

北京市共有农村集体经济组织4172个（其中，乡级195个，村级3977个），已完成产权制度改革单位达到3920个（其中，乡级21个，村级3899个），村级完成比例为98%。2017年北京市有137万农民股东获得分红，人均3712元。据统计，2017年乡村两级集体资产总额6898.8亿元，同比增长14.3%。其中，乡镇级集体资产2481.9亿元，同比增长10.1%，占比36%；村级集体资产4417亿元，同比增长16.8%，占比64%。加快推进农村产权流转交易服务体系建设，累计成交农村产权项目632宗、金额73.6亿元。完成大兴区农村集体资产股份权能改革试点，海淀区被列为全国农村集体产权制度改革试点区。

四、北京实施乡村振兴战略面临的形势分析

（一）面临的机遇

"十三五"时期是全面建成小康社会的决胜阶段，是落实首都城市战略定位、加快建设国际一流的和谐宜居之都的关键阶段，也是进一步缩小城乡差距、全面推进城乡融合发展的攻坚阶段。未来，推动城乡融合发展，实现乡村振兴的战略目标，北京还面临如下新的机遇和挑战。

1. 北京中心城市的科技、人才和市场优势

北京中心城市具有科技、人才、资本和市场优势，动能强劲，辐射带动作用强，为北京实施乡村振兴战略奠定了良好基础。作为全国科技创新中心，北京拥有普通高等院校89所，中央和地方各类科研院所400余所，科技类企业40万家，经认定的国家高新技术企业有12400家，居全国首位。"十二五"期间，北京地区获得国家科技进步奖项占全国的比例达30%。北京拥有各类研发人员约37万人，吸引"千人计划"人才1300余人，占全国的25%。全社会科研经费投入占地区生产总值的比重达到了6%。中心城市经济规模大、投资能力强、产业层次高，吸引大量具有竞争力的企业。2017年中关村示范区入驻企业13200家，实现收入近2.33万亿元。北京市拥有2100万人的大都市，经济发展处于后工业化阶段（人均GDP 17000美元），人们更加注重健康、食品安全以及精神生活品质，是巨大的消费市场。广大农村地区，借助地缘优势，依托便捷的交通，能够最大限度地接近和抓住中心城市发展机会，承接中心城市产业转移和功能疏解，并通过城市功能扩散，带动农村腹地发展。

2. "四个中心"定位要求农村高质量发展

农村作为首都经济社会发展战略腹地，高标准规划、高起点实施，推进具有世界眼光、中国特色、首善要求的乡村振兴，服从、服务于"四个中心"建设这一重大战略部署。其中，农村做好服务保障，创造安全优良的基层政务环境，服务于政治中心建设。以历史文化保护为根基，建设好大运河、长城、西山永定河三个文化带，在农村公共文化服务和创业产业上发挥作用，服务于文化中心建设；按照国际标准，加强乡村设施和能力建设，服务于国际交往中心；加强乡村振兴的体制机制创新，助力北京城市建设全球具有影

响力的创新中心。通过科技创新、品牌经营、资源循环等举措，有效抑制"小农业"的负外部性，充分发挥正外部性，提高都市型现代农业的生态、人文和社会价值。通过深化农村"三块地"改革、农村金融改革、乡村治理体系完善等，推进"大京郊"主动分担首都国际交往中心、科技创新中心和文化中心等功能，大力发展健康养老和高端会展业态，促进"瓦片经济"向包括物业经济在内的城市经济的转型升级，实现与"小城区"的互补发展。

3. 京津冀协同要求区域融合发展

按照党中央、国务院印发的《京津冀协同发展规划纲要》的要求，在医治"大城市病"和有序疏解非首都核心功能的大背景下，北京正利用津冀的广阔发展空间，推进产业、市场、科技、人才、生态等全方位、多领域协同，积极引导部分产能向津冀转移。鼓励北京市农业生产、流通企业及农民合作社在周边地区建设农副产品生产、加工基地，支持已建或在建外埠生产基地、乳业奶源基地建设。目前，在环京地区建设蔬菜基地超过 30 万亩、畜禽基地近 50 家，生产农产品主要供应北京市场。环京津一小时物流圈 20 个蔬菜主产县平均供京比重达 49%。还建立京津冀农产品质量安全协同监管工作机制，实现农产品质量安全检测结果互认。京津冀协同发展，对于破解经济发展差距、公共资源配置不均衡、资源环境制约等难题，推进农村产业梯度分布，优化农村产业布局和结构具有重要意义。

（二）面临的挑战

北京"三农"发展短板依然很突出，乡村主导产业不突出，城乡公共服务差距大以及乡村治理难，成为影响乡村振兴的重要因素。

1. 乡村产业发展不充分

《北京城市总体规划（2016—2035 年）》提出了关于人口和建设规模"双控"的要求，造成北京市乡村产业总体发展不充分、碎片化，集群性项目、拳头产品缺乏，农村新产业新业态还处于星星点点之状。一是禁限产业和区域增多。郊区生态环保要求非常严格，红线划定限制发展区域和产业增多，畜牧业、农副食品加工、食品制造等行业被列入新增产业禁限目录，相关企业外迁，产业处于转型和升级改造阶段。二是产业结构持续调整。2013 年以来，北京市在城镇化、百万亩平原造林、"调转节"、生态环保等政策因素推动下，粮食播种面积、规模养殖场不断调减。传统一产空间大大压缩，二产正处于退出低端产业和引进高端产业的"换挡期"，三产虽然稳步上升，但近郊瓦片经济路径依赖严重，传统乡村旅游仍处于小散低状态，有特色的生态休闲产品供给能力不足，总体上还处于爬坡过坎的阶段。三是产业用地不足。根据城市总体规划，北京市每年要减少存量30平方公里，对新增用地和新增产业形成更严格的约束。集体建设用地规模也实行减量发展，到村级可用来发展产业项目的用地指标更少，而宅基地不能流转，只能内部调整。这些用地限制，导致美丽乡村、乡村旅游等建设项目难以落地和形成规模优势。

2. 城乡公共服务仍有较大差距

虽然北京市城乡公共服务均等化取得显著进展，但在农村基础设施及教育、环境、医疗卫生、文化体育、福利待遇等公共服务水平与城市仍相差悬殊。一是基础不均衡。虽然北京不断加大对郊区的建设投入，农村基础设施和人居环境总体上有了很大改观，但是，由于历史欠账较多，农村基础设施与公共服务的基础仍比较薄弱，与城市相比仍有一定差距。农村地区生活垃圾收运设施承载能力不足，环卫基础设施陈旧短缺等问题依然存在。尤其是城乡接合部地区，由于外来人口倒挂现象严重，日常管护措施不力，居民环保意识淡薄，导致垃圾乱倒、污水直排、乱堆乱放等问题比较突出。农村污水处理普及率低，处理设施不健全；村庄绿化，生态建设还有很大差距。二是投入不均衡。虽然农业农村需要加大投资力度，但是，目前公共财政投入中城镇和二三产业投入仍占较大比重，城乡资源配置不均衡的状况依然存在。2017年，北京市完成全社会固定资产投资8948.1亿元，其中，第一产业投资仅95.9亿元。三是待遇不均衡。城镇与农村公共服务制度还不一致，且待遇也存在不均衡。以社会保险服务为例，城镇社会保险分为城镇职工社会保险和城镇居民社会保险两大部分，其中，城镇职工社会保险又细分为养老保险、医疗保险、工伤保险、失业保险和生育保险五种；而城镇居民社会保险又分为城乡居民养老保险和城镇居民医疗保险。相比之下，农村社会保险结构比较简单，仅包含城乡居民养老保险和新型农村合作医疗两种。

3. 乡村治理难度较大

目前，城乡"二元"结构仍然存在，农村的人口结构、人才培养、农民收入、基层组织建设等方面又出现了一些新情况，给农村治理带来新的挑战。一是乡村居住人口分布不均衡，人口"过密化"与"空心化"并存，近郊许多乡村由于外来人口涌入成为人口"倒挂村"，不少地区人口密度超过了中心城市；山区乡村有文化的青壮年常年外出务工，举家外迁趋势明显，村庄人口呈现老龄化和"空心化"现象。二是乡村人才缺乏。农村人口素质普遍偏低，人才流失严重，人才结构不合理，人才的成长和保障机制还不健全。三是北京市城乡居民收入比为2.57∶1，收入差距依然较大，农民持续增收的难度有所加大，经济薄弱地区和低收入农户增收尤为困难。四是村民自治在选举、决策、管理、监督和体制等方面依然存在许多突出问题，农村基层干部违纪违法行为时有发生，发生在农民身边的"微权力"腐败，严重危害着党在农村的执政基础，影响各项惠农、支农政策的落实。

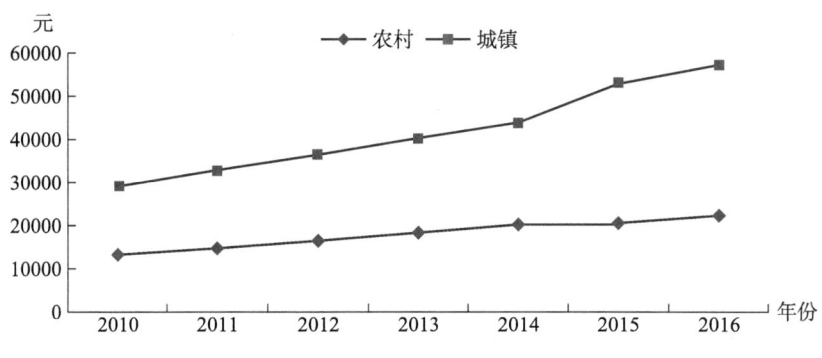

图2　城乡居民可支配收入变化

资料来源：《北京统计年鉴》，北京统计局。

五、乡村社会结构的变迁及乡村功能的变化

（一）乡村功能的变化

北京市城乡一体化、城镇化水平非常高，乡村投资力度大，建立了一系列制度，乡村振兴基础良好。要实现乡村振兴，首先要科学认识新形势下，乡村功能的变化。这一变化，将直接影响未来乡村振兴建设思路和内容。明确农村在首都经济社会发展的定位，赋予农村相应功能、完善制度框架设计，并在村庄建设、产业发展、乡风文明、乡村治理等方面凸显北京风貌，才能打造与周边及国内他省市不同的、具有首都特色的乡村。

通过乡村振兴基础分析，现初步判断，北京乡村功能已经由生产、居住为主，逐渐向生态、生产、服务、居住等功能转变。

1. 生态功能

农村作为大城市的郊区，是城市拓展的屏障，也是城市发展的绿色空间，大城市宜居环境的重要支撑。乡村是具有田园底色的融合体，要坚持统筹山、

水、林、田、湖、草的系统治理，建立大尺度生态空间和长效管护机制。

2. 生产功能

农村利用有限资源生产绿色、优质、特色农产品，丰富居民餐桌，示范引领全国农业现代化，也能使农产品自给率维持在安全水平，在特殊情况下，确保城市功能发挥和居民生活稳定。

3. 服务功能

乡村是为大都市居民提供农业、旅游、文化、生态等高质量、特色物化产品的地方，为返乡创业者、休闲旅游者、回乡养老人员、中小学生等提供创业、宜居、休闲服务产品、科普教育的地方，分担着为首都发展提供高质量休闲旅游产品、产业转移、功能疏解等重要任务，是首都中心城市发展的大后方和花园。农村服务功能凸显，将要求农村不断提供服务产品和服务能力，推进城乡服务均等化目标的实现。

4. 生活功能

农村居民年龄结构、就业结构的变化，农业空间缩小，农村生产功能被弱化，生活居住功能增强。乡村不但是农村原住民居住空间，还是外地人工作和生活的地方。农村资源，不但被本村人，还被外地人所用，由此导致乡村治理结构发生了变化。农村还是中华传统文化传承的重要载体，也使开发、保护文化要素和传承历史成为重要建设内容之一。

上述四种功能的建设内容各有侧重，且又相辅相成，各项功能不断提高，才能促进乡村功能的完善和实现城乡融合。生态功能是基础，生态功能为生活功能和服务功能的实现提供了条件和保障；生产功能和服务功能是动力，推动着生态功能和生活功能不断提升；生活功能是目标，农民幸福感和获得感的最终表现。

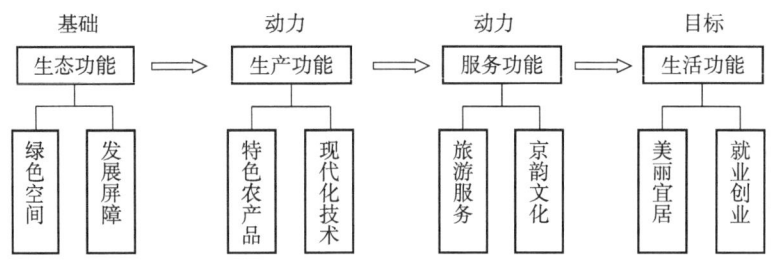

图3 北京乡村的功能

(二) 推进实施乡村振兴的思路

全面贯彻落实党的十九大精神和习近平系列重要讲话精神，坚持统筹推进"五位一体"总体布局和协调推进"四个全面"战略，坚持服务首都城市战略定位，坚持农业农村优先发展，按照产业兴旺、生态宜居、乡风文明、治理有效、生活富裕的总要求，紧紧围绕产业振兴、人才振兴、文化振兴、生态振兴、组织振兴重点任务，抓重点、补短板、强弱项，建设高水平的农业现代化、高质量的农村现代化、高标准的乡村治理体系，为北京"四个中心"、决胜全面建成小康社会、建设国际一流的和谐宜居之都提供有力支撑。

1. 产业振兴

产业振兴是实现乡村振兴的首要与关键，只有做好乡村的产业发展才能真正实现乡村振兴战略的科学、持续、健康发展。坚持产业融合发展，提高产业附加值，更多利益留在农村内部。以开发农业多功能为抓手，以科技、创新、信息化为动力，推动一二三产深度融合，大力发展农村适宜的新产业新业态，探索新的经济增长点。京津冀协同发展，优化农村的产业结构，拓展新的发展空间，为北京农村产业发展寻找新的出口。持续增加乡村优质生态产品、优质休闲产品和绿色优质安全农产品供给。

2. 人才振兴

人才是乡村振兴的关键要素。加快建设一支以职业农民为主体、以科技人才为引领、以专业人才为保障、以乡土人才为特色的北京农业农村人才队伍。研究出台吸引年轻人到农村就业创业的政策，拓宽智力、技术、管理下乡通道，优化农业从业者结构，加快建设知识型、技能型、创新型农业经营者队伍，让乡村振兴发展的机会、事业、平台吸引和留住青年人才，切实激发农业农村发展活力。

3. 文化振兴

文化是乡村振兴的重要内容之一。坚持社会主义核心价值观，以北京市全国文化中心建设为引领，以传承中华优秀传统文化为核心，以乡村公共文化体系建设为载体，以文化兴乡村组织、乡村产业，培育文明乡风、良好家风、淳朴民风，推动乡村文化振兴。

4. 生态振兴

生态是乡村振兴的要素，也是生产力。贯彻落实践行"绿水青山就是金山银山"理论,以美丽乡村、农村基础设施、京津冀协同发展为抓手,建立大尺度的生态空间,有效改善农村生态和宜居环境。同时,要树立绿色发展理念,正确处理生态资源与经济的矛盾,在产业发展、基础设施、公共服务等方面提倡绿色、低碳、可循环的发展模式,根据环境承载能力决定发展规模,让"生态"成为乡村振兴强大动力,让"田园""绿色"成为乡村浓厚底色。

5. 组织振兴

组织是乡村振兴的制度保障。健全完善党委领导、政府负责、社会协同、公众参与、法治保障的现代乡村社会治理体系,推动乡村组织振兴。逐步建立健全自治为本、法治为纲、德治为基的现代乡村治理体系,实现自治、法治、德治有机结合、相互促进、互为支撑的乡村治理新格局。

6. 民生保障

民生是推进城乡融合发展的基础。把促进农民共同富裕作为出发点和落脚点,按照民生建设"七有"目标,硬件和优化服务相结合,健全制度,完善政策,持续提高农村民生保障和公共服务供给水平。

7. 农村改革

改革是推进乡村振兴的根本动力。以落实承包地"三权分置"为重点,深化农村土地制度改革,处理好农民与土地关系。推进农村集体产权制度改革,构建归属清晰、权能完整、流转顺畅、保护严格的农村集体产权制度,保护和发展农村集体经济组织成员的合法权益,壮大集体经济,让农民群众有更多获得感。健全多元投入保障机制,创新投融资机制,加快形成财政优先保障、金融重点倾斜、社会积极参与的多元投入格局。

六、北京实施乡村振兴战略的对策建议

(一)加快培育壮大优势产业

1. 构建乡村产业发展体系

实施乡村振兴战略过程中,北京农村仍需以发展都市现代农业为方向,按照高科技、高辐射、高效益、生态环保、质量安全、集约节约的要求,着力构建与首都功能定位相一致、与二、三产业融合、与京津冀协同发展的农业产业结构。以"菜篮子"产业、现代种业、休闲农业、农业高新技术产业

等为核心，建立健全都市现代农业产业体系。在充分发挥园林绿化资源生态、景观功能的基础上，结合农业结构调整，推进林果花卉等产业向现代、高效迈进，创造绿色就业岗位，打造首都绿色朝阳行业。以优美农田、沟域经济、水岸经济、农业公园、城市农业建设为抓手，大幅度提升观光休闲农业产业发展水平，推动乡村旅游产业提档升级。大力发展高新技术产业，重点发展生物农业、"互联网＋农业""文化创意＋农业"、农业高端装备产业等新型产业，推进一二三产业深度融合。

2. 推动农村产业高质量发展

强化农业生态涵养功能，积极发展节水农业和生态农业，推动农业绿色发展。以北京农产品绿色优质安全示范区建设为载体，突出绿色、优质、安全，全面提高首都"菜篮子"供给质量。按照"都市引导、区域特色、错位竞争、功能拓展"的思路，大力发展唯一性特色农产品，打造培育一批高端、优质、安全的农产品品牌，提升品牌知名度。构建"区域协作、基地保障、全程监管"食品安全保障体系。

3. 推动城乡产业要素融合发展

以提质增效为着眼点，通过农业结构调整、生态化标准化规模化改造、污染治理、服务支撑体系建设等，以菜篮子、观光休闲和现代种业为重点，多措并举，全面提升80万亩粮田、70万亩菜田和近千家畜禽规模养殖场、5万亩池塘的生产质量效率。充分利用首都的科技和人才优势，强化农业科技创新，打造国家现代农业发展的样板区和农业科技创新的引领区。进一步巩固种业在第一产业中的"高精尖"产业地位，积极争取推进国家（北京）现代种业创新示范区，建设北京南繁科研育种基地。以高层次、高技能人才为重点，实行更积极、更开放、更有效的人才政策，推动人才工作与农村经济社会发展高度对接和深度融合。

（二）完善农村人才培育和引进制度

1. 培育壮大实用人才队伍

采取多渠道、多层次、多形式，选拔致力于农村基层工作的党政人才和村社干部，优化干部队伍的专业技术和年龄结构，提升农村干部整体素质。探索建立联合、选拔、示范、引领等人才培养机制，培育农村实用人才。开办乡村振兴讲习所，分类施策，培训生产型、服务型和经营型农村实用人才，培育新型职业农民。

2. 创新人才引进制度

放开限制人才回流的户籍、档案、住房、土地等制度，创新设计更优越的人才引进制度，促进一批有思想、有眼界，有技术、有能力及有一定资本的城市人、外出务工致富能人回乡创业。设立农业创业专项资金，对科研人员、大学毕业生到农村创业给予一定的资金支持。加大农业龙头企业引才引智力度，鼓励龙头企业与高校、科研院所产学研对接。建立专业人才、科技人才参与乡村振兴机制和区、镇（街）专业人才统筹使用制度，最大限度释放"人才红利"。

3. 完善人才留住机制

加大对农业农村的财政投入和政策扶持力度，逐步消除农村经营体制障碍，推进集约化经营进程。推进人事制度和收入分配制度改革，全面构建和谐劳动关系，加快形成与区域协同发展要求相一致、与首都城市战略定位相契合、与经济社会发展水平相适应的农村人力资源和社会保障体系。完善与人才贡献相适应的激励机制，探索乡村人才晋升机制。

（三）全方位提升乡风文明

1. 加强乡村文化开发管理

将对市级传统村落内的不可移动文物安全情况展开摸底调查及核实，对存在严重安全隐患的不可移动文物，制订抢修计划及方案，并安排资金分步实施。完成北京市市级传统村落名录的筛选与建立工作，严格按照《北京市人民政府办公厅关于加强传统村落保护发展的指导意见》落实文物保护相关要求，继续加强对乡村振兴战略实施中文物保护工作的支持和指导。积极与传统村落保护相结合，认真梳理在传统村落中传承发展的市级以上非遗代表性项目，加强对其保护力度。加强乡村非遗记录、保存工作，编纂《北京志·非遗志》等图书，加快推进《北京非物质文化遗产图典》编辑出版工作，为传承、研究、宣传和利用乡村非遗留下宝贵资料。

2. 加强乡村文化宣传

加大对乡村非遗的宣传展示支持力度。继续深入开展"非遗进校园"活动，通过校本课程、课外活动等形式进行校园传承。在市属媒体统一开设"乡村振兴"专栏，在报纸、电台、电视台及网络等平台的显著位置、重要时段加大对北京市实施乡村振兴战略、推动有关工作成效的宣传报道。继续挖掘北京市乡村经济建设、人文发展、生态环境保护等方面的优秀事迹，开展集体采访，进行美丽乡村宣传。积极做好北京市基层公益性演出活动演出团体资质认证工作。将乡村振兴战略内容重点纳入百姓宣讲团中。重点宣传习近平新时代中国特色社会主义思想，党和政府乡村振兴战略及惠及农业、农村、农民的具体政策措施落地情况以及疏解整治促提升专项行动等。及时掌握各单位推进乡村振兴战略的丰富实践、有关成果和在工作过程中涌现的典型人物、感人故事和先进经验，为营造乡村振兴营造良好的舆论氛围。要积极利用传统媒介和新媒体，特别是广播、电视、报纸、网络等主流媒体阵地，形成舆论引导至高点，宣传文明新风。

3. 完善乡村公共文化服务体系

按照"1+3"公共文化政策文件和《关于加快推进公共文化服务体系示范区建设的意见》要求，加快推进"公共文化服务体系示范区"建设，构建现代公共文化服务体系。贯彻落实《北京市人民政府关于进一步加强文物工作的实施意见》（京政发〔2017〕40号）精神，对北京市社区（乡村）博物馆的情况进行摸底调查，结合市区两级共管博物馆机制，指导各区文化文物主管部门探索对北京市社区（乡村）博物馆进行规范管理工作，努力促进社区（乡村）博物馆健康有序发展，推动公共文化服务人人享有。持续在农村地区推进文明村镇、文明家庭创建评选活动，深化美丽乡村创建活动，推进移风易俗工作，进一步提升农民文明素质和农村地区文明程度。

（四）着力改善乡村生态宜居环境

1. 补齐美丽宜居乡村短板和弱项

结合美丽乡村建设三年专项行动和乡村振兴战略全面实施新的契机，坚持首善标准，着力清脏、治乱、增绿，持续改善村庄人居环境，努力提高乡村生活品质。首先，要加大拆违力度、规范村庄建设、治理村镇秩序、美化村容村貌，全面推进农村疏解整治，管控违法占地、违法建设、违法经营行为和"脏、乱、差"现象。要加强农村供排水改建，特别是在抓好已建污水处理设施修复改造的基础上，根据村落和农户分布，采用"城带村""镇带村""联村"及"单村"等模式，集中或分散建设污水处理设施；人口较少的村庄要因地制宜，通过湿地等多种方式进行污水处理。探索推广造价低、耗能小、维护便利、处理水质好的处理工艺和国内外试用成功的户用小型处理设施及湿地处理等生态型新技术，尽可能用生态理念解决农村污水生态问题。持续推进"厕所革命"。统筹生产生活生态，进一步完善农村公路、电网、供气、路灯、互联网、物流、便民店、停车场等基础设施及配套公共设施建设，实现城乡基础设施共建共享、互联互通。

2. 完善美丽乡村建设投融资机制

按照实事求是、资源整合、政策集成、厉行节约的原则，在保障现有各项投入连续性的基础上，市级还要安排足够的美丽乡村建设引导资金，支持农村统筹推进相关建设工作。按照"政府主导、社会参与、多元投入、市场运作"的美丽宜居乡村建设投融资机制主体思路，鼓励不同经济成分和投资主体以独资、合资、承包、租赁、股份制、股份合作制、BOT、PPP等多种形式，将社会资本引入到人居环境改善与基础设施建设上来；充分利用社会资源。通过捐款资助等方式支持美丽宜居乡村建设。积极鼓励和引导人民团体、企事业单位、社会组织和爱心志愿人士，通过行业联手、人才和技术支持、结对帮扶、捐资捐物等方式参与美丽乡村建设。

3. 建立健全长效管护机制

按照十八届三中全会和2014年"中央一号文件"对农村管护制度的创新性部署，"允许财政项目资金直接投向符合条件的合作社，允许财政补助形成的资产转交合作社持有和管护"，要按照基础设施的特征，对现有的管护制度进行补充、修订和完善，并分类制定出各类项目管护的具体制度和办法，以健全农村基础设施长效管护机制。处理好政府主导与农民主体之间的关系，在美丽宜居乡村建设中，起主体作用的是农民，起主导作用的是政府。建立完善考核机制，明确考核内容和流程，督促各区建立健全长效管护机制，落实主体责任，坚决防止出现"重建轻管、只建不管"的现象。

（五）加强乡村自治法治德治

1. 增强农村基层党组织引领发展能力

加大在新兴领域、新型组织建立党组织的力度，延伸服务触角。加大在农民专业合作社、产业协会、农业生产基地建立党组织的力度。继续做好在非公企业和社会组织建立党组织工作，让党的组织覆盖不留"死角"。推动网格党支部建设，分类推进特色支部建设；推广党建实训基地模式，开展党支部评星定级工作；着力构建农村党支部"B＋T＋X"体系；推广"四有"工作法、次序动员法、党员网格化管理等党建模式，完善乡村组织体系建设。

严格做好党支部书记"带头人"的选拔工作。以农村党的建设"三级联创"活动为抓手，以基层组织建设年为契机，通过公开选聘、组织选调等方式，选优配强，把真正懂用人、懂经营的能人放到班子里。选拔不仅看能力，还要看品行，要具有"领头雁"的品质。加强村级党组织服务能力建设，促进基层党组织的服务现代化，需进行服务制度创新、提升服务意识、调整服务内容以应对时代发展的需求、促进服务载体建设创建良好的服务环境。强化村务公开和民主管理，设立村务监督委员会，制定村务监督委员会工作规程，实行"四议一审两公开"，推行村级重大事项"票决制"、发展党员"三公示一票决"制度等，提高村务监督工作水平。

2. 进一步完善民主自治制度

通过修改和完善村民委员会自治法、组织法规范村级权力，明确村两委的职责功能及运行程序，处理好政治领导和具体事务之间的关系；推进乡级政府转型，构建科学乡村关系；创新村民自治机制，深入推进村务公开、政务公开和党务公开，实现村民自治制度的法制化和规范化，探索符合实际的村民自治实现方式，把村民的民主权利纳入法律保护的范围，制定有效的村民自治保障机制，保障村民的合法权益不受侵害。理顺村委会与其他村级组织的关系，完善民主选举制度，规范民主决策制度，保障村民决策权；完善民主管理制度，保障村民参与权；加强村级民主监督机制建设，保障村民监督权。

3. 健全农村公共法律服务体系

加大农村普法力度，维护好村民委员会、农村集体经济组织、农村合作经济组织的特别法人地位和权利，加强对农民的法律援助和司法救助。进一步加强农村社会治安综合治理工作，推动社会治安防控力量下沉。深入开展扫黑除恶专项斗争，严厉打击农村黑恶势力、宗族恶势力，对黑恶势力背后的关系网一律一挖到底，对黑恶势力的保护伞一律一查到底。依法加大对农村非法宗教活动打击力度，严禁农村乱建庙宇、滥塑宗教造像。健全农村公共安全体系，积极开展安全生产宣传进农村活动，持续开展农村安全隐患治理，坚决遏制重特大安全事故的发生。

4. "三治"融合引领乡村发展

以乡村自治为根本，激发农民群众建设家园的内生动力。通过各种途径加强对村民的公民意识教育，提高村民、村干部对村民自治的认知水平，培育村民的权利意识、责任意识和参与意识；以"民主法治示范村"为载体，坚持依法治理思维，注重提升领导干部运用法治的能力，引导广大干部群众在法治框架内维护自身合法权益，强化依法行政，强化公正司法，强化全民守法。发挥德治在农村社会治理中的基础作用。建立道德讲堂、文化主题公园、文化礼堂等阵地，引导人们讲道德、守道德。切实发挥村规民约的约束引领作用。按照依法立约、自觉履约、多方监督的要求，围绕农村生活、邻里家庭、社会治安、公共道德等方面，以村（社区）为单位，组织群众制定村规民约，用村规民约引导约束群众，培育文明新风。

（六）促进城乡民生保障均等化

1. 深入推进低收入帮扶工作

促进就业扶持，拓宽低收入户增收渠道。开展面向有劳动能力困难人员的岗位技能培训，将就业困难人员托底安置机制延伸至农村，实施救助渐退政策；强化产业帮扶，提升低收入村自我发展能力。科学制定产业发展规划，大力引导、支持涉农企业、农民合作社等新型经营主体创新创业，加大对低收入村户农副产品品牌建设和市场营销的支持力度，进一步发挥农业技术推广体系作用；加大投入力度，建立项目管理的长效机制。发挥政府投入在低收入农户增收工作中的主体和主导作用，积极开辟新的资金渠道。加大金融支农力度，以低收入村为平台，建立健全帮扶工作多规划衔接、多部门协调的长效机制。

2. 推进城乡教育均衡发展

统筹城乡师资，强化乡村教师队伍建设。探索通过师范院校招生指标定向到区，定向培养"一专多能"的乡村教师。完善职称（职务）评聘、骨干教师评选向乡村学校倾斜政策，提高乡村学校教师高级职称的比例。提升教师能力素质。做到高端技术技能人才贯通培养项目招生政策向乡村学校倾斜，市级统筹项目招生政策向乡村初中学校倾斜，支持乡村学校学生走进社会大课堂，完善优质高中教育资源北京市范围内统筹工作机制，进一步扩大优质高中教育资源，惠及更广大的农村学生；强化标准体系建设，提升农村教育服务水平。初步建立涵盖学校办学条件标准、校长发展专业标准、教师教学基本功标准、学生核心素养体系、教育教学质量标准等内容的农村义务教育基本公共服务标准体系，推进义务教育基本公共服务均等化。

3. 强化农村医疗卫生服务

统筹规划建设，健全农村医疗卫生服务体系。原则上1个行政村设置1

所村级医疗卫生机构，由区政府负责承担有关经费补助。对于不适宜建设村卫生室的地区，利用流动医院、中医大篷车等方式加大山区巡诊力度，确保每周至少巡诊一次；加强政策引导，扩大村级卫生人员队伍。继续加大订单定向免费培养力度。与市人力社保局协商，对下村巡诊和到村卫生室多点执业的在职医务人员予以补助，补充村级卫生室人员不足；制定服务规范，完善农村医疗卫生管理制度。乡村医生岗位按照每千名服务人口不少于1名的标准设置，由市卫生计生委负责统一制定服务规范，完善管理考核办法等，逐步建立区级定岗、乡镇管理、村级使用的管理模式。

4. 建设农村养老服务体系

探索创新模式，加快培育农村养老服务市场。按照"既补需方、也补供方"的思路，进一步健全老年人福利、养老服务机构运营扶持政策，加快农村养老服务业发展。完善养老机构运营补助政策，制定社区养老服务驿站运营扶持政策，研究破解农村集体土地用于养老机构建设瓶颈。支持基层公办养老机构与乡镇卫生院采取多种形式进行合作，实现"农村养老机构100%能够以不同形式为入住老年人提供医疗卫生服务"目标；加大政策支持，建设农村养老服务人才队伍。支持成立以农村妇女、低龄老年人为主体的互助养老或志愿服务队伍，采取集中培训、送教上门、远程培训等多种方式对农村幸福晚年驿站、邻里互助点服务人员进行培训，努力提升农村养老照护能力。

5. 完善农村社会保障制度

降低保障人群的准入条件，扩大低收入家庭救助项目。调整和完善临时救助制度，简化审核审批程序、提高临时救助标准、建立应急救助金制度。缩小城乡差距，稳步提升社会保障待遇水平。坚持居民收入增长和经济增长同步，稳步提高各项社会保障待遇水平。统筹建立兼顾各类参保人员的养老保障待遇正常调整机制。整合经办资源，提高社会保障管理和服务效率。优化经办服务体系，健全"城乡一体、多险统一"的经办模式。提升经办服务信息化水平。创新社会保险经办服务提供方式，研究探索通过购买服务和引入合作等方式，增加服务供给。

（七）深化城乡融合发展体制机制改革

1. 建立健全农村土地承包经营权登记制度

加快农村土地承包经营权确权登记颁证工作，建立北京市统一的土地承包经营权管理信息平台。为农村土地经营权有序流转提供服务，通过制定新增补贴向农业经营者倾斜等政策，推动多种形式的农业规模经营。

2. 扎实推动农村建设用地制度改革

结合城市总体规划的修编制定完成集体建设用地规划，建立集体建设用地使用权数据库，为农村吸引高端产业入驻提供发展空间。继续在大兴区组织农村集体经营性建设用地入市的试点，探索建立城乡统一的土地交易平台，在制度层面对集体经营性建设用地入市后的增值收益进行倾向于农民的分配安排。推动农村宅基地使用权流转，制定相关政策鼓励利用农村闲置房屋发展养老和休闲旅游产业。

3. 深化农村集体产权制度改革

建立健全农民对集体资产股权占有、收益、有偿退出和继承机制，慎重探索集体资产股权抵押、担保机制。以乡为单位，按照乡村联动、资源与资产联动、经济发展与社会管理联动的改革思路，全面深化乡级改革。继续改革集体林权制度，试点集体林权流转，完善生态林经营管理体制机制。建立自然资源确权登记系统和权责明确的自然资源产权体系。进一步建立健全农村集体资产内部民主管理、监督和决策机制，加大审计力度，大力推进农村集体财务管理示范区建设。积极探索新型集体经济组织运行机制，按照"归属清晰、权能完整、流转顺畅、保护严格"的农村集体产权制度改革要求，创新农村集体所有制经济的有效组织形式和经营方式，确保改革取得实效。建立健全农村产权流转交易市场。

4. 建立健全集体经济发展制度

健全乡、村两级集体经济组织，完善内部运行机制，激发发展活力。加快推进重点地区乡级产权制度改革。推动农村集体经济组织立法，赋予其市场主体资格，减轻其社会福利负担。制定支持集体经济发展壮大的相关土地、规划和税收政策。支持集体组织以多种形式创新经营管理模式，提高效益。引导集体经济组织运用设立开发资金等手段参与土地和项目开发。推进集体土地资源全覆盖立体化监管、经济合同法制化精细化管理、集体资产资本化市场化管理、资金制度化规范化管理，健全完善审计监督机制和考核评价机制，强化激励约束和监督问责，推广应用"三资"在线监管系统，形成政策集成、科技支撑、监管规范的"三资"监管新常态。探索建立财政扶持的产业项目资金按一定比例由村集体经济组织及其成员持股分红。

中 编

推进实施乡村振兴战略的专题研究

专题Ⅰ　北京美丽宜居乡村建设问题研究
专题Ⅱ　北京农村产业发展问题研究
专题Ⅲ　北京乡风文明问题研究
专题Ⅳ　北京农村民生保障问题研究
专题Ⅴ　北京乡村治理问题研究
专题Ⅵ　北京推进城乡融合发展体制机制研究
专题Ⅶ　北京农村人口老龄化问题研究

专题 I　北京美丽宜居乡村建设问题研究

生态宜居是乡村振兴的关键所在。良好生态环境是农村最大优势和宝贵财富。北京在乡村振兴战略实施过程中，必须牢固树立和践行"绿水青山就是金山银山"的理念，严守生态保护红线，加大留白增绿和拆违还绿力度，构建首都"大生态"格局。本专题在北京美丽宜居乡村建设现状分析基础上，以问题为导向，重点结合美丽乡村建设专项行动，着力"清脏、治乱、增绿"，加快补齐农村人居环境和基础设施建设突出短板，努力提高乡村人居环境和生活品质，以为建设国际一流和谐宜居之都提供有力支撑。

一、农村人居环境建设

（一）农村疏解整治工作全面推进

开展"疏解整治促提升"专项行动是疏解非首都功能的必然要求；是有效治理"大城市病"，创造良好人居环境的迫切需要；是优化提升首都核心功能，全面提升城市发展质量的重大举措。

1. 整治违法建设

农村地区作为全市"疏解整治促提升"专项行动的有机组成部分，重点开展了对违法建筑的查处和整治，坚决遏制和打击违法建设行为。从2016年北京市十个区（丰台、大兴、昌平、朝阳、海淀、石景山、顺义、通州、房山、门头沟）违法建设举报量可以看出，城乡接合部和近郊区是重点，其中丰台区、海淀区、朝阳区、昌平区和通州区违法建设举报量所占比例分别为19.4%、19.2%、17.1%、14%和13.8%，这五个区所占比例均超过10%。当前，全市正在开展依法严厉打击违法建设"大棚房"行为。截至2017年7月底，市规划国土部门已清理出"大棚房"项目184宗，涉及7758个问题大棚，涉及违法用地面积达34.8万平方米，有效控制了农村违法建设。

2. 查处无照经营

通过对北京市上述十个区无照经营举报量分布情况来看，丰台区无照经营举报量最高，所占比例为29.6%，接近三分之一，其次是朝阳区、海淀区和昌平区，分别占15.6%、12.1%和12%，通州区和房山区所占比例相近，分别为8.7%和8.1%，其他四个区所占比例合计为13.9%。2017年10月1日起，国家《无证无照经营查处办法》施行，北京市以贯彻落实该办法为契机，进一步做好无证无照经营查处工作：进一步健全各项治理工作机制，更好发挥牵头抓总作用；加强对无证无照经营的"一案双查"力度，开展综合执法；综合运用综治考核、首环办季度考核第三方察访核验等考核方式，进一步加强对各区的督导检查，总体成效显著。

（二）农村污水处理水平不断改善

按照绿色发展方式，从源头控制农村污水产生。从2016年起，全市将饮用水水源保护区、自然保护区、风景名胜区、人口集聚区及其他重点区域划定为禁养区。截至2017年底，全市共关闭禁养区内规模化养殖场353家。2016年，市政府印发的《北京市进一步加快污水治理和再生水利用工作三年行动方案（2016年7月—2019年6月）》确定了"城带村""镇带村""联村"及"单村"建设方式，明确了农村管网建设补助标准以及运行补贴标准，提出了按照流域与区域相结合的原则分区划片，通过市场竞争方式确定专业建设、运行单位。同时，为加快项目设施落地和加强运行监管，出台了《北京市农村污水处理和再生水利用项目实施暂行办法》《北京市农村污水处理和再生水利用设施运营考核暂行办法》《村庄生活污水收集与处理技术规程》等规范性文件，在污水处理设施建设、验收、维护和管理等方面进行了明确规定。目前，全市3930个行政村庄年污水排放量约9590万立方米，其中有957个村庄已解决了污水收集、处理问题，年污水处理量4314万立方米。在已解决污水处理的村庄中，通过"城带村""镇带村"覆盖了404个村庄，年污水处理量2491万立方米；通过"单村""联村"方式解决553个村庄，投入运行的设施808座（"单村"766座，"联村"42座），年污水处理量1823万立方米。目前，已有近500个污水处理站点实现了委托经营，农村污水处理设施运转率从不足20%提高到了70%，农村污水处理率达到57%，远高于全国22%的水平。

（三）农村垃圾处理取得显著成效

北京市农村采用"村收集、镇运输、区集中处理"的管理模式，2017年全市99.3%的村生活垃圾达到集中处理或部分集中处理，农村垃圾处理已达到较高水平。2001年，从城乡接合部地区开始启动了全市垃圾处理基础设施建设工作；从2002年起，又在农村地区开展了垃圾密闭化建设工作，目标是建立垃圾收集系统，解决垃圾暴露问题。目前，全市平原地区所有行政村都完成了垃圾密闭化建设，占全市行政村总数的77%；但是山区村垃圾集中密闭存放的村庄相对较低，还有近一半的村庄垃圾露天存放。绝大部分村庄的垃圾1~2天集中运走一次，部分村庄的垃圾3~5天运走一次。每个村庄均建有垃圾站或垃圾池，并根据需求配备了一定数量的垃圾箱。目前全市农村地区共修建垃圾池1200多个，垃圾箱近9万个。

（四）农村厕所革命持续深入开展

近年来，习近平总书记多次批示厕所革命工作，体现了党和国家对百姓民生、城乡文明的高度关切。一直以来，北京市对厕所改造工作高度重视，于2001年起全面实施"三格化粪池式"户厕改造，2017年户厕改造73万余座，农户卫生厕所覆盖率达到83%。但因为厕所老旧、技术不适宜、地质条件差等原因，根据北京市统计局第三次农业普查资料，目前全市大约还有10万户农民厕所需要进行改造和进一步提升。在农村公厕建设上，2005年全市开始试点建设与改造无害化公厕，2008年开展大规模农村公厕建设，截至2017年底，全市农村公厕保有量6440座，其中一类公厕12座、二类公厕1573座、三类公厕3332座，三类以下公厕1523座，农村公厕等级达标率达到76.35%，农村地区完全消灭了三类以下公厕。在管护上，已建立公厕专业保洁队伍的村，按照一、二类公厕每年运行费用6万元/座、三类公厕4.5万元/座落实费用；未建立公厕专业保洁队伍的村，采取购买服务等方式建立保洁队伍，以提高公厕的运行效率。

（五）村庄绿化美化水平不断提高

开展村庄和庭院绿化，能够改善农村生态环境，美化村容村貌，促进人与自然和谐发展。为治理新农村建设中"硬化多、绿化少"的问题，北京市于2006年即制定了《北京市新农村建设村庄绿化导则》，启动村庄绿化美化提升工程，对全市1872个永久性保留村庄逐步实施村庄绿化美化建设。为继续推进村庄生态环境建设，从2014年起，郊区各区又以每年不低于现有村庄15%的比例，推进美丽乡村建设。通过整治、建设与发展，每年建成一批"北京美丽乡村"。从2015年起，北京市又启动了村庄绿化改造升级工程，通过增绿、补绿,11个郊区1872个永久性保留村庄将在6年时间增绿3万余亩,村边、沟边、路边、河边、渠边"五边"绿化是改造的重点突破区。2017年,首都绿化委员会办公室下发《关于进一步加强村庄"五边"绿化工作的通知》,进一步推进"五边"绿化工作。到2017年6月,已经完成村庄"五边"绿化1062个村17279亩(1152.5万平方米),全市村庄绿化总面积达到2亿多平方米,密云区、房山区、海淀区的村庄绿化覆盖率超过45%,绿化村庄数量、面积实现了双突破。

表1-1 乡级单位、村卫生处理设施(2016年) 单位:%

	全市	城市功能拓展区	城市发展新区	生态涵养区
生活垃圾集中处理或部分集中处理的乡级单位占比	100.0	100.0	100.0	100.0
有污水处理厂(站)的乡级单位占比	74.5	65.6	70.7	83.3
生活垃圾集中处理或部分集中处理的村占比	99.3	100.0	99.6	98.7
有生活垃圾分类收集的村占比	37.2	41.7	30.9	45.9
有专职环卫人员的村占比	91.2	84.1	90.2	94.1
生活污水集中处理或部分集中处理的村占比	42.7	96.1	36.5	41.4
完成或部分完成改厕的村占比	93.8	96.8	91.6	96.5

资料来源:北京市第三次全国农业普查主要数据公报,北京市统计局。

二、农村基础设施建设

(一)乡村路网建设水平不断提高

1. 乡村交通建设

近年来,北京市以"四好农村路"建设为抓手,对通公交、校车和旅游休闲、产业物流等乡村公路实施了"窄路加宽"工程,排查乡村公路隐患点并实施治理,加强老旧危病桥隧函改造。截至目前,全市乡村公路总里程达到13804公里。按行政等级分,一级89公里,二级379公里,三级1467公里,四级11830公里。乡村公路桥梁1885座,其中大桥32座、中桥333座、小桥1520座。乡村公路路况水平基本处于良好状态,乡村公路列养率100%,

中等路以上比例逐年提高，2017年达到90.58%。此外，研究制定《北京市推进"四好农村路"建设三年行动计划》，从建、管、养、运四个方面提出了十大举措，全方位推进"四好农村路"建设，并从标准体系入手，制定了《北京市农村公路设计导则》和《北京市农村公路技术评定规范》两项地方标准，有力推进乡村道路建设。另外，乡村公路及桥梁养护监管不断提升，2017年底率先对乡村公路MQI进行系统检测。郊区客运水平不断提升，现有郊区客运企业11家，运营车辆4394辆，运营线路442条，日均客运量120万人次，达到市区公交客运量的12%。现有郊区客运场站（5级站）185座，候车亭11200余个。

2. 农村街坊路建设

农村街坊路是农村公路建设的延伸，是美丽乡村建设的重要组成部分，包括村内主要街道、次要街道和通往群众住户门口的甬道。自2006年开展新农村建设以来，北京市农村街坊路建设步伐加快，在"十二五"期间，继续加快推进街坊路的提质、提标和通路到户，农村地区的出行条件开始得到根本性改善。目前，全市乡村路网基本形成，街坊路硬化率超90%。"十二五"期间，全市累计投资300亿元，共建设农村街坊路1亿平方米，路面质量明显提高。村内主要道路水泥路面和柏油路面占比为97.8%，与10年前相比提高5.3个百分点。其中，柏油路面比重提高到45.1%，提高12个百分点。村内主要道路有路灯的村占全部村的比重为99.3%，与10年前相比提高11.8个百分点。

表1-2 乡镇与村交通设施（2016年）　　　　　　　单位:%

指标	全市	城市功能拓展区	城市发展新区	生态涵养区
有火车站的乡级单位	18.9	12.5	17.4	23.6
有高速公路出入口的乡级单位	49.0	68.8	63.0	22.2
通公路的村	100.0	100.0	100.0	100.0
按通村主要道路路面类型分的村				
水泥路面	28.1	6.0	21.6	42.5
柏油路面	71.6	94.0	78.4	56.7
沙石路面	0.1	0.0	0.0	0.1
按村内主要道路路面类型分的村				
水泥路面	52.7	15.5	43.3	74.5
柏油路面	45.1	84.5	56.6	19.8

续表

指标	全市	城市功能拓展区	城市发展新区	生态涵养区
沙石路面	0.1	0.0	0.0	0.4
村内主要道路有路灯的村	99.3	100.0	99.1	99.6
村委会到最远自然村或居民定居点距离				
5公里以内	99.5	98.9	100.0	98.8
6~10公里	0.5	1.1	0.0	1.1
11~20公里	0.0	0.0	0.0	0.1
20公里以上	0.0	0.0	0.0	0.1

资料来源：北京市第三次全国农业普查主要数据公报，北京市统计局。

（二）村镇供水蓄水水平不断提高

2017年，北京市所有乡级单位均实现了集中或部分集中供水。北京市村镇地区现有供水设施5582处，其中，集中供水设施3689处，分散式供水设施1893处。全市27.78%的村庄由新城自来水厂和乡镇集中供水厂供水，其余村庄由单村供水站供水；农村供水设施服务人口685万余人。92.6%的村庄饮用水经过集中净化，100%的村庄饮水经过安全用水检验，基本上保证了农村居民的用水安全问题。通过实施安全饮水工程建设，改造老化供水管网1.4万余公里，为农户安装计量水表98万块，133座集中供水厂、2850座村级供水站全部完好运行使用，完好使用率达到100%。此外，针对北京市水资源紧缺状况，结合新农村"五项基础设施"工程建设，农村雨洪利用工程建设持续推进，建成1200余处农村雨洪利用工程，蓄水能力达2932万立方米，主要包括砂石坑、老河湾、坑塘、庭院、设施农业膜面集雨等形式。累计增加可利用水资源量6500万立方米，有效补充了农业灌溉用水，服务了区域经济社会发展。

（三）农村清洁能源利用超常规推进

自《北京市2013—2017年农村地区"减煤换煤、清洁空气"行动计划》实施以来，全市煤改清洁能源工作加速推进。截至目前，全市累计完成2513个村庄、约95万户住户"煤改清洁能源"任务，基本实现南部平原地区农村"无煤化"。其中，2017年完成901个村庄、36.9万户的"煤改清洁能源"工作，并同步完成全市1514个村委会、村民公共活动场所和94.6万平方米籽种农业设施的改造工作。2017年在山区乡村还探索开展冬季清洁取暖的有效方式。目前，全市已完成三分之二的农村地区农户取暖煤改清洁能源。此外，郊区清洁照明系统得到了很大推进，目前基本覆盖了全市所有村庄和农户，共建设村内直管荧光灯14万只，村内节能路灯30余万盏，太阳能路灯18.1万盏，户用节能灯更换1300万只。节能路灯和太阳能路灯工程建设覆盖了全市农村地区的村庄、34个旅游景点、200余条乡村旅游线路、40个农业观光园，基本满足了郊区的照明设施需求。

（四）农村信息化建设水平不断提高

北京市从"十二五"时期即启动了全市农业农村信息化工程，农业农村信息化基础设施条件不断优化，目前村级宽带互联网接通率达到99.9%。近年来，北京市大力发展"互联网+"现代农业，成立了北京农业互联网联盟，建立了62个"农邮通"服务站，培育了"嘉农在线""猪联网"等全国行业垂直电商平台，以物联网、移动互联网为代表的信息技术在全市13个郊区200多个农业生产基地开展应用示范。以优化提升都市型现代农业为重点，实践中，北京促进互联网与都市型农业、休闲旅游业、实体经济深度融合，促进互联网与农业生产、经营、管理、服务、创业有效融合，提升农产品营销能力，扩大农产品销售渠道。截至目前，全市48.8%的村有电子商务配送站点。京东、亚马逊、中关村在线、58同城、赶集、美团等第三方交易平台积极向农村拓展，形成良好的区域网络营商氛围。此外，北京市深入推进互联网在农村社区管理服务中的应用。"十三五"以来，推进智慧乡村建设和"信息进村入户工程"，开展了村级党务、村务和财务"三务"公开入户电视点播试点，推进32个智慧乡村建设。

表1-3 北京市农村电力与通信设施基本情况（2016年）   单位：%

指标	全市	城市功能拓展区	城市发展新区	生态涵养区
通电的村	100.0	100.0	100.0	100.0
通电话的村	100.0	100.0	100.0	100.0
安装了有线电视的村	99.9	100.0	100.0	99.9
通宽带互联网的村	99.9	100.0	100.0	99.9
有电子商务配送站点的村	48.8	72.1	53.0	37.7

资料来源：北京市第三次全国农业普查主要数据公报，北京市统计局。

（五）邮政快递业提档升级发展

邮政和快递物流业是改善农村生活与生产的重要基础设施组成部分。北京市村邮站建设自 2009 年开始,由市农委和市邮政管理局联合推动实施,实现了村村设立邮站。2011 年,北京市新农办、北京市财政局、北京市邮政管理局联合下发《关于北京市村邮员队伍建设工作的实施意见》(京新农办〔2011〕3 号),确定村邮员为公益性岗位,保障了业务的正常开展。截至目前,全市村邮站总数为 3674 个,村邮员总数为 3916 名。2012 年至 2017 年,全市涉农区财政实际拨付村邮员补贴总金额为 1.5 亿余元,人均补贴 500 多元。2017 年全市村邮站日均接收信件、报纸、包裹、速递等邮件数量约 3.43 万件。近年来,随着快递物流专业化经营,大力开发农村市场,以快递下乡服务"三农"为重点的连锁配送业务快速发展起来。特别是为了服务"三农"工作,发挥邮政行业品牌、网络、信誉等方面的优势,积极开发以农业生产物资和农民日常生活用品为主要的连锁配送业务。目前,快递下乡服务"三农"在全市 16 个区、182 个乡镇、3906 个村末端网点。围绕"乡乡开店、村村设点"的目标,快递行业建立了以乡镇网点为经营管理中心、村加盟点为扩展服务区域终端的连锁综合经营网络。快递下乡服务"三农"形成了一条连接工业企业、商贸企业、零售商店和农户的市场链条,开辟了一条工贸商品下乡、农产品进城的新的流通渠道,积极探索了"双向快递物流"经营模式。

(六) 其他基础设施建设

农村医疗卫生服务设施建设水平不断提高,初步建立起农村公共卫生和基本医疗服务体系,形成了以区医院、妇幼保健院、中医院和疾病预防控制中心为依托、乡镇医院和农村社区卫生服务中心为重点、村卫生室(社区卫生服务站)为基础的农村公共卫生服务体系。区、乡镇卫生院和社区卫生服务站三级急救网络也初步形成。到 2016 年底,全市 97% 的乡镇有医院、卫生院,78% 的村有卫生室(站、所),78% 的村至少有一名有行医资格证书的医生,且新型农村合作医疗覆盖面不断扩大。北京农村公共文化娱乐设施也日趋完善,基本构筑了以图书室、文化广场、老年活动中心、数字影院、健身设施及场所、党员活动室等为主体的公共文化设施体系。目前,全市四级文化设施建有率达到 98%,全市 86% 的村庄有体育健身场所,93% 的村庄有图书室、文化站,50% 的村庄有农民业余文化组织,75% 的村庄建有老年活动中心,90% 的村庄建有数字影院。同时,农村教育基础设施建设也不断完善,全市 20% 的乡镇有职业技术学校,49% 的村庄在 3 公里范围内有小学,80%

的村庄在 5 公里范围内有中学，1/3 的村庄有幼儿园、托儿所。北京市率先在全国实现城乡公共文化服务设施全覆盖，全民健身设施镇村全覆盖。通过美丽乡村建设，培育文明乡风，促进了村庄精神文明建设。

（七）农村基础设施运营管护机制不断健全

管护机制是决定农村各项基础设施运行好坏的重要影响因素。在农村基础设施运营管护上，不断创新农村基础设施管护工作的理念，整体上从重工程建设向建管并重、更重管护转变。目前，北京市已建立起责任明确的各部门联动机制、基础设施维护和管理体系，将城市服务向农村延伸。如公共厕所、路灯（含太阳能路灯）、垃圾处理、环境卫生等设施纳入市政市容部门管理范围，供水（含消防用水）、污水处理、雨洪利用等设施纳入水务部门管理范围，绿化纳入园林绿化部门管理范围。在此过程中，各区也先后出台了相关管理办法，有效地促进了农村基础设施的运行维护工作。例如，海淀区率先出台了《海淀区关于加强农村基础设施管理的意见》；丰台区提出达到农村基础设施"三有一要"，即投入有保障、管理有队伍、服务有质量、设施运行要正常的目标；平谷区成立了农村基础设施维护和管理工作领导小组，统筹指导该项工作；顺义、通州、门头沟、大兴、密云等区也分别制定并印发了区农村基础设施管护方案。一些农村将基础设施维护纳入村规民约，明确由农户管理，责任到户、到人，有效地保证了这些设施的完善和良好使用；还有一些村委会，针对农村基础设施类型多、技术要求高的现实，自主成立了设施管护维修队，建立了农村设施维护的自治组织。

新近发布的《实施乡村振兴战略扎实推进美丽乡村建设专项行动计划（2018—2020 年）》指出，要制定农村基础设施管护标准，落实管护资金，建立稳定的管护队伍，将管护责任落实到人；加强管护人员专业培训，提高业务能力；督促管护人员加强日常巡查，及时发现、解决出现的问题，保障美丽乡村建设项目长期发挥效益。建立完善考核机制，明确考核内容和流程，督促各区建立健全长效管护机制，落实主体责任，坚决防止出现"重建轻管、只建不管"的现象。在垃圾和污水处理、厕所保洁、环卫等领域，结合农村实际，考虑农村特点，各村探索建立健全多种形式的管护模式，不搞一刀切，不搞统一模式。在管护队伍建设，采用"农民受益、农民管理"的模式，管护人员最大限度地使用当地农民。目前，全市已经建立了 3000 多个近 6 万人的乡村保洁员队伍，为营造郊区农村干净、整洁的村庄环境发挥了重要的作用。

三、乡村生态环境建设

（一）森林绿地建设大力推进

北京市实施了平原地区百万亩造林工程，大幅度提升了首都环境容量和生态空间。据统计，2012—2015 年，全市共完成造林 105 万亩，植树 5400 余万株，顺利完成了平原地区百万亩造林任务，平原地区森林覆盖率比 2011 年增加 10.75 个百分点。山区生态公益林建设，完成人工造林 25.38 万亩，封山育林 124 万亩，低效林改造 9.42 万亩，新增彩色树种造林 10.6 万亩，实施森林健康经营林木抚育 360 万亩，有效增加了山区森林资源，改善了森林质量，提高了森林景观效果，山区森林覆盖率、林木绿化率。为落实《北京城市总体规划（2016—2035 年）》，北京市全面推进了一绿地区城市化建设，积极探索二绿地区城乡融合发展的新路径，大尺度推进城乡绿化建设，以二绿地区为例，累计实现绿化 333 平方公里。截至 2017 年，北京市林地面积达到 1.08 万平方公里，林木绿化率达到 59.6%，森林覆盖率达到 43.0%，基本形成"山区绿屏、平原绿海、城市绿景"的绿化格局。

（二）水源涵养和水系治理不断加快

"十三五"以来，全市水源保护和水源涵养力度不断加大。严格执行《北京市实行最严格水资源管理制度考核办法》（京政办发〔2015〕60 号）及实施细则，印发了《北京市"十三五"水资源消耗总量和强度双控行动工作实施方案》（京水务资〔2017〕50 号），完善水资源消耗双控指标体系，将主要指标纳入市政府对各区政府绩效考核。2017 年 6 月 30 日，《北京市推进"两田一园"高效节水工作方案》（京政办发〔2017〕32 号）对农业节水工作做整体部署，通过综合实施科技节水、工程节水、农艺节水、管理节水等措施，全市农田水利设施运行良好，农业用水量下降到 2017 年的 5.07 亿立方米，农田灌溉水有效利用系数提高到 2017 年的 0.73。在生态清洁小流域治理上，通过科学规划，综合运用 21 项措施，实施污水、垃圾、厕所、沟道、面源污染五同步治理，建设生态清洁小流域，实现清水下山、净水入河入库。截至 2017 年底，全市 1085 条小流域中已建成 381 条生态清洁小流域。

（三）农业污染治理成效显著

严格落实《北京市新增产业的禁止和限制目录（2017 年版）》，从源头治理畜禽养殖业污染。一方面，划定畜禽养殖禁养区并关闭搬迁禁养区内养殖场。2016年起，将饮用水水源保护区、自然保护区、风景名胜区、人口集聚区及其他重点区域划定为禁养区，全市共划定禁养区12个，总面积5190.25平方公里，在此基础上，加快关停搬迁，截至2017年底，全市关闭禁养区内规模化养殖场353家。此外，积极开展农业面源污染治理，粪肥利用率达到98%。2016年底，北京市开始土壤污染状况详查，以农用地中耕地、园地为重点，旨在查明北京市农用地土壤污染的面积、分布及对农产品质量的影响。此外，全市加大生态农业建设，建成76个生态农业标准园，全市化学农药使用总量降幅达17%，化肥利用率提高到35%，农药利用效率提高到42%（位于全国前列）。

（四）生态文明制度建设不断加快

为深入落实北京市委市政府《关于全面提升生态文明水平推进国际一流和谐宜居之都建设的实施意见》，贯彻2016年5月国务院办公厅印发的《关于健全生态保护补偿机制的意见》（国办发〔2016〕31号），北京市园林绿化局、北京市财政局联合印发《北京市山区生态公益林生态效益促进发展机制森林健康经营项目管理办法》（京绿造发〔2016〕15号），明确提出加大生态保护补偿力度、逐步扩大生态保护补偿范围、合理提高生态保护补偿标准。山区生态公益林生态效益促进发展资金由每年每亩40元提高到70元。为进一步健全生态保护补偿机制，高质量、高水平推进首都生态文明建设，2018年北京市人民政府办公厅发布了《关于健全生态保护补偿机制的实施意见》，从空气、森林、湿地、水流、耕地等重点领域和生态保护红线区、生态涵养区等重点区域对生态保护补偿进行全覆盖。

（五）区域生态环境协同保护与建设有效推进

北京市大力实施京津冀协同发展国家战略，围绕建设张承生态功能区，持续推进京冀生态水源保护林工程建设；围绕建设京津保森林湿地群，大力推动与廊坊、保定毗邻地区的大尺度森林湿地建设。同时，进一步加强京津冀协同发展林业有害生物防治。2017年，京津冀协同发展林业有害生物防治的顶层设计基本确立，协同发展的工作机制基本成型，京津冀毗邻地区协同防治工作取得明显进展，美国白蛾等重大林业有害生物发生成灾的严峻形势得到一定程度的遏制。从2017年以来，在环境保护部、财政部、水利部等中央部门的大力支持下，为进一步推动密云水库上游流域水源保护工作深入开展，保障首都饮用水源安全，实现京冀生态环境保护协同发展，根据《国务院办公厅关于健全生态保护补偿机制的意见》等有关文件要求，北京市与河北省正在研究建立密云水库上游潮白河流域水源涵养区横向生态保护补偿机制。

四、美丽宜居乡村建设存在的主要问题

从上面的现状分析可见，近些年在北京市"5+3"（即"五项基础设施"和"三起来"工程）、山区搬迁、煤改清洁能源、"两田一园"高效节水、百万亩造林、京冀生态水源保护林等政策工程支持下，农村地区人居环境治理、基础设施与生态环境建设取得了巨大成效，显著改善了农村地区生产生活条件，美化了农村环境，强化了农村地区生态服务功能，为促进农村地区经济社会发展奠定了坚实基础。但是，我们也要看到，在北京城市总体功能"四个中心"的新定位下，在建设国际一流的和谐宜居之都的新目标下，在北京市城乡一体化发展与京津冀一体化发展的新背景下，破解特大型城市发展及区域协同发展难题对全市农村基础设施建设及管理、农村生态环境建设提出了新的更高要求，美丽宜居乡村建设中还存在一些问题亟待解决，主要表现在：

（一）人居环境治理还存在突出短板

1. 农村疏解整治任务依然艰巨

近年来，北京不断加大对郊区农村的建设投入，农村基础设施和人居环境总体上得到了很大改观，但是，在局部、在细节上，违法占地、违法建设、违法经营行为和农村环境"脏、乱、差"问题依然突出，突出表现在违法建房、占道经营堆物、车辆乱停、乱设摊点、村容村貌无序混乱等。例如，第一道绿化隔离地区部分村庄仍然存在拆迁腾退和人口疏解任务，公共服务设施和市政基础设施还不完善，社区服务管理水平亟待提升，存在一定的安全隐患；第二道绿化隔离地区部分村庄也存在疏解腾退、减量发展的任务，绿化美化水平需要进一步提高。此外，打击违法建设的"大棚房"任务依然艰巨，一方面"大棚房"建设隐蔽性强，底数仍然不清；另一方面问题大棚数量多，目前已通过全拆或拆除违法占地部分等措施整改到位的约1/4，剩余"大棚房"拆迁或整改工作量大。

2. 农村环境治理理念和技术有待突破

当前农村环境保护，仍存在简单照搬工业和城市的污染治理模式的倾向，

在一些领域，存在过度依赖工程技术的情况，对农业农村环境保护的特有规律认识不够，适合农村生产生活条件的生态治理模式、技术体系尚需建立完善。例如，目前农村污水处理较多采用在城市普遍推广的生化处理工艺，全市单村、联村建设运行的污水处理设施中采用膜等生化处理技术的设施占88.6%，生态处理工艺仅占10.1%，生态治理及循环利用技术使用较少。膜的使用寿命为5~8年，不合理使用寿命更低，而且更换膜成本高。同时北京市农村地区污水处理受污水收集、处理工艺、运行等方面的影响，农村地区污水处理实现全面达到现行标准存在一定困难，农村地区生态处理工艺和技术有待进一步推广。太阳能路灯蓄电池、农村厕所（户厕、公厕）冬季使用等也存在类似问题。

3. 农村基础设施建设依然存在诸多不足

在部分山区，安全饮水、农村污水处理、农村厕所、垃圾资源化利用、交通路网、电力设施、邮政快递等方面，仍然存在诸多短板，与人民对美好生活的追求仍有较大的差距。主要是因为农村基础设施资金投入不足、建设标准偏低、管护水平不高等。以农村公厕为例，按照管理维护费用标准计算，新农村6000余座公厕年维护费用应在2.18亿元左右，但实际投资只有0.96亿元，不足一半。以乡村公路为例，建设标准普遍较低，公路路面窄，目前路面宽度指标达到国家双车道四级公路标准的仅占16%，路面宽度没有达到本市技术文件最低标准要求（5米）的道路占比达35%。乡村公路养护也有待加强，目前本市乡村公路大修比例仅为3.3%，与交通部要求的7%有较大差距。在交通部统一部署的安全生命防护工程隐患治理行动中，全市共排查出乡村公路隐患点3万余处近3000公里。因为建设标准低、建设时间过长以及养护管理不及时等原因，村庄内道路路面破损情况也较为严重，约有40%的村庄主要街道有不同程度破损，尤其是水泥混凝土路面出现裂缝、塌陷和起砂现象较多。另外，全市尚有极少量山区行政村未通公交（按照交通部"建制村村委会距公交站点低于2公里"的标准排查），个别山区群众出行仍然不便。此外，农村邮政快递设施的缺失破损较为普遍。

4. 偏远地区基础设施建设水平相对较低

农村基础设施建设水平存在明显的地区差异。城市功能拓展区毗邻城区，具有与城市设施的连接的便利条件，无论是建设水平还是维护水平均比较高。城市发展新区凭借发展新城的机会，农村基础设施的发展也积极推进，其建设水平次之。生态涵养区经济发展水平相对较低，离市区较远，城市的基础设施难以延伸至此，因此其建设水平最低。在同一功能区内的不同区之间，因为经济发展水平和基础设施投资额的不同，也存在差异。例如，延庆区是距离北京市城区最远，也是全市基础设施建设综合水平较低的区。目前，延庆区主要靠八达岭高速与北京城区相连，除八达岭高速沿线外，其他地方的交通还较为不便；近一半的村庄完成了卫生厕所改造，实现雨污分流的村庄仅占24%，还有24%的村庄未能实现垃圾集中处理。厕所改造工程发展不均衡，各区间差距较大。功能拓展区的厕所改造比率最高，功能新区次之，生态涵养区最低。昌平区67%的村庄可以达到公厕常年开放，而房山区只有30%左右的村庄公厕正常使用。山区与平原区、经济发达地区与经济薄弱地区的公厕使用与维护存在较大差距。

（二）农村基础设施管护机制亟待优化完善

1. 管护队伍建设较为薄弱

农村基础设施运维管护队伍不健全是现阶段农村基础设施中存在的最主要问题。首先，管护观念薄弱。农村基础设施的管护通常以本村农民为主，持有传统"集体所有、集体管理"的管护思维，自身综合技能水平较低，许多农民参与建设和管理的积极主动性不高，而且管护和爱护公共设施的意识也较低，应急处理能力也不够。其次，管护队伍不稳定。主要原因是农村基础设施管护人员工作量大、工资水平不高。例如，多数村庄虽然建立了专业保洁队伍，但人员数量通常较少，而且这部分人员有的还身兼数职或承担着村里交办的其他工作任务，造成管护人员不足，管护力度不够等现象。农村公共服务内容丰富，与老百姓的生产生活息息相关，而且越到基层，事情就越具体，任务就越繁杂，需要投入大量的人力和精力。像垃圾处置、村庄保洁等，更是难啃的"硬骨头"，极易出现反复。

2. "重建轻管"现象仍然较为普遍

管护机制不真正建立与有效落实，一些基础设施的效益就难以保证正常发挥，并且许多工程尚未达到使用寿命就有可能报废。即使有些区、乡镇、村设有管护人员、配有管护资金，也存在职责分工不清、管理范围不定等现象，造成许多公共设施虽然存在，但是实际上已经无法正常使用。而且，由于基础设施产权归属问题，村民自觉维护缺乏动力与意识。"重建轻管"的另一个表现是管护资金缺乏稳定来源。目前北京市农村基础设施项目建设基本上都是财政直接投资，由于建设时未充分考虑后续的运行维护和物价上涨，设施运转后往往出现资金短缺的问题。另外，运维资金基本上都是来自市级财政转移支付和当地政府自筹。由于有些地方政府财政收入有限，日益增多的基础设施给政府带来了不小的资金压力。例如，监测发现，目前北京市农村有近30%的污水处理设施未运行或间歇运行；部分村庄不重视公厕运行管理，存在公厕不洁、损坏不修复、不开放等问题；近年来得到维护的街坊路只有8000多万平方米，仍有20%的农村街坊路未得到维护和维修，致使一些村庄的街坊路坑洼不平，破损较为严重；全市太阳能路灯电池更换也缺乏资金保障。

3. 统筹力度仍有待提高

农村人居环境治理和基础设施建设，涉及农业农村生产生活的各环节，包括生活污水处理、农村垃圾处理、饮用水源保护、畜禽污染治理、农药化肥污染防治、道路交通物流、网络信息化建设等多项工作，涉及农业、环保、水务、城市管理、卫生计生、交通、电力、城管执法等多个部门，各个职能部门也都履行着相应的职责，落实了管护人员，出台了考核办法。但从实际工作推进情况看，在一定程度上仍存在多头分散投资、建设、管理，缺乏统筹抓总的问题。特别是到了村一级，缺少一个统筹协调的管理机制。统筹力度也远远不能适应乡村振兴背景下的农村公共服务运行维护的任务和要求，必须要进行改革。

（三）生态环境保护与修复工作

1. 生态环境建设后期工作困难大

从北京市乡村生态环境建设的任务看，仍存在以下问题与不足。第一，森林资源总体质量和建设水平还有相当大的提升空间，存在大面积的低效林分，突出表现在树种相对单一、林分结构不合理、密度偏高、林龄组成不合理、林木蓄积量低、森林健康程度不高等几个方面，三分之二的森林处于亚健康或不健康的状态。第二，湿地总量少且退化严重，目前全市1公顷以上湿地总面积5.14万公顷，占国土面积的3.13%，低于世界和我国平均水平（世界平均水平为8.6%，全国为5.58%）；并且这些湿地生态质量较低，缺水或无水的湿地占到总数的三分之一，干涸无水的湿地占湿地总面积的近五分之一，生态湿地修复工作量大。第三，清理尾矿废渣和恢复植被的任务相当艰巨，需要有计划地对山区浅山、前脸山、干道两侧、景点周边的关停废弃矿山地区实施生态修复工程。这些生态建设与修复工作一直在大力推进，后期待开展的通常是实施难度较大的，譬如很多处于偏远地区，立地条件差、交通不便，建设成本高，或需要较高水平的工程技术作支撑等。此外，部分小流域及水土流失面积未得到有效治理，生态清洁小流域建设任务仍然艰巨等。

2. 生态保护任务重资金少

生态保护是一项公益事业，需要从区域、国家、后代的角度着眼考虑问题，需要有上级政府或者国家层面的专项经费支持，但生态保护资金却极为缺乏。以自然资源保护区为例，由于政府补助资金极为有限，全市绝大部分保护区主要靠门票和服务设施经营收入来维持日常管理，无力进行保护建设，更难以实施资源的严格保护。以一绿地区郊野公园为例，目前仅有绿地养护资金补助为每平方米4元，而相比较《公园维护费用指导标准》公园设施维护费每平方米4.2元、公园绿地养护费用特级绿地每平方米15元、一级绿地每平方米9元、二级绿地每平方米6元的标准还存在较大差距，养护管理费严重不足。另外，生态保护管理任务艰巨。随着平原百万亩造林和绿化美化建设的快速推进，全市森林资源总量持续增长，林地面积达到108.14万公顷（其中森林面积达到73.45万公顷），湿地面积5.14万公顷，保护管理的工作任务非常艰巨。除工作量大、保护资金不足外，还存在精细化管理水平不高、违法侵占等一些难题。

3. 补偿机制需要进一步健全

为推进北京乡村生态环境建设工作，市委市政府实施了强有力的生态补偿政策，这在发展并巩固生态环境建设成果时，也为乡村农民提供了大量就业岗位，促进了农民增收。但是，严格的生态环境保护政策，也对产业的要求门槛更高，限制了区域经济发展。生态涵养区通常是全市经济发展的薄弱地区和低收入群体的集中地，自身发展能力不足，产业转型难度大，劳动力和人口外流较多，单靠农村自身解决增收和缩小城乡差距的难度很大。近年来生态补偿标准虽有所提高，但生态补偿仅仅是一种初级形式，有待于发展到完善的生态跨区交易机制的成熟阶段。如生态林补偿只是对集体生态林管护员不完全的工资性补助，不是对全体集体林所有者的补偿，未体现生态效益补偿的实质和"受益者付费"的原则。生态补偿机制还存在标准和范围上的不完善，如经济林输出生态效益，但却没有获得相应的生态补偿，在很大程度上削弱了地方政府和广大村民参与的积极性和主动性。

五、对策建议

（一）补短板强弱项，全面推进美丽宜居乡村建设

从前面的分析可见，近些年的农村环境整治与基础设施建设成效显著，整体上全市乡村建设已处于国内较高水平。但是，相比较东南沿海等地区一些农村还存在诸多不足，离建设国际一流和谐宜居之都还存在较大差距。

1. 加快补齐农村人居环境突出短板

结合美丽乡村建设三年专项行动和乡村振兴战略全面实施新的契机，坚持首善标准，着力清脏、治乱、增绿，持续改善村庄人居环境，努力提高乡村生活品质。首先，要加大拆违力度、规范村庄建设、治理村镇秩序、美化村容村貌，全面推进农村疏解整治，常态长效管控农村地区违法占地、违法建设、违法经营行为和"脏、乱、差"现象。其次，要加强农村供排水改建，特别是在抓好已建污水处理设施修复改造的基础上，根据村落和农户分布，采用"城带村""镇带村""联村"及"单村"等模式，集中或分散建设污水处理设施；人口较少的村庄要因地制宜，通过湿地等多种方式进行污水处理。探索推广造价低、耗能小、维护便利、处理水质好的处理工艺和国内外试用成功的户用小型处理设施及湿地处理等生态型新技术，尽可能用生态理念解决农村污水生态问题。最后，要持续推进"厕所革命"。加大农村公共卫生厕所升级改造力度，开展公厕品质提升工作，逐步消灭三类以下公厕。同时，加强改厕与农村生活污水治理的有效衔接。以垃圾分类和废弃物资源化利用为重点，扎实推进农村垃圾治理工作，巩固村收、镇运、区处理的运转体系。

2. 推动乡村基础设施提档升级

统筹生产、生活、生态，进一步完善农村公路、电网、供气、路灯、互联网、物流、便民店、停车场等基础设施及配套公共设施建设，实现城乡基础设施共建共享、互联互通。首先，进一步加强"四好农村路"建设。编制"四好农村路"配套规划。实施"窄路加宽"工程，通公交、校车和旅游休闲、产业物流乡村公路要达到四级路标准。旅游公路要综合考虑交通流量，在沿线修建观景台、错车带，保障停车安全，为游客提供便利。排查乡村公

路隐患点，实施治理，并加强老旧危病桥隧函改造。积极支持传统村落、休闲农园、特色景观旅游、特色民宿、民俗村等乡村特色旅游区域开通乡村旅游客运线路。提升乡村旅游交通服务保障水平，加快农村旅游景区、人口密集区域的停车场、充电桩等基础设施建设。统筹规划建设农村物流基础设施，推进涉农电子商务平台建设，培育农村物流经营主体，加快构建"快递下乡"和"农产品进城"双向物流服务体系。重点依托综合客运服务站建设，推进"区域集散、网点驻乡、投递进村"的农村快递共同配送平台建设；整合各类资源，分期分批组织建设服务"三农"和农村电商的快递末端网点。其次，要加快乡村清洁能源建设，积极探索山区村庄的冬季清洁取暖试点，特别要加快2022年北京冬奥会延庆赛区周边村庄的"煤改清洁能源"改造，在具备条件的村庄，利用太阳能、地源热泵、天然气等多种互补新能源及采暖技术实施"无煤化"改造。在农村煤改清洁能源过程中，要统筹好建筑能与设备改造、供电供气与运营维护、安全使用与应急管理，切实让农民用得起、用得好、用得省心。加强电网改造升级，建成结构合理、技术先进、供电可靠、节能高效的供电网络。在修复利用闲置太阳能路灯的基础上，加强夜晚照明设施缺乏的村庄和重点旅游线路的路灯系统建设。最后，要强化乡村信息化基础支撑作用。继续优化提升农村信息基础设施，深入推进互联网在农村社区管理服务中的应用，推进智慧乡村建设和"信息进村入户工程"。积极引导移动、联通和电信等电信运营企业加大农村网络建设投资，进一步提高农村地区光纤宽带接入能力，加大对农村移动通信基站铁塔建设的支持力度。实施数字乡村战略，开发适合"三农"特点的信息技术、产品、应用和服务。完善农村消费信息服务、市场信息服务、"三农"政策服务、农村生活服务等系统和手机APP，推进服务手段向移动终端延伸，服务方式向精准投放转变。推动远程医疗、远程教育等应用普及，建立空间化、智能化的新型农村统计信息综合服务系统，弥合城乡数字鸿沟。

（二）完善投融资机制，保障建设的巨大资金需求

人居环境改善和基础设施建设的有效推进需要巨大资金作为保障。

1. 统一思想加大投入力度

充分认识到农村是全市决胜全面建成小康社会和建设国际一流的和谐宜居之都的突出短板和薄弱环节，政府财政资金的投入要继续向农村地区倾斜。按照实事求是、资源整合、政策集成、厉行节约的原则，在保障现有各项投

入连续性的基础上，市级还要安排美丽乡村建设引导资金，支持农村统筹推进相关建设工作。市级引导资金要根据市新农办审定的建设标准、补助标准和年度任务量预拨各区，市新农办定期组织市相关部门对各项工作实施情况和资金使用情况进行跟踪考核，依据考核结果与各区进行年度资金清算。各区也要加大资金投入力度，落实相应支出责任。

2. 积极拓宽投融资渠道

美丽宜居乡村建设内容多，投资大，不能完全依靠政府财政资金，一方面财政压力大，另一方面也不利于项目建设的可持续，成果也无法进行复制推广。按照"政府主导、社会参与、多元投入、市场运作"的美丽宜居乡村建设投融资机制主体思路，鼓励不同经济成分和投资主体以独资、合资、承包、租赁、股份制、股份合作制、BOT、PPP等多种形式，将社会资本引入到人居环境改善与基础设施建设上来；此外，要创新投融资体制机制，按照公益性项目、市场化运作的理念，充分利用基金管理平台、政府和社会资本合作、政府购买服务等方式，实现政府资金与社会资金的统筹使用。

3. 充分利用社会资源

通过捐款资助等方式支持美丽宜居乡村建设。积极鼓励和引导人民团体、企事业单位、社会组织和爱心志愿人士，通过行业联手、人才和技术支持、结对帮扶、捐资捐物等方式参与美丽乡村建设。特别是要积极引导已经累积了较为丰厚的资本和广泛的人际关系的外出成功人士，参与到当地的美丽宜居乡村建设中来，提供资金、技术、理念等支持。也可通过实施冠名等方式积极支持和鼓励企业、个人和社会团体，捐款资助美丽宜居乡村建设，为家乡和社会发展贡献力量。对于美丽宜居乡村建设过程中的大量资金，要注重加强资金监管，强化市、区两级监督执纪问责，严禁套取、挪用、挤占、虚报冒领美丽乡村建设专项资金。同时，在引进外来资本和力量时，要以不得侵害农民利益、破坏农村发展为前提，塑造出美丽宜居乡村建设的风清气正良好氛围。

（三）建立健全管护机制，提高美丽宜居乡村建设成效

美丽宜居乡村建设中的公共基础设施运行好坏，通常与管护机制的具体实施情况有很大关系。

1. 完善相关管护制度

按照十八届三中全会和2014年"中央一号文件"对农村管护制度的创新

性部署,"允许财政项目资金直接投向符合条件的合作社,允许财政补助形成的资产转交合作社持有和管护",要按照基础设施的特征,对现有的管护制度进行补充、修订和完善,并分类制定出各类项目管护的具体制度和办法,以健全农村基础设施长效管护机制。

2. 设置专项管护基金

把管护的资金设计好规划好,下面三种方式可供参考,第一,可以按照基础设施的服务规模和量,进行科学核算,每年财政单独列支;第二,可在项目招标结余资金中提取一定比例的资金,建立管护基金,纳入市(区)财政预算管理,用于项目运行管护补贴,专款专用;第三,探索构建包含管护资金的一揽子报价招标制度。

3. 提高农民的素质和技能

首先,是理好政府主导与农民主体之间的关系,在美丽宜居乡村建设中,起主体作用的是农民,起主导作用的是政府。要通过新闻媒体多方面报道,营造乡村建设的良好局面,广泛宣传公共基础设施的使用与管理方法。建立农民参与美丽乡村建设的机制和平台,让农民把农村的事、农村的物当成自家的。其次,培养农民参与美丽乡村建设的主体意识。只有提高农民的参与程度,让农民真正认识到自身的主体地位和体会到在建设中的获得感,才能充分发挥农民群众的价值和贡献。最后,提升农民的素质和专业技能。农民素质的高低直接影响农村面貌和基础设施的使用情况。美丽乡村建设将宜居、和谐、干净的想法植入到农民生活和农业生产的方方面面,不断改善农民为人处世的行动和价值观的选择。在这些农民中,要更加注重加强管护人员的专业培训,提高他们的业务能力。

4. 强化监督考核工作

建立完善考核机制,明确考核内容和流程,督促各区建立健全长效管护机制,落实主体责任,坚决防止出现"重建轻管、只建不管"的现象。按照市级统筹、属地负责原则,建立市、区、乡镇、村委会四级监管机制。在垃圾和污水处理、厕所保洁、环卫等领域探索多种形式的管理模式,充分调动并发挥农民主体作用,建立专门有效的管护队伍,将管护责任落实到人,确保所有设施设备能长期稳定运行,保持村庄干净整洁有序。

(四)巩固生态环境建设成果,支撑美丽宜居乡村建设

牢固树立和践行"绿水青山就是金山银山"的理念,落实节约优先、保

护优先、自然恢复为主的方针，统筹山水林田湖草系统发展理念，严守生态保护红线，加大留白增绿和拆违还绿力度，不断扩大城市绿色生态空间，构建首都"大生态"格局。

1. 继续推进大尺度森林绿地建设

加快发展现代高效林业，大力建设森林城市、海绵城市，进一步压缩生产空间规模，扎实推进新一轮百万亩造林绿化行动计划，扩大森林绿地面积，提升郊区林地生态系统服务功能。加强森林绿地管护和监测，提高森林绿地质量，推动创建国家森林城市，平原地区主要围绕城市副中心、北京大兴国际机场、冬奥会场馆区等重点区域、重要节点，建设大尺度森林绿地。浅山区加强拆违还绿，构建中心城区第一道生态屏障。深山区继续推进京津风沙源治理等重点生态工程，实施低质生态公益林升级改造和封山育林，不断提高林分质量。

2. 加强水生态环境建设

坚持节水优先，量水发展，持续推进最严格水资源管理制度落实，实施水资源消耗总量和强度双控措施，进一步提升水资源利用效率。强化水资源战略储备，完善城乡供水设施体系，形成外调水和本地水、地表水和地下水联合调度的水资源供水格局，保障首都供水安全。完善河湖管理保护长效机制，全面建立河长制组织体系和工作制度。进一步聚焦密云水库、怀柔水库、官厅水库、永定河流域等重点区域的生态系统保护和修复。推进湿地恢复建设。北部地区以妫水河—官厅水库、翠湖—温榆河、潮白河、沟河为重点，南部地区以房山长沟—琉璃河、大兴长子营、通州马驹桥—于家务为节点，恢复和建设大面积、集中连片生态湿地和湿地公园，构建"一核、三横、四纵"湿地格局。进一步强化农村、园林绿地、城乡接合部用水节水规范化、标准化、精细化管理。加强河流廊道环境建设和生态治理，推进河湖水系循环连通，逐步恢复重点河流生态功能和河滨带、库滨带自然生态系统，构建水清、岸绿、安全、宜人的生态空间。

3. 大力实施生态修复与治理

以耕地、园地为重点，实施农用地土壤污染状况详查，并实施污染土壤修复工程。对煤矿、采砂场、采石场等关停废弃矿区开展遗留污染治理。清理尾矿废渣。通过削坡、清理浮石、修建挡渣墙、生态袋护坡等工程技术措施，提高矿山地质稳定性。采取客土造林、爆破造林、抗旱造林、容器苗栽植等植物技术措施，恢复平台、渣坡植被及遮挡开采创面。在五度以上坡地种植经济林的，应当保护林下植被，修建梯田、树盘、蓄水保墒，实行节水灌溉。恢复植被以适合生长的野生灌草和乡土树种为主，造林方式与造林树种的选择兼顾与周边植被群落、自然环境和谐统一。以小流域为单元，源头治污，统一规划，坚持污水、垃圾、厕所、河道、环境同步治理，加快生态清洁小流域建设。

4. 落实生态保护补偿机制

健全生态文明制度体系，加快自然资源资产生态价值应用及实现，巩固深化生态文明成果。以生态富民为出发点，完善生态公益林、水源地、农田等各类生态补偿机制，增加生态补偿资金投入力度，提高生态补偿标准与补偿范围，增加农民生态保护的获得，进一步调动农民参与生态建设与环境保护的积极性。公益林生态补偿制度以提高森林生态服务价值为导向，最大程度发挥生态效益补偿政策对农民收入的拉动作用。要研究建立山区生态公益林补偿资金与管护绩效挂钩机制；进一步完善平原地区生态林林木资源管理办法，依法巩固生态建设成果。严格实施水环境区域补偿制度，加大各级财政对水源保护区的投入力度，对水源保护地予以特殊扶持和资金倾斜。以水库、河流和湿地为重点对象，调整水源地保护者与受益者之间的利益关系，充分调动保护者积极性。建立水土流失地区生态效益补偿制度，合理调节生态公益经营者与社会受益者之间的利益关系。加快建立以绿色生态为导向的农业生产补贴机制。对划定的基本农田以及粮田、菜田实行用途管控和保护补偿，将补偿资金发放与耕地保护责任目标落实、永久基本农田保护、土地卫片执法检查挂钩。推进高标准农田建设，实施"藏粮于地""藏粮于技"战略，建立耕地保护长效机制。

5. 建立健全区域生态协作机制

加强京津冀区域生态环境协同保护与建设，继续推进京津风沙源治理、京冀生态水源保护林建设、太行山绿化、永定河综合治理与生态修复等重大生态工程，大力建设张承生态涵养区，巩固首都绿色生态屏障。建立京津冀、山西和南水北调水源地等区域水土保持与水生态保护协作机制，逐步实现防治工作和监测信息数据共享，促进水土保持工作协同发展，共同推进生态清洁小流域建设、水源地保护、水环境改善、水生态修复、防洪工作。推进跨界河流的协同综合治理，建立完善京津冀防洪、水资源、水环境协同监测预警和应急机制，提高区域联防联控保障水平。

6. 加强农村生态文明意识宣传动员

进一步抓好首都生态文明意识宣传发动工作。始终坚持围绕中心、服务大局，紧紧围绕新版北京城市总体规划的总体目标开展各项宣传活动，采取群众喜闻乐见的多种方式、多种形式、多种手段开展生态环境保护宣传。高度重视并充分发挥各类媒体的传播作用，大力推进内容创新、形式创新、科技创新、传播手段创新，生态环境保护宣传工作要体现时代性，把握规律性，富于创造性，充分运用现代科技手段传播主流舆论，积极占领互联网等舆论阵地，为推动首都生态环境建设与发展营造良好的舆论氛围。坚持新闻发言人、新闻发布会、舆情研究分析等制度，保障宣传工作的规范、高效运行。充分发挥宣传工作的引导作用和监督作用，进一步提升人民群众的生态文明意识，增强社会各界依法履行生态环境保护的职责意识，引导和鼓励社会各界以多种方式参与农村生态环境建设，做到鼓舞人心、凝聚力量。

专题 Ⅱ 北京农村产业发展问题研究

产业兴旺是乡村振兴的基础,也是推进经济建设的首要任务。本专题归纳总结了都市型现代农业、乡村旅游业、农产品加工等北京市农村产业发展方面取得的成效,分析产业发展面临的主要问题,提出了实施乡村振兴战略背景下,推进北京市农村产业发展的对策建议。

一、北京市农村产业发展取得成效分析

(一)都市型现代农业

1. 推动农业"调"结构

(1) 耗水型作物面积进一步压缩

北京农业以习近平总书记两次视察北京重要讲话精神为指引,2014年出台了《关于调结构转方式、发展高效节水农业的意见》的16号文件,按照"调粮保菜、做精畜牧水产"的思路,确定了2020年"两田一园"生产空间布局,即蔬菜种植面积达到70万亩、粮食种植面积达到80万亩、果园种植面积达到100万亩的。

近几年来,农业生产结构调整取得显著成效。种植业、畜牧业和渔业产值在农业总产值中的比重呈下降趋势,林业在农业总产值中的占比快速增长。截至2017年底,种植、林业、畜牧、渔业产值在总产值的占比分别为42.0%、19.0%、32.9%、3.1%。

表 2-1 农林牧渔业总产值(2005—2016年) 单位:亿元

项目	农业	林业	牧业	渔业	农林牧渔服务业	合计
2005	100.6	13.3	135.7	9.7	9.4	268.8
2006	104.5	14.8	105.1	9.8	6.0	240.2
2007	115.5	17.8	122.4	10.2	6.5	272.3

续表

项目	农业	林业	牧业	渔业	农林牧渔服务业	合计
2008	128.1	20.5	140.5	9.8	5.0	303.9
2009	146.1	17.2	136.1	10.3	5.3	315.0
2010	154.2	16.8	139.6	11.5	5.9	328.0
2011	163.4	18.9	162.7	11.5	6.6	363.1
2012	166.3	54.8	154.2	13.0	7.5	395.7
2013	170.4	75.9	154.8	12.8	8.0	421.8
2014	155.1	90.7	152.7	13.2	8.4	420.1
2015	154.5	57.3	135.9	11.9	8.7	368.2
2016	145.2	52.2	122.7	9.2	8.7	338.1
年增长率（%）	3.4	13.2	-0.9	-0.5	-0.7	2.1

资料来源：《北京统计年鉴》，北京市统计局。

粮食种植面积持续缩减。粮食播种面积从2014年的180万亩下降到2016年100.3万亩；粮食总产量从63.9万吨下降到41.1万吨。2017年粮田种植面积调减到83万亩左右、累计完成2020年调减任务的96.7%。粮食产值占农业总产值比重整体呈逐渐下降趋势，平均维持在5.58%左右，2016年下降到历史最低点2.96%。尤其是2012年以后，下降趋势较为明显。

蔬菜生产面积明显下降。2005年以来，蔬菜业产值占农业总产值比重维持在17.67%，2016年达到最高值20.68%。蔬菜播种面积从2005年的118.5万亩下降到2017年的62.9万亩，蔬菜及食用菌产量从373.1万吨下降到156.8万吨。2017年北京市设施农业实际利用占地面积为22.4万亩，亩均收入2.4万元。北京市生产蔬菜自给率基本维持在30%左右。北京蔬菜空间上形成了"三个菜园"优势产区。即以大兴、房山为核心的南菜园，主要以冬淡季设施蔬菜生产为主，约占北京市菜田面积的40%；以延庆、怀柔、密云、昌平和门头沟为核心的北菜园，主要以夏淡季蔬菜供应为主，约占北京市菜田面积的20%；以通州、顺义、平谷为核心的东厢菜园，主要以特色、精品、高档蔬菜为主，约占北京市菜田面积的36%。

果业种植面积持续下降，但产值比重保持稳步上升趋势。从2005—2017年，果品产值占农业总产值比重平均占比为12.2%，2016年达到13.3%。果业种植面积从2005年的113.53万亩下降到2016年的78.77万亩，果品产量从80.4万吨下降到66.09万吨（2016年）。根据园林绿化局统计，截至2017

年底，北京市有果树面积204万亩，干果以山区为主，面积104万亩；鲜果以平原为主，面积100万亩。北京市30亩以上的规模化果园有1977个，面积27.8万亩，占果园总面积的13.9%。果农合作社有117个，面积为6.7万亩，涉及果农5379户。北京市果品产量达7.5亿公斤、果品收入41.2亿元。

林木种苗业进入了转型升级阶段。2014年北京市平原地区开始建设规模化苗圃，建成了一批标准化、专业化、精品化的苗圃。截至2017年底，北京市共有苗圃1276个，面积26.9万亩，总产苗量0.97亿株。北京市500亩以上苗圃数量194个，面积将近15万亩，占苗圃总面积的64%。苗圃企业不断壮大，逐步形成了以国有为先导、个人及股份制为主体、集体所有制为补充的发展格局，大型苗圃数量快速增长。收集保存了榆科树种、槐属树种、欧美彩叶树种等种质资源，培育了一大批市场对路、品质优良的大规格特色苗木，推动了北京市林木种苗业再上新台阶。

花卉产业高端发展。截至2017年底，北京市花卉种植面积7.8万亩，产值12.7亿元。北京市大中型花卉交易市场20余个，花卉零售店1500个，花卉生产企业200余家，花农1000余家。打造"京花"品牌体系，将北京建设成全国花卉产业的创新研发中心、花卉文化推介中心、花卉国际交流中心。

开发蜂产业多种功能。近年来，北京市蜂产业以"建设生态产业，实现养蜂富民"为目标，以推进蜜蜂授粉为重点，形成了"蜜蜂养殖业、蜜蜂产品加工业、蜜蜂授粉业、蜂疗保健康复业、蜜蜂文化旅游观光业和蜜蜂教育业"六大产业新模式。截至2017年底，北京市蜜蜂饲养总量为26万群，蜂蜜产量685万公斤，蜂王浆产量6.18万公斤，蜂花粉产量2.63万公斤，蜂蜡产量26.07万公斤。北京市共有蜂业专业合作组织79个，蜂业产业基地60个，蜂授粉收入1253万元，养蜂总产值1.8亿元。北京市现有37家蜂业企业，蜂产品加工总产值超过12亿元，出口创汇超过1800万美元。

（2）经营性畜牧水产业有序退出

自2014年16号文颁布，相关部门又陆续出台了《养殖业退出工作实施方案》《北京市新增产业禁止和限制目录》《畜禽规模养殖污染防治条例》《水污染防治行动计划》等政策措施，对北京畜牧、水产养殖业产生较大影响。

根据《养殖业退出工作实施方案》，清理全市重要水源地、重点建设工程和人口密集区的生猪养殖场，划定5202.3平方公里为禁养区，区内登记在册规模养殖场有2850多家，登记备案的规模养殖场调减到890家，大大降低了畜禽产量。截至2017年底，生猪出栏量63.7万头（20.8%左右）、家禽出栏量4435.5万只（58.7%左右）。2017年，生猪出栏242.1万头，存栏112.2万头；家禽出栏3115.2万只，存栏1382.4万只。肉类总产量26.4万吨，禽蛋产量15.7万吨，牛奶产量37.4万吨。目前，猪肉自给率仍然保持在28%，蛋和奶自给率为50%和40%，基本上能确保畜禽产品安全供给。

畜牧业相关兽药、饲料、屠宰等均属于禁限目录，相关产业也在急剧下降。饲料产业从1000多家现在调整疏解剩下100多家。兽药从2014年商务部门并到农业农村部门以后，提档升级改造后余下35家。

水产养殖空间严重萎缩。截至2017年底，水产养殖面积下降到4.4万亩，食用鱼年产量3.3万吨。以宫廷金鱼、锦鲤等为主的观赏鱼养殖，鲟鱼、虹鳟鱼为主的冷水鱼种业和龟鳖养殖在北京具有一定发展前景，对于服务首都市民、传承和弘扬中华养殖文化具有重要意义。北京市持续推进绿色生产模式，对北京市现有规模养殖场进行转型升级，加大生态养殖模式的推进力度和开展，实现节水节能。

2. 推动产业"转"方式

围绕供给侧结构性改革和"高精尖"产品生产，推动产业融合发展。推动农业产业链条向前延伸，大力发展籽种产业。推动农业产业链条向后与二三产业延伸，大力推进农产品精深加工业及农业全产业链构建。推动农业由生产功能向生产、生态、生活、示范等多功能拓展，不断创新都市型现代农业实现形式。

（1）加大农业科技创新

科技部、农业农村部和北京市政府于2010年8月开始共同推动北京国家现代农业科技城建设。经过几年发展，北京农科城依托首都丰富的科技创新资源，创新资源整合思维，在推进农业产业融合、高端发展过程中发挥了巨大作用。例如，杂交小麦智能不育、玉米强优势、西瓜全基因组等核心育种技术实现突破，系统作物前沿实验室创制了世界首个水稻全基因组芯片。测序世界首张西瓜全基因组图谱，"京葫36号"打破了国外长期垄断我国西葫芦高端品种的格局；农华101、"京科"系列等高产玉米品种向全国推广8700万亩；超高压果品加工技术和装备实现突破；自主研发的农业智能装备在全国推广应用；生物制剂、新型肥料、畜禽疫苗的研发和产业化取得明显进展。

（2）加快发展生态循环农业

大力推广化学投入品减量化、农业废弃物资源化、清洁能源替代化行动。截至2017年底，化肥、农药施用量实现负增长。组织开展规模化养殖场粪污治理与资源化利用，化肥利用率提高到35%，北京市农药利用效率提高到42%（位于全国前列）。开展农业面源污染治理，粪肥利用率98%，农业化学需氧量（COD）、氨氮排放量分别比2010年底水平均降低20%。特别是秸秆禁烧，通过"疏堵"结合、多措并举，农作物秸秆禁烧连续三年实现"零火点"。实现了小麦秸秆全部还田，农作物秸秆综合利用率达85.6%；农田环境总体保持清洁，循环农业示范模式初步形成。农田生态与景观服务隐性价值逐步显现，1万多亿元的农林水生态服务价值有力地支撑了全市1.8万亿的GDP运行，农业的生态服务功能得到社会广泛认同。

（3）创新沟域经济融合发展模式

实施了环境整治、生态建设、基础设施、新村民居和特色产业五项工程项目800多个，完成投资87亿元，惠及7个区，24个乡镇，292个行政村，2194平方公里，21万人。做到了经济与生态和谐、一二三产业相融合、点线面相协调，涌现出百里画廊、四季花海、古北水镇、天河川、白河湾等特色品牌沟域，带动了山区生态环境持续改善、基础设施不断提升、特色产业加快发展，市民沟域旅游活动持续升温，已经成为北京富裕山区农民、加快城乡统筹、建设生态文明的有效模式。

（4）改善农业生产环境条件

2009年，北京市启动了《北京都市型现代农业基础建设和综合开发规划（2009—2012年）》，开展以配水节水为中心的农田水利改善工程、以质量提升为中心的农田培肥工程、以改善环境质量为中心的田园清洁循环工程、以农田景观建设为中心的沟路林渠配套工程四大工程，全力打造了113万亩优势产业田、优良生态田、优美景观田，农业基础设施条件明显改善，为农业生态、生活功能的发挥奠定了基础。全面实施新农村建设"五+三"工程①，实现了村庄全覆盖，极大改善了农村的生产生活条件。农村优美环境吸引了

---

① "五"是指街坊路硬化和绿化、老化供水管网改造和一户一表、污水处理、垃圾分类、户厕改造和公厕建设为内容的"五项基础设施"工程；"三"是指让农村"亮起来"、农民"暖起来"、农业资源"循环起来"的"三起来"工程。

要素向农村的集聚，为农业与二三产业融合发展奠定良好的发展基础。

(5) 加强农产品质量安全监管

安全农产品既是生产出来的，也是监管出来的。为了让市民吃上放心的肉、蛋、菜、奶、渔，北京市强化农产品质量安全监管。北京市不断完善以农产品质量安全为重点的农业标准体系，按照"区级建设、市级评定、动态管理、优级奖励"的整体建设原则，大力推进标准化生产，提升生产基地规范化管理水平，推进标准化基地建设。

北京市坚持农业绿色发展导向，以争创国家现代农业示范区、国家农业可持续发展试验示范区、国家农产品质量安全示范市、北京市、国家（北京）现代种业自主创新试验示范区为抓手，推进农业现代化。北京市印发了《北京市创建国家农业可持续发展试验示范区三年行动计划（2017—2019年）》，开展生态农业建设，建成76个生态农业标准园。2017年底，北京市已建成全程农产品质量安全标准化示范基地22家，农业标准化基地1556家，农业标准化基地覆盖率达45.8%。北京市菜篮子主要农产品自给率蔬菜26%、猪肉28%、鸡蛋和牛肉接近50%。累计创建65个全国一村一品示范村镇，68个北京都市型现代农业示范乡镇。开展特色农产品优势区创建，评选出44个"北京农业好品牌"、20个"京郊农业好把式"。大力发展"互联网+"现代农业，成立了北京农业互联网联盟，建立了62个"农邮通"服务站，培育了"嘉农在线""猪联网"等全国行业垂直电商平台，扶持了阿卡农庄、密农人家等一批博士、"海归"、白领进行农业创业的"新农人"。

明确"以保住存量、促进增量、提高质量为核心，以无公害农产品认证为重点"的指导思路，切实提升生产源头控制能力。目前，农产品"三品一标"认证率达到60%，农产品检测合格率保持在97%以上、畜禽类达到100%，长期保持全国领先水平。"三品一标"尤其是绿色食品和有机农产品的生产，有助于推动北京市农业节能减排增效，提高了农产品的市场竞争力。例如，在大兴、平谷和延庆等区创建的3个全国绿色食品原料标准化生产基地里，年减少化学投入品2000吨以上。地标产品"延怀河谷葡萄"，延庆产区内种植面积3万亩，覆盖8个乡镇、30个街村、5000多个农户，农户户均收入3万多元，建成35家葡萄及葡萄酒生产企业，年创产值近1亿元。

3. 量水发展"节"水农业

深入贯彻落实习近平总书记两次视察北京重要指示精神，积极践行"节水优先、空间均衡、系统治理、两手发力"新时期治水方针，以市委"节水要从种植抓起"的指示要求为指导，强化顶层设计、部门联动，推动"细定地、严管井、上设施、增农艺、统收费、节有奖"农业节水新模式落地，不断提升农业高效节水水平，有力保障了首都农业、农村可持续健康发展。

2014年9月4日，市委市政府出台《关于调结构转方式发展高效节水农业的意见》（京政办发〔2014〕16号），明确2020年实现农业用新水从2013年的7亿立方米左右下降到5亿立方米左右的总体目标。2017年6月30日，《北京市推进"两田一园"高效节水工作方案》（京政办发〔2017〕32号）对农业节水工作做整体部署。市水务局、发展改革委、财政局、农委、规划国土委联合印发《北京市农业水价综合改革实施方案》，明确农业水价综合改革的实施步骤，统筹推进节水新模式落地。

建立健全农业水价形成机制，市发展改革委和市水务局联合下发了《关于农业水价制定有关工作的通知》，明确了水价制定的基本原则及构成，提出了累进加价制度，明确由各区政府出台指导价，由村民会议或村民代表会议"一事一议"确定本村农业水价的程序。建立健全工程投入与精准补贴机制。骨干基础设施建设方面，执行市政府固定资产投资政策。田间节水设施建设方面，市级按照50%进行支持。在精准补贴方面，对"两田一园"高效节水灌溉工程运行维护费市级每亩每年最高补贴25元。

推进PPP建管一体化新机制，顺义区、通州区、房山区、昌平区、平谷区拟引入社会资本参与农业高效节水工程建设管理。顺义区已完成北京市首例农业高效节水PPP项目招商引资工作。推进运行管护购买服务新机制。大兴区、密云区、延庆区、怀柔区、门头沟区拟采用政府购买服务的方式实施后期管护，门头沟区、延庆区、怀柔区、密云区的管护方案经区政府审定已经印发实施。

通过结构调整节水、农艺技术节水、集雨回收利用等措施，全面实施农业节水。农业用水量从2013年7.31亿立方米下降到2017年的5.06亿立方米左右，农田灌溉水有效利用系数由2013年的0.691提高到2017年的0.723，提前3年基本完成"16号文件"指标要求。2017年，出台"两田一园"节水技术标准和运维标准，强化农艺节水，试验、示范推广农业节水技术16项，新增改善高效节水灌溉面积8.3万亩。坚持示范引领，建立小麦一体化示范区、高标准设施蔬菜高效节水示范区、露地蔬菜水肥一体化示范区，累计推广高效节水技术140万亩次，辐射带动农业节水4000余万立方米。

(二) 现代种业

1. 优化种业发展政策环境

近年来，市委、市政府高度重视现代种业发展，农业农村部大力支持北京现代种业，2012 年农业农村部与北京市政府签署了共建现代种业战略合作协议。北京市出台了《关于促进现代种业发展的意见》（京政发〔2012〕5号），成立了由主管市领导牵头，市农委、市农业局、市发展改革委等 20 个市级单位组成的种业发展工作协调小组，在资金、政策和服务等方面加大对种业的支持和服务力度。多措并举，搭建了种业创新服务平台、创新成果转化平台、品种权交易平台、南繁科研和育种平台四大种业服务平台，加大了对种业的服务和支撑保障力度，进一步优化了北京种业创新创业环境。编制了《北京种业发展规划（2010—2015 年）》，组织实施了"2468 行动计划"，先后投入 6 亿多元支持现代种业发展，重点打造了通州国际种业园区和 10 + 1 农作物品种试验示范网络，提升了种业企业商业化育种能力，北京现代种业创新创业管理服务环境进一步优化。

2. 打造现代种业"四中心"

现代种业体现了北京农业科技水平和总部经济特点。北京现代种业已成为全国现代种业创新中心、种业企业聚集中心、现代种业交流交易中心和全球种业区域中心。

（1）全国现代种业的创新中心。北京市聚集了全国最具实力的种业科研机构和种业企业。共有种业从业人员 9587 人，其中，科研单位从业 2266 人、种业企业人员 7033 人、种业管理人员 288 人，其中，高级科技人员 2234 人，占 23.5%；从事种业工作的院士有 10 人。截至 2017 年底，北京市种业企业 463 家，其中农作物 229 家、畜牧 187 家、水产 47 家。2017 年北京种业销售额 120 亿元（其中，种植业 60 亿元、畜牧 24 亿元、水产 2 亿元、林果花卉 34 亿元），农作物种子企业总资产达 133.41 亿元。北京市每年育成各类粮、菜新品种 400 余个，每年选育主要农作物新品种数量约占全国年审定量的 10%。京科 968 成为全国玉米第三大作物品种，年推广面积约 3000 万亩；京研系列大白菜累计推广面积 1700 万亩，占全国首位；"京麦"系列杂交小麦技术领先全国，中低产田平均每亩增产 20%~30%。北京畜禽种业构建了生猪、奶牛、蛋鸡、肉鸡和肉鸭五大良种繁育体系，蛋种鸡、良种奶牛冻精分别占全国市场份额的 50%、35%。北京是我国鲟鳇鱼、观赏鱼、土著种"三条鱼"养殖的"摇篮"和重要的繁育基地，鲟鳇鱼种苗的年产量约占全国产量的60%以上。种业企业通过北京市审定的品种数量占总审定量的77%，种业企业逐步成为种业创新主体。

（2）全国种业企业的聚集中心。2017年北京市农作物种业企业229家，较2012年减少30%；其中"育繁推"一体化企业12家，占全国（90家）的13.3%；全国十强种业企业有3家在北京，占全国30%；进出口企业14家，占全国10%；注册资本超过亿元的企业17家，数量、比例均居全国之首。

（3）全国种业交易交流的中心。北京已经成为我国最大的种子交易中心，2017年北京市种业销售额达到121亿元，其中，农作物种业销售额60亿元，约占全国的10%；农作物种子进出口额占全国的37%。北京种子大会已成功举办了25届，是全国种子交易会之首，交易额在5亿元以上，成为全国种子交易的一个重要风向标，进一步巩固了全国种业交易交流中心的地位。

（4）全球种业重要区域中心。截至2017年，孟山都、先锋等世界种业前10强，有8家企业在北京设立了研发或分支机构，加速了世界种子企业进入我国种业市场进程，并以北京为中心向全球提供优质品种和优质种子。与此同时，北京市金色华农、九圣禾、希森三和等种业企业贯彻落实国家"一带一路"部署，先后在阿根廷、英国、哈萨克斯坦、巴基斯坦、俄罗斯、埃及、越南等国家开展玉米、水稻、马铃薯、大豆等作物品种试验示范和种子销售，逐步走入世界种子市场。2017年，中国化工集团完成对世界第三大种子公司先正达的全资收购，增加了中国在国际种业上的话语权和国际影响力；隆平高科收购了北京联创种业，中信农业控股隆平高科后又收购了陶氏巴西种子业务，成为全球第九大种子公司。2014年成功举办了第75届世界种子大会，北京越来越成为全球种业的一个重要区域中心。

（三）乡村旅游业

1. 乡村旅游产业规模不断扩大

北京的休闲农业最早开始于20世纪80年代后期，经过30多年的发展，休闲农业与民俗旅游已成为北京都市型现代农业的重要组成部分，取得了长足发展。2005年，北京休闲农业与民俗旅游总接待1651.4万人次，营业收入11.0亿元。截至2017年底，北京市共有休闲农业园区1216个，民俗旅游接待8363户，休闲农业与乡村旅游接待游客达到4337万人次，实现收入44.1

亿元，人均消费水平逐步提升。其中，农业观光园共接待游客2105.3万人次，实现总收入29.9亿元。民俗旅游接待游客2232.1万人次，实现收入14.2亿元。延庆区南湾村等5个村被推介为2017年中国美丽休闲乡村。7个区被认定为全国休闲农业和乡村旅游示范区，19个村被推介为中国美丽休闲乡村，24家农业园区被认定为全国休闲农业和乡村旅游五星级园区。乡村旅游高峰期从业人员约为6.2万人，已成为北京都市型现代农业优势产业，繁荣农村、富裕农民的重要产业。

从未来发展空间看，根据市旅游委数据，"十二五"期间每个家庭人均去京郊旅游4~5次，预计到"十三五"，每个家庭人均去京郊旅游达到8次。根据《北京都市型现代农业"十三五"规划》，预计到2020年，北京休闲农业与民俗旅游产业规模不断扩大，接待人次、经营收入年均增长5%和8%以上，到2020年，分别达到5000万人次和60亿元。休闲农业与民俗旅游仍具有较大的发展空间，是北京都市型现代农业的重要组成部分。

表2-2 2005—2017年北京休闲农业与乡村旅游总收入与接待人次

年份	接待人次（万人次）	总收入（亿元）	高峰期从业人员（人）	农业观光园高峰期从业人员（人）	乡村旅游高峰期从业人员（人）
2005	1651.4	11	54799	40729	14070
2006	2193.1	14.1	71081	52828	18253
2007	2614.4	18.1	72142	51392	20750
2008	2703.8	18.9	68787	49366	19421
2009	2990.5	21.3	69294	49504	19790
2010	3328.5	25.15	59417	42561	16856
2011	3511.8	30.4	64270	46038	18232
2012	3512	35.9	67611	48906	18705
2013	3750.9	37.6	69984	50406	19578
2014	3825.4	36.2	68581	47088	21493
2015	4043	39.2	64930	42617	22313
2016	4547.9	42.3	62564	40349	22215
2017	4337	44.1	62079	39624	22455
年均增长率（%）	8.37	12.26	1.04	-0.22	3.97

资料来源：《北京统计年鉴》，北京市统计局。

2. 乡村旅游产业形态不断丰富

产业形态由最初的观光采摘向休闲、体验、养生、健身、商务、度假等多功能发展。2016 年北京市旅游委在全国首次评定了北京休闲农业与民俗旅游十大特色业态，即房车营地、古村聚落、葡萄酒庄、乡村酒店、休闲农庄、养生山吧、山水人家、采摘篱园、垂钓渔庄、国际驿站，这 10 种业态在水平及高度上超过了以往的农家乐形式。根据第三次全国农业普查，北京市休闲农业与民俗旅游单位（户）在经营活动中涉及农耕文化体验的有 3878 个，从体验类型来看，有农事种养体验的 765 个，分布在 325 个村；有农事采收体验的 2777 个，分布在 639 个村；有农产品制作体验的 217 个，分布在 113 个村；有农村民俗活动体验的 1158 个，分布在 275 个村；有农耕文化展示体验的 173 个，分布在 137 个村。

休闲农业由粗放的外延式发展向内涵式提高转变，休闲农业品牌化、高端化、规模化发展趋势明显。目前，根据北京市旅游委数据，京郊旅游新业态约 645 家，大兴区培育了以长子营镇呀路古亚热带观光园、黄村镇奥肯尼克农场等为代表的新业态园区共 82 家，怀柔累计评定乡村旅游新业态 85 家，占北京市的 13.2%。

表 2-3 按地区分布的农耕文化体验类型单位情况　　单位：个

项目	合计	农事种养体验	农事采收体验	农产品制作体验	农村民俗活动体验	农耕文化展示体验
北京市	3878	765	2777	217	1158	173
城市功能拓展区	—	58	706	25	61	36
城市发展新区	—	314	1113	79	402	70
生态涵养发展区	—	393	958	113	695	67

资料来源：《北京统计年鉴》，北京市统计局。

（四）农产品加工业

进入 21 世纪以来，为了加快农产品加工企业的发展，北京市委、市政府采取了一系列措施，农产品加工业发展水平在全国处于领先地位。

1. 做强做优农产品加工业

北京市采取科技创新、上市融资、强强联合等多种方式推进农产品加工龙头企业做大做强。截至 2016 年末，北京市农产品加工企业共 508 家，其中，农副食品加工企业 135 家，食品制造业 122 家，酒、饮料和精制茶制造企业36家。北京市农产品加工业产值845.3亿元,北京市农产品加工业企业主营业务收入达到1391亿元,比上年增长10.9%;农产品加工业利润总额85.3亿元,比上年增长22.2%;税金总额108.2亿元,比上年增长16.6%。涉及的领域有农副产品加工业、食品制造业、饮料制造业、木材加工业及竹、藤、棕、草制品业等。在主要行业中,2016年北京农副食品加工业和食品制造业的主营业务收入分别达到405.8亿元和429.8亿元,分别比上年增长6.6%和17.9%,而酒、饮料和精制茶制造业主营业务收入为177.9亿元,比上年减少0.65%。例如,华都峪口研发出的"京红""京粉1号""京粉2号",生产数量世界第一,跻身世界三大蛋鸡育种公司之列。目前,北京市在主板、中小板、创业板上市的涉农企业已有12家,其中,农产品加工企业中地乳业在香港上市;在"新三板"融资方面,北京涉农挂牌企业13家,共融资3.9亿元。在强强联合方面,如顺鑫控股公司与市农林科学院玉米研究中心成立了玉米种子育繁推一体化机构。

2. 农产品加工呈现总部经济特征

农产品加工业主要集中在通州、顺义、大兴、昌平四个区。北京市充分发挥各区的劳动力和土地优势,不断加大用地、税收等政策扶持和道路、通信等基础设施建设力度,持续提高社会化服务水平,结合园区建设重点和城镇化发展的重要方向,吸引农产品加工企业落户园区、进驻小城镇,促进农业现代化与工业化和城镇化同步发展。目前,京郊已建立15个基础设施完备、优惠政策多、一条龙服务到位、以食品生产为主的国家级农产品加工业示范基地,形成13家农产品加工创业基地。42个重点小城镇已成为农产品加工业的重要聚集区。

北京市农产品加工形成了一批具有总部经济特征的企业,品牌影响力不断提高。截至2016年底,通过ISO9000、HACCP、GAP、GMP等质量认证体系的龙头企业有142家,获得省级以上名牌产品或著名(驰名)商标的龙头企业有73家,获得"三品"认证的产品数量有501个。北京市农产品共有中国驰名商标32个,北京市著名商标115个。华都肉鸡、鹏程肉食、三元牛奶、汇源果汁、牵手果汁、燕京啤酒、牛栏山二锅头等品牌知名度不断上升。同时,农产品加工业的产业融合互动不断深入。目前,农民合作社中半数以上都已经从事产加销一体化经营。"互联网+"等新信息技术的渗透融合,将电子商务、加工体验和中央厨房等新业态引入,实现网络链接,降低了经营成本。例如，首农集团与京东集团联手成立的首都农业大数据中心、大北农集团推出的"猪联网"生猪产业网络平台、伟嘉集团创建的"嘉农在线"蛋鸡产业网络平台等。

（五）农村其他产业

除上述产业之外，还有一些传统产业，以及随着社会经济发展出现的一些新产业新业态，成为乡村经济发展新的增长点。

1. 农村电商创新发展

北京市农业电商起步较早，依托首都巨大的消费市场，得到快速发展。2016年度中国生鲜类电商排行榜TOP20里，有中粮我买网、本来生活网等10家北京企业。农业电商发展模式以综合电商、垂直电商和物流型电商为主，经营方式主要采取入驻第三方电商平台和微商，涌现出一批国内知名的农产品垂直电商企业。中粮我买网已成为中国最大的食品电商网站之一，2017年网上零售额突破22亿元。每日优鲜、春播等年增长率分别接近300%和200%。市农委、市农业局出台《关于开展农业电子商务试点的实施方案》，确定鲜活农产品电商、农业生产资料电商、休闲农业电商等14个试点项目，培育了一批北京农业电商发展典型。例如，百花蜂业通过自建电商平台和入驻天猫、京东、1号店等，会员已超过40万人，年销售额突破5500万，连续五年获得天猫双十一国内蜂产品销售第一名。积极推进获得"全国一村一品示范村镇"的65个村镇开展"一村一品+电商"工程。通过媒体宣传及电子商务等方式，示范村镇的主导产品销售收入提高20%以上。平谷区开展"农村淘宝"项目，服务农村居民"最后一公里"。建成1600平方米的仓储物流中心，建设了50个"农村淘宝"村级服务站，为村民代买代购22.5万余笔，成交金额1925万元。密云区现代农业电商企业"密农人家"，连续五年居淘宝网蔬菜类目销售首位。大兴区"京东商城中国特产·大兴馆"2017年5月上线运行，销售农产品1.2万箱，销售收入99.2万元。

市商务委组织京东商城、苏宁、顺丰优选、每日优鲜、中粮等电商企业赴京郊地区、京津冀地区和对口支援地区开展"电子商务进农村""农村电商精准帮扶"等专项帮扶对接工作。会同市农委印发了《加快推进本市农村电商精准帮扶实施方案》的通知，加快推进北京市农村电商精准帮扶工作。苏宁集团打造"六位一体"的"苏宁三化五当"电商扶贫模式，在各级贫困县已经建设"O2O特色馆"314家；京东在全国已有100多个省、市、县级地方馆，帮助 832 个国家级贫困县销售商品 153 亿元，累计帮助近 10 万个贫困家庭增收。

2. 新兴服务业蓬勃发展

北京市着力提升农业生产社会化服务，开展了全程机械化服务试点和全程绿色防控技术推广，在全国起引领作用。目前，北京有农机专业合作社 151 家，每年完成机械作业占全部作业面积的 60%。40% 以上的合作社进行土地承包经营，有 5 家合作社经营土地规模都在万亩以上。农机合作社年度总收入达 2.672 亿元。兴农天力、向阳农机合作社等专业化农机作业组织蓬勃发展。此外，北京农村通过盘活农村闲置资产，发展休闲养老服务业，增加了农民财产性收入。典型案例如北京怀柔田仙峪村，组织将农民手中的闲置房屋统一流转到北京天仙峪休闲养老农宅专业合作社，以合作社方式与社会资本开展合作，打造国奥乡居养老社区，为拥有这些院子的村民带来近 1700 万元的收入。

（六）京津冀产业协同发展

1. 建设菜篮子 1 小时物流圈

京津冀协同发展为北京农业提供了广阔空间，在这个战略背景下，签署了《2016 年京冀农业协同发展工作要点备忘录》，北京市重点围绕菜篮子 1 小时物流圈建设，重点开展了三个方面的工作：

（1）蔬菜产业。协同发展环京津 1 小时物流圈 20 个蔬菜主产县，平均供京比重达 49%。开展蔬菜新品种联合展示 1000 多个品种，实现产销数据共建共享。在张家口、承德地区重点推广蔬菜产地商品化技术和贮藏保鲜技术、节水技术等 5 项，带动了当地现代农业发展和农民增收。在津冀共建设 164 个蔬菜生产基地，其中，绿控基地 95 个，扶持建设外埠蔬菜生产基地达 69 个，超过 30 万亩。建立京津冀农产品质量安全协同监管工作机制，实现农产品质量安全检测结果互认。

（2）畜牧业。签订了《京津冀畜牧业协同发展合作框架》，重点从产业对接、执法联动、检测资源共享、人员科技信息协作等方面，按照做精畜牧业要求，不断优化畜牧产业布局，疏解畜禽养殖总量。目前，北京市已在津冀建立畜牧业外埠基地 57 个，年出栏生猪 45 万头，肉禽 6000 万只，年产生鲜乳 7 万吨，实现了产业疏解和首都市场畜产品安全供应的有机结合，提升了首都肉蛋奶市场供应和应急保障能力。

（3）渔业。三地签署《关于建立京津冀渔政协同执法机制的协议书》，北京市农业局、河北省农业厅联合发布了《关于官厅水库禁渔期的通告》，共同举办了"2016年京冀渔业资源增殖放流暨官厅水库联合禁渔启动仪式"，实现了官厅水库放流时间、禁渔时间、执法时间的"三统一"，为实现官厅水库、拒马河、潮白河等水域协同执法提供了政策保障。另外，逐步形成以北京市苗种企业为龙头，扩大河北、天津虹鳟鱼、鲟鱼、观赏鱼的养殖面积，产品供应首都市场的产业化发展模式。

2. 建设外埠生产和加工基地

2015年，以《京津冀农产品加工业"十三五"规划》为切入点，北京不断调整农产品加工业方向和产业布局。产业布局立足"调"，通过政府引导，以企业为主导，调整农业生产和加工业结构，重点发展主食加工业和中央厨房模式，调减高耗能、高污染、高耗水农产品加工企业。企业经营立足"转"，鼓励北京市农业生产、流通企业及农民合作社在周边地区建设农副产品生产和加工基地，继续支持已建或在建外埠生产基地、乳业奶源基地建设。2015年，农产品加工企业提供的农副产品及加工制品占菜篮子产品供给的2/3以上，共涉及粮油、果蔬及花卉、林产品、畜禽产品、水产品和其他加工产品六大类农产品品种。首农集团推进河北三元食品工业园、河北首农现代循环农业科技示范园区项目；二商集团推进的京郊高品质蔬菜基地、扩大生猪收购项目；市供销社推进的现代高效节水综合示范园区、首都农资连锁服务建设等项目，为首都农产品的供应提供切实的保障。

二、北京市农村产业发展面临的主要问题

（一）产业发展要素制约明显

1. 耕地面积持续减少

近年来，北京市在城镇化、百万亩平原造林、农业"调转节"、生态环保等因素推动下，农业发展空间越来越小。2013年北京市国土资源划定了150万亩"两田"（80万亩粮田、70万亩菜田）。到2017年底，全市有粮田约50万亩、菜田35万亩、设施农业22万亩，农业生产主要集中在郊区的10个区。由于大规模植树造林后，集中连片优质耕地资源，农田空间碎片化程度高，未来粮食产业在北京市农业中的定位及发展前景尚不十分明确。北京市还将

启动新一轮百万亩造林绿化行动计划、浅山区造林绿化，进一步扩大划定禁养区范围。未来，北京市养殖业还将继续调减，预计到"十三五"末将达到400~500家。种业作为北京农业的一张名片，近年来投资建设力度也在减弱。

2. **建设用地管控严格**

土地要素供给不足，建设用地指标缺乏，成为制约乡村产业融合发展面临的最大问题。休闲旅游、农产品加工、物流等产业发展，需要的配套厂地、用房和设施，用地审批趋严、建设用地指标不足。生产的农业附属设施用地，各郊区都从严认定，部分政策简单一刀切，一些中央和市里的政策到地方根本无法落地。建设用地和发展规划的不确定性，使部分企业和农户处于观望状态，投资也趋于保守，产业发展规模和速度趋缓。

3. **高素质、综合型人才短缺**

当前，农村劳动力老龄化、农村社区空心化现象突出，已有从业人员专业知识、技能水平难以适应乡村振兴发展需要。北京农村产业从业人员基本上是50岁以上中老年人，缺乏专业型人才和复合型人才。一方面，基层和农村发展一线，大学生和更高级人才不愿意去，或去了也留不住；另一方面，农民文化素质和技能水平普遍不高，新型职业农民培养亟须加强。农业产业呈现复合型产业特征，迫切需要既懂种养技术，又懂包装设计、营销策划、品牌推广、文化创意等的综合型人才。但现实中这类人才的缺口相当大，有时候即使能够引进相关人才，还存在农村条件差、短期回报率低等问题，导致人才流失。目前，休闲农业经营管理人才、农产品电子商务网络技术人才、农村养老服务业服务人才等严重不足。虽然近几年，随着农业创新创业氛围的兴起，一些大学生、返乡农民工、企业成功人士以及城市白领等组成的"新农人"参与到农业新业态中，但目前这部分群体占比还较少。

（二）首都特色"高精尖"产品缺乏

1. **农产品优质不优价**

农业成本偏高，以蔬菜为例，北京蔬菜生产的人工成本比天津、河北、山东、重庆等城市的都高，且单品种蔬菜的生产成本均为最高。北京市平原地区土地流转价格在每年2000元/亩左右，雇工成本在120~150元/天；此外，随着农业水价综合改革、煤改清洁能源、农业绿色发展等工作的深入推进，农业用水、用电、用气、绿色生产等成本还将持续提高。农产品价格总体疲软，本地的优质农产品没有优价销售。

农业产值连年下降，北京农业生产规模化程度低，小散低劣比例很高。根据三农普查数据显示，2016年，北京农业新型经营主体在经营方式上，主要以生产为主，占52.2%，生产、加工、销售一体化占33.19%。自销、中间商经销是主要销售方式，订单销售、电子商务销售采用率较低，延伸农业产业链和提升附加值仍是未来很大重点。所产出农产品，88.11%未进行无公害农产品、绿色食品、有机食品认证，93.74%未注册商标。

2. 农产品品牌保护困难

主要指地理标志等优质农产品的品牌建设、保护不够，鱼龙混杂。这个问题具有全国普遍性，像西湖龙井、阳澄湖大闸蟹等都遇到类似问题。从北京来讲，平谷大桃，种植面积达到22万亩，年均产量达2.9亿公斤，正常售价不低于5元/斤，还有大兴西瓜。可是，每年大桃、西瓜上市季，北京街头果摊随处可见的廉价"平谷大桃""大兴西瓜"，经记者调查发现多是鱼目混珠、"山寨"假冒。再如过去培育的鲟鱼，价格最高到300多元一斤，但无序发展、恶性竞争，导致品质和价格大幅下降，现在每斤二三十元。另外，北京市工厂化生产的中高端芽苗菜、食用菌等，也被低端的产品挤压了半壁江山，这些问题都导致优质农产品"越生产越受伤"，与前期投入形不成良性循环。如何把生产的中高端转化为消费的中高端，这个连接还没有完全打通，"京字牌"优质农产品的品牌保护、市场顺销这个机制还没有完全建立起来，造成部分农业从业者无所适从，也影响了一部分"新农人"投身现代农业的积极性，导致生产者"两头怕"，不生产怕没有收入，生产多了怕亏得更多。

（三）农村产业融合深度有待深入推进

1. 休闲农业与民俗旅游业增长乏力

京郊传统观光农业已逐渐衰落。由于缺少地表水，北京农村休闲旅游存在有山没水、景点少且比较分散等缺陷，且开发的农旅结合项目，游程短、功能少，再加上土地流转、交通物流、人工投入等成本节节攀高，经营效益普遍不高。2017年北京的民俗旅游呈现"三下降"：即民俗旅游实际经营户8363户，比上年减少了663户；民俗旅游总收入14.2亿元，比上年下降了1.1个百分点；接待2232万人次，比上年下降了2.8个百分点，人均消费水平仅为63.6元。乡村旅游产品开发不足，满足顾客多元化需求的特色民宿、乡村酒店、房车营地等还不多，附加值较高的体验、科普、教育等参与性、体验型项目开发不够，功能不够凸显，具有观光、休闲、体验、教育等多种功能的综合型休闲农园较少。例如，近几年满足市民参与体验农业活动的需求，利用远程视频监控技术的科普种收模式的市民农园、教育农园等体验型乡村旅游产品在青少年以及白领消费者中越来越受到欢迎，具有非常大的消费潜力。而目前，具备这类体验型的乡村旅游产品不多，难以满足游客对"娱"的需求，致使停留时间短，农民增收有限。

2. 企业带动农民增收能力不强

受产业疏解的影响，能够有效吸纳农村劳动力的部分农产品加工业前往外地，农业产值和农产品加工业产值连年下降。农村第二、第三产业种类较少、集聚程度较低问题很突出，很难形成有效的需求集聚效应。农村产业只限于低端要素、原材料供应商的角色，可供区域内产业融合的基础和实力都不够，产业提档升级难，对农民增收带动作用有限。

（四）产业发展环境亟须改善

1. 产业发展基础设施还需提升

与国外发达国家及我国华东部分乡村相比较，北京的农村地区依然是短板和弱项。农村路网不完善，道路等级低；田园景观破碎化，部分农田破败荒芜、田间道路破损、垃圾乱堆乱放、乱搭乱挂，导致视觉污染；农村垃圾乱倒乱放、污水横流、厕所脏臭等现象依旧突出；农村信息化基础设施建设滞后，农村物流配送网络的不健全，制约农村电商发展。这些问题的存在，既不能满足郊区农民日益增长的美好生活需要，更不能满足市民对田园乡村优美景观的需求，急需进行配套建设、综合治理与景观效果提升。

北京农业休闲观光功能不够完善。据北京休闲农业协会调查，90%以上的市民有周末休闲体验的消费需求，85%以上关注吃住玩设施和周围环境。虽然目前本市有1300多个休闲农业园区，而星级园区数量仅占18%，五星级园区仅29个。不仅精品园区数量不多，而且大部分园区存在基础设施不完善、接待能力有限且水准较低。旅游高峰季，交通拥堵、就餐困难、人员拥挤现象时有发生。例如，平谷区大华山镇"桃花节"期间，高峰日游客可达到50万人，餐饮、厕所等服务设施跟不上、交通拥堵严重。

2. 农业绿色发展与首都生态环境要求尚有差距

农业资源（水、土）利用效率有待提高，化肥、农药等投入品使用效率不高。目前，全市划定的基本农田为 150 万亩，但实际种植的面积仅 90 余亩，农田土壤肥力水平总体较低，有机质含量比全国平均水平低近 30%。北京农业的生态服务价值潜力还没有充分挖掘出来，虽然畜禽养殖和农业生产废弃物是农业生产避免不了的副产品，农药、化肥等又是现代农业难以或缺的投入品，但在首都，社会对生态环境的要求越来越高，必须在农业绿色发展方面挖掘更大潜力，在农业面源污染防控、废弃物资源化利用、生态农业发展等方面寻求更大的突破。

三、推进乡村产业发展的对策建议

（一）构建乡村产业发展体系

1. 推动都市型现代农业建设

农业是北京农村基础性产业，承担应急保障、生态休闲、科技示范等功能。实施乡村振兴战略过程中，北京仍需以发展都市现代农业为方向，按照高科技、高辐射、高效益、生态环保、质量安全、集约节约的要求，着力构建与首都功能定位相一致、与二三产业融合、与京津冀协同发展的农业产业结构，是生态环境友好、产业产品高端、田园乡村秀美、管理服务精细、城市郊区共融的都市农业"升级版"（十三五规划）。

以"菜篮子"产业、现代种业、休闲农业、农业高新技术产业等为核心，建立健全都市现代农业产业体系。实施新一轮"菜篮子"工程，加强京内外菜篮子基地建设，稳步推进环京津一小时鲜活农产品物流圈建设。积极推进现代种业发展，重点围绕农作物、畜禽、水产和林果花卉四大种业，构建以产业为主导、以企业为主体、产学研相结合、育繁推一体化的现代种业体系。积极培育龙头企业与农产品品牌，扶持一批具有上市潜力的龙头企业走向资本市场，扩大市场影响力，培育一批高端、优质、安全的农产品品牌，提升品牌知名度；加快培育各类新型经营主体，健全农业社会化服务体系，带动一批从事农村生产、加工、服务业的农户走上现代农业发展轨道。挖掘农业在为市民休闲观光服务、农耕文化体验、生态价值服务等方面的内涵价值，建设北京市农田生态景观，加强农业文化遗产发掘保护。

2. 积极培育新兴林业产业

在充分发挥园林绿化资源生态、景观功能的基础上，结合农业结构调整，推进林果花卉等产业向现代、高效迈进,创造绿色就业岗位,打造首都绿色朝阳行业;持续扩大城乡居民绿色福利空间,大力挖掘发展多种绿色休闲服务,丰富百姓文化生活,使绿色休闲成为市民日常生活方式,服务首都民生。

北京市要基本保持现有人口总规模,推动农村经济向林业经济转型。推进果树、种苗、花卉、林下经济、蜂等传统林业产业向"高精尖"发展,向名优特转变,向高效益、高品质转变,高规模化和集成式转变。充分发挥平原造林、一道二道隔离地区、"五河十路"地区和山区的林木资源作用,加强养护管理,吸纳农民绿岗就业,支持现有农村劳动力向林业职工转型。大力发展多样化的观光采摘、森林旅游、森林疗养等产业。

3. 推动乡村旅游产业提档升级

以优美农田、沟域经济、水岸经济、农业公园、城市农业建设为抓手,大幅度提升观光休闲农业产业发展水平,建设一批集聚连片的休闲农业示范区,打造一批基础设施完善、景观优美、文化主题突出的休闲观光农业园,辐射带动150万亩农田景观建设,基本形成三季有景、四季覆盖。发展校园农业、屋顶农业、社区农业、阳台农业等城市农业业态。开展有特色、有创意的农事节庆活动,丰富乡村文化艺术生活;创新农耕体验活动,充分展示地方文化和民俗风情,带动农业文化消费。拓展京津冀市民的休闲观光半径,以北京为中心,沿沟域向外辐射,形成房山十渡—野三坡、怀柔白桦谷—丰宁、密云雾灵香谷—兴隆、平谷黄松峪—河北兴隆县—天津蓟县等沟域景观。

4. 创新农业新产业新业态

大力发展高新技术产业,重点发展生物农业、"互联网+农业""文化创意+农业"、农业高端装备产业等新型产业,推进一二三产业深度融合。盘活农村土地资源,加快推进农村的农业、工业、旅游、教育、文化、健康、养老等产业深度融合。开展田园综合体建设工作,跨全域组团发展,实现农村生产要素盘活利用,实现农村全域发展。试点财政资金、社会资本、人才引进和流动机制,提供样本和经验。

(二)推动农村产业高质量发展

1. 推动农业全域绿色发展

强化农业生态涵养功能,积极发展节水农业和生态农业,推动农业绿色发展。以北京农产品绿色优质安全示范区建设为载体,突出绿色优质安全,全面提高首都"菜篮子"供给质量。大力发展生态农业、循环农业、生态服务业，形成绿色、低碳、循环的农村现代产业体系。以绿色生态为导向，以土壤污染管控修复为主大力保护耕地资源并实施轮作休耕。全力做好动植物疫病防控和精细化管理，确保不发生区域性重大动植物疫情。实施水生生物增殖放流，改善水域生态环境，保护水生生物多样性。大力开展农业面源污染治理，推动生态循环农业发展，不断提高农业减源增汇水平。到2020年，畜禽养殖粪污基本实现资源化利用，科学平衡施肥全面覆盖，绿色植保防控技术覆盖范围显著提升，农作物秸秆全部综合利用，逐步推进京津冀三地农业生态一体化发展。

2. 提升首都农产品品牌

按照"都市引导、区域特色、错位竞争、功能拓展"的思路，大力发展唯一性特色农产品，打造培育一批高端、优质、安全的农产品品牌，提升品牌知名度。推进北京自主品牌建设，申报和推介驰名商标、名牌产品、著名商标、原产地标记、农产品地理标志等，有针对性地培育农产品驰（著）名商标和老字号企业，积极协调北京名牌产品进入中国驰名商标和北京市著名商标评审目录，支持龙头企业申请国际注册商标。厚植北京都市型现代农业的基础，提升农产品品质，做强一批具有"北京味"的国际化农业品牌，提升北京都市型现代农业整体竞争力。

3. 加强农产品质量安全

构建"区域协作、基地保障、全程监管"食品安全保障体系。与供京食用农产品产地政府建立区域协作机制，强化生产源头监管责任；落实产地食用农产品生产经营者主体责任，保障供京食用农产品源头质量安全；建立产销两地行政管理部门协同监管机制，实现产地准出、销地准入、全程追溯、信息共享的监管模式。

（三）推动城乡产业要素融合发展

1. 夯实生产基础设施

进一步优化农业结构，合理调减粮食生产面积，稳定提升"菜篮子"产品保障水平。以提质增效为着眼点，通过农业结构调整、生态化标准化规模化改造、污染治理、服务支撑体系建设等，以菜篮子、观光休闲和现代种业为重点，多措并举，全面提升80万亩粮田、70万亩菜田和近千家畜禽规模养殖场、5万亩池塘的生产质量效率。推进以家庭农场、专业大户、农民合作社、农业产业化龙头企业等为主的适度规模经营。加大农业生产全面机械化推进力度，加快"机器换人"步伐。利用大数据强化农产品市场需求、价格信息对农业生产的引导。将"互联网+"工作落到实处，促进互联网与都市型农业、休闲旅游业、实体经济深度融合，重视培育新技术、新产业、新业态、新模式，促进互联网与生产、经营、管理、服务、创业有效融合，提升农产品营销能力，扩大农产品销售渠道，努力推进依法管网、以网管网、信用管网、协同管网。

2. 发挥科技创新和示范功能

充分利用首都的科技和人才优势，强化农业科技创新，打造国家现代农业发展的样板区和农业科技创新的引领区。进一步巩固种业在第一产业中的"高精尖"产业地位，积极争取推进国家（北京）现代种业创新示范区，建设北京南繁科研育种基地。围绕菜篮子、种业、休闲观光产业提质增效，强化科技支撑，持续推动北京都市现代农业精细化服务管理水平提升。继续建设现代农业产业技术体系北京市创新团队，大力培育具有引领示范作用、带动农民增收致富的全科农技员、科技示范户和新型职业农民，不断完善农业科技社会化服务体系。

3. 引导乡村人才创新创业

以高层次、高技能人才为重点，实行更积极、更开放、更有效的人才政策，推动人才工作与农村经济社会发展高度对接和深度融合。大力推进农业调结构、转方式，试点培育新型职业农民。将创业作为促进就业增长的重要渠道，着力消除制约创业发展的体制机制障碍，聚合有利于创业的政策和服务资源，激发劳动者创新创业活力。通过建立科研人员成果转化收益分配机制，扩大对农民专业合作社、龙头企业的贴息奖励等，调动科研人员和农村劳动力的创业积极性。

专题Ⅲ　北京乡风文明问题研究

从乡村社会来看,乡风是村民的信仰、操守、爱好、风俗、观念、习惯、传统、礼节和行为方式的总和,是农民在长期生产、生活中积淀而形成的生活习惯、心理特征和文化习性,反映了当地农民的精神风貌。实施乡村振兴战略,是融合生产、生活、生态、文化等多要素于一体的系统工程,而其中乡风文明既是乡村振兴战略的重要内容,更是加强农村文化建设的重要举措,"文化振兴"是乡村振兴的铸魂工程。本专题从乡村文化资源保护与开发、乡村公共文化服务体系建设、乡风文明培育等方面,阐述北京乡风文明建设现状,分析北京乡风文明建设存在的问题,提出推进北京乡风文明建设的对策建议。

一、北京乡风文明建设现状

(一) 乡村文化资源保护与开发成效显著

1. 郊区人文历史遗迹得到有效保护与开发

北京市郊区历史文化保护区分布范围比较广泛,郊区文物类型比较多样,相关部门保护措施成效显著。从物质类别来分,有石刻、古建筑、古村落、古人类遗址、帝王陵寝、长城、名人遗迹等。2000年至今,结合3.3亿市级以上文物保护单位抢险修缮计划、"人文奥运"文物保护计划、北京市中长期文物保护修缮利用规划、文物及历史文化保护区专项资金项目等,北京市陆续投入专项经费超过1.4亿元,对文物保护单位进行了抢险修缮。2016年,北京郊区国家级和市级重点文物保护单位有80多处,区级的文物保护单位557处,列入国家级、市级和区级的这些文物均得到了有效的保护。在文物抢险修缮计划制订和实施过程中,北京市优先安排远郊区传统村落相关文物保护修缮项目。2016年,北京郊区历史文化保护区共有10个(北京市43个),大多在山区,总用地面积为2705.41hm²,其中,重点保护区297.63hm²,建设控制区总用地面积为 2407.78hm²；郊区保护区（除西郊清代皇家园林历史文化保护区外）共有区级以上文保单位 30 处，古树名木 67 棵，有历史遗迹约 120 处，保护院落 385 处。

"三大文化带"建设取得初步进展。北京市文物局于 2015 年底提出建设大运河文化带、长城文化带、西山永定河文化带。2017 年在《北京城市总体规划（2016—2035 年）》中，北京市把制定实施"三个文化带"保护建设规划作为重要内容，并赋予重要使命，力求实现历史文化遗产连片、成线整体保护。目前，大运河文化带规划、长城和西山永定河文化带规划正在紧锣密鼓地规划编制中，计划于 2018 年完成编制工作。为对文化带内文化艺术资源进行深入挖掘，北京市文化局组织开展相关研究，统筹利用非物质文化遗产资源，保护传统村落非物质文化遗产的真实性、完整性和可持续性，继承与弘扬传统村落传统文化。

2. 建立市、区两级非物质文化遗产名录

北京市已经建立市、区两级非物质文化遗产名录，并充分发挥政策引领作用。目前已发布了三批市级名录，全部辖区公布了区级名录。2006 年，北京市政府办公厅出台了《关于加强本市非物质文化遗产保护工作的意见》。2015 年，北京市文化局联合北京市财政局出台了《北京市非物质文化遗产保护专项资金管理办法》，充分发挥了政策的引领作用，北京市包括乡村在内的非遗保护工作力度不断加大。2017 年，北京市国家级非物质文化遗产项目 74 项，市级以上非物质文化遗产项目 216 项（含国家级），区级以上非物质文化遗产项目共 670 项（含国家级和市级）。

从区域分布来看，郊区非物质文化遗产资源具有总量较少（与城区相比）、类型多样、级别偏低、分布广泛、资源禀赋差异较大等特点。门头沟区非物质文化遗产资源最为丰富，且级别高、品位高、数量多；其次为怀柔区和通州区；延庆区、昌平区和平谷区最少。多年来，北京市以宣传展示推广非物质文化遗产为抓手，广泛开展群众文化活动。成功举办"京味儿——北京非物质文化遗产展""京津冀非物质文化遗产联展""童趣景泰蓝——儿童专题景泰蓝展""北京端午文化节——非遗大观园""'民间瑰宝·魅力之都'——2017 北京市非物质文化遗产时尚创意设计大赛"等品牌活动，充分展示了北京及京津冀三地非遗丰厚的人文内涵和独特的文化魅力，让非遗走近包括乡村群众在内的寻常百姓。

3. 自然山水文化资源得到有效梳理与开发

以自然保护区、风景名胜区、水利风景区、各类公园（森林、湿地、地质公园）等为载体的自然山水文化开发取得了一定成效。随着北京市农业功能的转变，农业文化内涵逐渐丰富，形成传统农业与都市型现代农业相互渗透、融合、并存的特征。农业文化开发取得了显著成效，民俗节庆活动、特色乡村/农业旅游、休闲农业、农业文化创意、高科技农业等多种新业态涌现，有效保护和传承了农业文化。2017年，北京市已建立近100家各类生态旅游区，其中自然保护区20个，总面积约1365km^2，占北京市国土总面积的8%；已获批准的森林公园有31处，总面积973.3km^2，其中国家级15个，占48.4%；建有6个湿地自然保护区（密云水库湿地已被列入全国重要湿地名录），总面积192.3m^2；建有7处湿地公园，面积16.8km^2；地质遗迹保护区8处，总面积713.27km^2，占北京市国土总面积的4.3%；风景名胜区共26处，总面积为2224.2km^2。各类主要生态旅游区开发占比情况如图3-1所示。

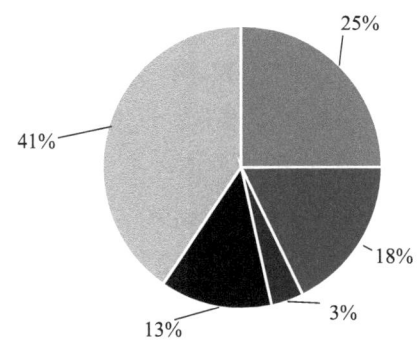

■ 自然保护区 ■ 森林公园 ■ 湿地自然保护区 ■ 地质遗迹保护区 ■ 风景名胜区

图 3-1 主要生态旅游区开发情况

（二）乡村公共文化服务体系建设日趋完善

1. 公共文化设施质量明显提高

北京市政府高度重视公共文化设施空间结构优化及质量提高，巩固公共文化服务体系的主体地位，加强对公共文化设施与空间的建设改造与升级拓展。根据北京市推进全国文化中心建设领导小组办公室要求，北京市文化局牵头起草《关于加快推进公共文化服务体系示范区建设的意见》《北京市公共文化服务体系示范区建设运行机制》和《北京市加快推进公共文化服务体系示范区建设行动计划（2017—2020）》。通过首都公共文化服务示范区的创建，农村地区的基层公共文化服务能力和水平发展迅速。北京市文化局提供的资料显示，截至2017年底，北京市建立乡镇综合文化中心共182个，行政村综合文化室3518个，乡情村史陈列室建成235个；着力完善公共图书服务配送体系，2017年全年配送图书253万册；加强图书"一卡通"通借通还服务，"一卡通"成员馆206家。

2. 初步形成了全市一体的网络服务体系

北京市乡镇综合文化站和行政村文化活动室建设任务已经完成，实现每个乡镇所在地、每个行政村均有一个综合性的文化体育活动场所。2011—2012年，新建总面积近2万平方米的镇级文化活动中心，并为文化大院、社区活动室、文化广场配备设备设施，大大满足了社区群众开展文化活动的需要。2011年，北京市委办公厅、市政府办公厅印发了《关于进一步加强新形势下农村精神文明建设工作的实施意见》，指出要进一步提高农村精神文明建设水平，提出要重点开展以每个行政村有一个乡情村史陈列室、有一个精神文明宣传栏（网络宣传视屏）等为内容的"十个一"文明创建工程，切实加强公共文化基础设施建设，不断巩固农村思想文化阵地。2012年，北京市文化局与北京市统计局一起，启动构建完善"文化建设数据库"，内容涉及市、区、街道乡镇、社区行政村四级公共文化机构的设施、设备、经费、人员和服务内容等基础数据。2012年，首都文明办与市委农工委印发了《关于在全市行政村建设乡情村史陈列室的实施方案》《关于建设农村精神文明宣传栏的实施方案》。从2013年开始，在13个涉农区推进乡情村史陈列室和农村精神文明宣传视屏建设，分为历史人文、传统民俗、特色产业、新生态规划、综合体验5类。

通过文化信息共享工程、农村文化室四网合一工程和数字文化社区建设的实施，北京市初步形成了全市街道、乡镇、社区、行政村为一体的网络服务体系。截至2013年底，已有8个区2659个村完成了合网工作，北京市42个重点镇文体活动中心项目进展顺利，完成500名基层文化组织员培训工作。北京市16个区19个分中心在册文化志愿者27004名、文化志愿团体300余个，形成覆盖市、区、街道（乡镇）三级文化志愿者服务网络，建成了全市性的文化志愿者队伍及完备的管理体系，实现志愿服务与农村、社区等基层地区文化需求的供需对接。

3. 公益惠民演出形式多样

广泛深入开展"农村文艺演出星火工程""周末场演出计划""百姓周末大舞台"等公益演出活动,丰富基层群众精神文化生活。围绕"歌唱北京""舞动北京""戏聚北京""艺韵北京""影像北京"和"阅读北京"六大板块,形成四级联动机制,带动市、区、乡镇(街道)和行政村(社区)四级文化品牌活动联动开展。着力完善公益演出配送体系,组织开展"农村文艺演出星火工程""周末场演出计划""百姓周末大舞台"等公益惠民演出活动超万场。2017 年,北京市 150 余家国有和民营文艺表演团体完成下基层演出1.2 万场,受益人数近 300 万,圆满完成"万场演出下基层"的目标。

表 3-1 北京市公益惠民演出主要形式

主要形式	直接成效	群众接受情况
采取政府购买服务和"文化+互联网"的方式。	北京市人民政府向首都市民发放 30 万张春节庙会门票。	抢票率 100%,吸引市民参与人数达 372 万人次,满意度为 99%。
采用"政府+专业院团+公共文化机构"的合作模式。	全年演出 65 场,剧场观众 5 万人,网络观众达 400 万人次。	为市民欣赏高雅艺术提供新的平台。
实施惠民低价票政策。	55 个剧场共推出惠民低价票演出 2721 场,择优补贴演出 1856 场,补贴低价票 23.3 万张。	受益观众达 60 余万人。

(三)文明乡风得到有效培育

1. 开展群众性精神文明创建活动

近年来,北京首都精神文明办围绕美丽乡村建设主题,广泛开展群众性精神文明创建活动,不断提升农民文明素质和农村文明程度。一是制定《首都文明村镇创建管理办法》(精建〔2014〕7 号),明确文明村镇创建的六条标准,即"领导班子坚强有力、创建活动扎实有效、环境优美生态宜居、文化建设成效显著、社会风尚积极向上、经济发展民生改善"。二是制定《首都文明家庭创建管理》(精建〔2017〕1 号),明确了文明家庭创建的八条标准,即"爱国守法、遵德守礼、平等和谐、敬业诚信、家教良好、家风淳朴、绿色节俭、热心公益",通过开展文明村镇、文明家庭创建活动,推动农村地区文明程度的不断提升。三是北京首都精神文明办会同北京市委农工委、市农委联合印发《关于深化美丽乡村创建活动进一步加强精神文明建设工作的实施方案》,紧扣"乡风民风美起来、人居环境美起来、文化生活美起来"目标,明确从"组织领导坚强有力、创建活动扎实有效、人居环境优美宜居、文化生活丰富多彩、乡风民风文明淳朴"五个方面推进工作。

2. 深入宣传道德模范等典型事迹

组织开展道德模范先进事迹巡讲巡演、道德模范与身边好人交流等活动,运用媒体报道、文艺作品、报告会等多种形式提高榜样事迹感染力和影响力。认真做好第六届全国道德模范学习宣传和第六届首都道德模范表彰工作。持续开展"我推荐、我评议身边好人"活动,精心做好"中国好人"推荐工作,优化"北京好人"推荐方法,促进好人好事层出不穷,让善行义举蔚然成风。在"北京榜样"等评选活动中,持续挖掘乡村振兴的典型人物。北京市属媒体深入开展"走转改",持续挖掘北京市乡村经济建设、人文发展、生态环境保护等方面的优秀事迹,突出宣传各地推进乡村振兴的丰富实践,讲好乡村故事。组建"不忘初心跟党走圆梦京华谱新篇"党的十九大精神百姓宣讲团,以群众喜闻乐见的形式,深入农村一线开展宣讲活动。首都精神文明建设委员会办公室提供的资料显示,截至 2017 年,北京市共有 55 个乡镇、村荣获"全国文明村镇"称号;115 个乡镇、760 个村分别荣获"首都文明乡镇""首都文明村"称号;13 个涉农区共有 6 户家庭荣获"全国文明家庭"称号,受到习近平总书记的亲切会见;81 户家庭荣获"首都文明家庭"称号。

3. 开展绿色殡葬等移风易俗行动

持续深化、优化殡葬服务和管理。2018 年,北京市殡葬系统启动"殡葬服务展示月""铭记·2018 清明祭英烈"等主题宣传教育活动,各殡葬管理部门、各殡葬服务机构重点聚焦惠民殡葬、群众满意窗口、优质服务品牌、优秀服务标兵以及祭扫期间的便民利民举措等方面开展开放日或体验日活动,全面展示殡葬服务形象。北京市不仅建立了节地生态安葬补贴激励机制,还创立了科技含量高、人文内涵丰富的配套服务体系,如"星星网人物传记平台"、电子墓碑、集体共祭仪式等,使生态葬成为一种高"文化含金量"的安葬方式,受到广大市民的青睐。2017 年,北京市共组织骨灰海撒活动 85 批次,播撒骨灰 2675 份,已接近市年遗体火化总量的 3%,位居全国大中城市前列。目前,北京市 33 家经营性公墓都提供骨灰节地生态立体安葬,包括树葬、草坪葬、花坛葬、海葬和骨灰亭、廊、阁等多种形式。仅 2017 年,北京市生态安葬的比例已达到44%。数字的背后说明北京市正在全面推进绿色生态殡葬建设，始终坚持殡葬惠民公益。

二、北京乡风文明建设存在的问题

尽管北京市出台了一系列政策、措施倡导文明新风，也制定了较为完善的文化保护法规、文件，初步形成了全面的文化保护体系，也依据文化遗产不同对象的特点，有针对性地开展了保护，探索积累了许多有益的经验，但仍面临一些问题。

（一）乡村文化资源缺乏保护与过度开发的问题并存

1. 部分乡村文化资源缺乏深入保护

由于北京地区乡村文化资源种类多、分布广，因此对文化资源的监督和管制较困难，尤其是偏远山区。以不可移动文物为例，一部分文物暴露在野外，缺乏管理机构，或者位于居民区、开发建设区内，仅靠监管执法部门的力量难以实现全天候的监督管理，很难及时发现险情和违法事件。还存在乡村居民、乡村旅游经营者、乡村旅游管理者等主体对乡村文化保护与开发的认识存在局限性，人们对乡村文化的内涵认识不够清晰，资金不足、专业人才缺乏等问题。尽管近些年北京市各级政府十分重视对乡村文化资源的保护与开发，但对乡村文化资源的深入保护仍然不够。此外，首都城镇化及现代化进程的加快对土地和能源的需求不断增多，必将向乡村地区延伸和扩大，导致作为乡村文化重要载体的村落不断衰落，这对乡村文化保护与开发带来了巨大的挑战和压力。

2. 部分热门乡村文化资源存在过度开发现象

随着乡村旅游和文化产业的兴起，出现了乡村文化开发的热潮，随之而来的是蛮横无序的过度开发，破坏了文化的原生态环境和文化景观。文化遗产的过度开发对文化资源的保护造成了不利影响，尤其是对文化景观产生了不可恢复的影响。北京市重点文物保护单位郊区所占的比例较低，国家级和市级均低于20%，并且北京市被列入中国历史文化名镇名村的仅有5个，这些热门的文化资源存在过度开发倾向。加上人们对文化遗产保护的认识存在局限性，在经济利益的驱动下，一些文化遗产正逐渐成为商业化、现代化的牺牲品。比如，目前北京段的长城，大都通过合作开发的形式，利用长城的知名度被开辟成长城旅游景区,经营者为了牟利,在长城附近修建宾馆和度假村,这些现代建筑,严重破坏了长城的风貌;另外,旅游者在游览过程中,在长城上乱刻乱画,丢弃垃圾,缺乏维护文化古迹的意识,也造成了对长城风貌的破坏。

(二) 公共文化服务体系尚未健全

1. 乡镇层面的公共文化服务体系最为薄弱

相对于城区而言,乡镇公共文化服务体系建设问题更为突出和严重。一是大部分乡镇的公共文化服务体系建设存在"重硬轻软"现象。由于北京市有硬性指标要求,乡镇基层文化硬件设施建设受重视程度较高,但制度建设严重落后,体制机制不灵活。乡镇基层文化阵地作用发挥不够,文化阵地重视建设、轻视管理,不能与当地居民的实际需求结合起来,不能因地制宜进行规划和建设,导致文化设施的利用率不高。二是乡镇公共文化服务人员流动性强,专业化程度低。由于对文化工作的地位和重视程度不够,文化站工作人员大部分都是兼职,乡镇文化站工作人员"在编不在岗"和"专干不专职"等现象普遍存在,文化站的站长和干事经常调换,业务水平难以得到提高,专业化程度偏低。

2. 公共文化服务手段比较滞后

尽管目前北京市大部分地区已基本建立了市、区、乡、村四级公共文化服务网络,但由于缺乏对现代信息技术的应用,现有的公共文化服务还主要沿用传统方式和手段。一些地方公共文化投入保障机制尚未建立,公共文化服务体系建设历史欠账太多,投入缺乏刚性指标,没有形成正常的增长机制;一些地方把有限的资金投入主要集中在修建文化设施上,用于开展公共文化服务活动、组织群众文化活动的经费明显不足。

(三) 弘扬和传承优秀传统文化面临困境

1. 优秀传统文化传播效率不高

北京郊区农村弘扬与传承优秀传统文化的主要内容有农耕文化、慈孝文化和新乡贤文化等。目前,北京郊区农村在优秀传统文化传播的各个环节都不同程度地存在一些问题。一是传播者数量、水平都有限。农村中能够熟悉传统文化的人较少,精通儒道等文化经典的更如凤毛麟角。二是受众文化基础较差。优秀传统文化传播的受众主体是郊区农民。这个群体的教育程度普遍较低，而中国优秀传统文化具有内涵深刻、知识广博，即所谓"博大精深"的特点，不具备一定文化基础，很难理解和接受。然而，郊区现有农民大部分只有初中及以下文化水平，这就制约了他们对国学经典的学习与理解。三是传播信息缺乏精选。中国传统文化宝库浩如烟海，传播者总想在短时间内挖掘出尽可能多的宝藏交给群众，往往使之难以"消化"。四是传播媒体繁杂，缺乏针对性。当今信息传播媒体五花八门，有传统的书报、广播、墙体、车船；也有现代的音频、视频及各种电子设备，比如手机电子屏幕、互联网等。有些地区各种媒体一哄而上，资源浪费，也难以取得预期传播效果，结果是事倍功半。

2. 农村社会对传统文化的认识存在偏颇

农村社会对传统文化的认识存在两方面的不正确认识：一是认为传统文化过时了、落伍了，甚至腐朽了，与社会主义核心价值观格格不入，无需传承。二是认为传统文化全部是优秀的、精华，应照单全收，全盘吸纳。持这种认识的为数不多，但大都是熟悉诸子、了解百家、精通孔孟的饱学之士。这些人有的是农村里的"老学究"，有的是教师队伍中的"国学行家"。他们本应是传承传统文化的骨干和专家，但是他们看不到传统文化中确有需要扬弃的东西，如果机械地践行"弟子规"，照搬"二十四孝"，其结果就不见得是社会主义精神文明。对传统文化采取照单全收、全盘吸纳的态度，势必将一些陈旧腐朽的教条也搬到现实生活中来，与群众的实践活动产生矛盾冲突，影响群众对传统文化的认知和接受。比如，近年来北京郊区农民收入有所提高，攀比之风开始抬头，搬家酒、满月酒、状元酒、生日酒等五花八门的酒席让许多农村人应接不暇。农户互相攀比谁家酒宴办得大、办得好，所以份子钱越来越多，金额也越来越大，农村滥办酒席增加了农村人的负担。

三、推进北京乡风文明的对策建议

（一）加强资金投入、开发管理和文化宣传

1. 加强乡村文化资金投入和开发管理

首先，对私人所有的传统建筑进行修缮，尤其是已列为普查登记的文物，要以一定比例给予财政资金补助，并按照文物保护的有关要求进行保护修缮，

以加强对乡村优秀传统文化的保护和传承；继续为乡村所涉及的国家级、北京市级代表性传承人每人每年发放补助费，保障其开展传习活动；对乡村开展非遗保护工作取得明显成效的单位予以资金支持，用于其开展项目保护传承工作。

其次，对北京市级传统村落内的不可移动文物的安全情况展开摸底调查及核实，对存在严重安全隐患的不可移动文物，制订抢修计划及方案，并安排资金分步实施；完成北京市级传统村落名录的筛选与建立工作，严格按照《北京市人民政府办公厅关于加强传统村落保护发展的指导意见》落实文物保护相关要求，继续加强对乡村振兴战略实施中文物保护工作的支持和指导；积极与传统村落保护相结合，认真梳理在传统村落中传承发展的市级以上非遗代表性项目，加强对其保护力度；加强乡村非遗记录、保存工作，编纂《北京志·非遗志》等图书，加快推进《北京非物质文化遗产图典》编辑出版工作，为传承、研究、宣传和利用乡村非遗留下宝贵资料。

2. 加强乡村文化宣传和对外传播

首先，加大对乡村非遗的宣传展示支持力度。继续深入开展"非遗进校园"活动，通过校本课程、课外活动等形式进行校园传承。在北京市属媒体统一开设"乡村振兴"专栏，在报纸、电台、电视台及网络等平台的显著位置、重要时段加大对北京市实施乡村振兴战略、推动有关工作成效的宣传报道。继续挖掘北京市乡村经济建设、人文发展、生态环境保护等方面的优秀事迹，开展集体采访，进行美丽乡村宣传。

其次，积极做好北京市基层公益性演出活动演出团体资质认证工作。严格把关入选团队的艺术水准，对各区文化委公益演出活动的开展加强指导和管理，确保基层公益演出活动有序开展，丰富群众的精神文化生活。按照中宣部、文化部、财政部《关于印发〈关于戏曲进乡村的实施方案〉的通知》要求，结合北京市基层公益性演出开展情况，积极推进北京市戏曲进乡村工作。

再次，将乡村振兴战略内容重点纳入百姓宣讲团中。重点宣传习近平新时代中国特色社会主义思想，党和政府乡村振兴战略及惠及农业、农村、农民的具体政策措施落地情况以及疏解整治促提升专项行动等。及时掌握各单位推进乡村振兴战略的丰富实践、有关效果和在工作过程中涌现的典型人物、感人故事和先进经验，为营造乡村振兴营造良好的舆论氛围。要积极利用传统媒介和新媒体，特别是广播、电视、报纸、网络等主流媒体阵地，形成舆论引导至高点，宣传文明新风。

最后，深入开展国际文化交流。以北京市筹办2022年冬奥会、2019年男篮世界杯等重大活动为契机，积极运用国外主流社交平台，开辟宣传北京的新窗口。发挥世界旅游城市联合会、国际"二战"博物馆协会等国际组织作用，推动多方面的交流与合作。开展经典剧目和优秀剧目境外巡演活动，搭建国内外优秀艺术院团的高端交流平台，推动艺术精品"走出去""请进来"。拓展互联网外宣阵地，打造立体化的对外传播平台，建好用好"北京微博微信发布厅"，进一步扩大覆盖面。加强境外媒体工作，做好在京境外媒体和外国主流媒体的采访服务，推动北京市属媒体与海外华文媒体紧密联系合作。

（二）加强基层公共服务体系建设

1. 完善乡村公共文化服务体系

首先，按照"1+3"公共文化政策文件（《北京市人民政府关于进一步加强基层公共文化建设的意见》《首都公共文化服务示范区创建方案》《北京市基层公共文化设施建设标准》和《北京市基层公共文化设施服务规范》）和《关于加快推进公共文化服务体系示范区建设的意见》要求，加快推进公共文化服务体系示范区建设，构建现代公共文化服务体系。贯彻落实《北京市人民政府关于进一步加强文物工作的实施意见》（京政发〔2017〕40号）精神，对北京市乡村博物馆的情况进行摸底调查，结合市区两级共管博物馆机制，指导各区文化文物主管部门探索对北京市社区（乡村）博物馆进行规范管理工作，努力促进乡村博物馆健康有序发展，推动公共文化服务人人享有。持续在农村地区推进北京文明村镇、北京文明家庭创建评选活动，深化美丽乡村创建活动，推进移风易俗工作，进一步提升农民文明素质和农村地区文明程度。

其次，增强基层组织的精准服务和管理能力。结合乡村工作实际，加大对以乡镇文化服务为中心和村委会为代表的基层文化组织建设力度，调动其文化建设积极性，激发工作热情，进而持续增强其文化供给、服务和管理能力。这是克服当前空心化村庄文化组织供给乏力问题的着力点。乡镇文化服务中心和村委会更加了解高度分散且利益诉求日益多元的农民的文化需求。

因此，强有力的组织建设有利于实现优秀乡村文化产品的有效供给，满足农民日益增长的文化需求。

2. 发展农村婚丧社会化服务

走社会化服务的道路是婚丧习俗改革的内在要求，也是构建文明婚丧文化的重要措施。应该加大投入，加快发展婚丧服务的步伐。实践证明，一家一户办理婚丧喜事，很难摆脱陈规旧俗的束缚，而社会化的服务具有群体效应。因此，北京市各区首先要解放思想，在全国先行先试，加大资金和人员的投入，加快婚丧服务网络建设。比如，以北京各乡镇为单位每年不定期地组织举办几次集体婚礼，使文明结婚成为现代农村青年追求的时尚。总之，要通过完善服务措施，提高服务质量，增强新习俗新风尚对广大农民的吸引力。

（三）从微观主体探索培育乡风文明

1. 积极培育现代村规民约

发挥现代村规民约的约束作用，一是将文明礼俗列入村民代表大会、村民议事会等议程，充分发挥基层群众自治组织在上传政策、下达民意和公共事务协商处置方面的"主角"作用，确保政策落实与民众意愿的高契合度实现；二是成立"红白理事会"等群众性协会组织，提升农村婚丧嫁娶礼俗消费的组织化程度，克服个体革新"畏难情绪"等压力问题；三是将政府出台的农村婚丧礼俗消费指导意见或标准写入村规民约，强化对村民潜移默化的影响作用。村规民约既能对村民言行举止、村级环境维护、文化建设等内容进行规范和约定，同时还可以将弘扬社会主义核心价值观、传承北京村庄历史等文化建设的内容广泛纳入，实现"以文化人、以德润心"，促进家庭和睦、邻里友善，营造浓郁的村级文明风尚。比如，北京市顺义区马坡镇石家营村设立"婆媳澡堂"，对晚辈陪着长辈一起前来的沐浴者实行免费，使很多原本有隔阂的婆媳、母女、父子以及邻居，重归于好，融洽了家庭、邻里关系，弘扬了"家风"文化。

2. 充分动员民间权威

积极动员党员干部、地方乡贤、精英领袖和宗族长辈。一方面，乡贤文化根植乡土、贴近村民，能够起到引领带动作用，更能深深地影响村民们的行为，乡贤文化对于社会主义核心价值观的构建具有重要意义。另外一方面，地方党员干部、"精英领袖"、宗族长辈在人情礼俗消费中的"德高望重"特殊影响力，有助于倡导族人、乡亲们文明举办婚丧礼俗，理性消费。在农村中存在一些知事人员，他们对仪式的程序和细节比较了解，擅长处理仪式上的各种人际关系和突发事件，一定范围内的仪式都会聘请他们帮忙。这些人成为各种仪式事实上的操作者，主办者要参考他们的意见，由此形成的决定也要经由他们执行。改革机构应该做好这一部分人的工作，使他们成为改革的推动力量。例如，北京市门头沟区斋堂镇灵水村，在明清时期先后出过22名举人、2名进士，因此有着"举人村"的美誉。"灵水村"古代出举人，近代出学子，主要得益于村里的"乡贤文化"，现为北京首个乡贤文化基地。

专题Ⅳ 北京农村民生保障问题研究

我国长期存在的城乡二元经济结构以及区域间经济社会发展的不平衡性，造成农村的民生建设相对滞后。而这一问题正关系到农民群众最直接的利益，根据乡村振兴战略总要求，生活富裕是根本，因此研究如何提高农村民生保障问题，尤为重要。党的十九大报告指出，必须多谋民生之利、多解民生之忧，在发展中补齐民生短板、促进社会公平正义，在幼有所育、学有所教、劳有所得、病有所医、老有所养、住有所居、弱有所扶上不断取得新进展。民生建设"七有"目标的提出，为新时代保障和改善民生工作提出新方向。在此背景下，北京需要摸清民生保障建设的现状及存在的问题，探索新时期如何以"七有"为目标，不断提高农村公共服务、社会保障的标准和水平，加快推进城乡基本公共服务均等化及农村劳动力充分就业，不断提升农民获得感、幸福感、安全感。

一、北京农村基本公共服务发展现状

（一）农村教育事业

总体来看，在北京教育体系中农村教育总量较小，农村户籍在校学生少。乡村学校在校生人数约占北京市在校学生总数的7%，农村户籍学生占北京学生总量18%左右，且随着学龄段下降比例越低。但近年来，北京市不断加大对农村义务教育和成人教育的投入力度，推进教育资源均衡配置，城乡教育事业均等化水平得到显著提升。

1. 城乡义务教育差距缩小

财政义务教育投入向农村倾斜。北京市高度重视义务教育工作，市、区两级财政每年不断加大义务教育投入力度，投入义务教育经费总量由2006年的99.09亿元增长至2012年的314.35亿元，年均增长率达到21.21%。其中，市级教育专项经费重点向农村义务教育倾斜。截至2013年底，北京市义务教育经费投入农村地区所占比重已达70%，教育费附加60%向财力薄弱京郊各区和农村地区倾斜，城乡学校全部按统一公用经费定额标准进行经费拨付。

农村师资状况显著改善。实施了《北京市公开招聘农村中小学音体美等学科教师三年行动计划（2013—2015年）》，改善了农村教师队伍结构；开展了"歆语工程"远郊区域合作"特级教师京郊行"和"绿色耕耘"等培训活动，设立了农村中小学教师研修工作站，实施了城镇教师和大学生支教计划，提升了学科教学能力；设立了专项资金，实施了绩效工资改革，推动教师专业技术职称评聘向农村学校倾斜，改善了农村中小学教师的工作、生活和收入待遇条件，调动了其投身农村教育事业的积极性。

加强义务教育重点工程建设，着力推进办学条件均等化。随着学校办学条件显著改善，城乡办学差别进一步缩小。截至2013年底，北京市小学办学条件达标率为94.07%，中学办学条件达标率为89.90%，小学、中学的城乡、校际办学条件综合差异系数分别为0.52和0.51，达到了国家规定标准。2015年北京市当时所属16区县一次全部通过国家义务教育发展基本均衡县区督导评估。督导检查结果显示，16个区县的居民对本区义务教育满意度均达85%以上。①

表4-1 北京市义务教育重点工程建设

年度	义务教育重点工程	资金投入（亿元）	成效
2005—2010	初中建设工程	106.5	实现初中学校办学条件基本达标
2007—2012	小学规范化建设工程	192.5	实现小学办学条件基本达标
2009—2011	中小学校舍安全工程	154	改造学校1290所
2012—2014	中小学建设三年行动计划	150	累计支持了65所城乡一体化学校建设

数据来源：北京市教育局资料整理。

2. 农村学前教育水平提升

针对人口增长造成学前教育资源不足的现状，北京市提出了新的学前教育目标，根据《北京市中长期教育改革和发展规划纲要（2010—2020年）》，北京优化了学前教育投入，减少了幼儿园，增加了教职工、专任教师和保健

---

① 张景华，董城，晋浩天. 北京16区县一次通过义务教育发展均衡督导评估［N］. 光明日报，2015-05-02.

医生数。2016年，农村在园幼儿数量明显增加，达到2.85万人。

表4-2 农村幼儿园发展情况（2010—2016年）

项目	2010	2011	2012	2013	2014	2015	2016	变化幅度
园数（所）	273	198	198	206	198	208	229	-44
班数（个）	1059	831	831	833	900	1006	1146	87
在园幼儿数（人）	25719	1894	18941	20118	21474	25196	28526	2807
教职工数（人）	2469	1506	1506	2079	2557	3020	3553	1084
专任教师数（人）	1565	984	984	1280	1595	1889	2158	593
保健医生数（人）	110	40	40	66	83	102	115	5

数据来源：北京统计年鉴，北京市统计局。

3. 建成农村职业教育和成人继续教育网络

经过多年的实践探索，北京市已经初步形成以政府为主导，以社会力量为补充的"一主多元"农民教育培训体系，依托专业培训机构和推广机构，通过农民田间学校、阳光工程培训、农村实用人才培养、全科农技员队伍建设、设施农业骨干农民培养、现代农民远程教育工程等途径，培养了一大批新型农民。

目前，北京市农村以区社区教育中心（含社区学院、成人教育中心）为龙头，以市农广校各区分校、中等职业学校为骨干，乡镇成人学校为依托，村成人学校（含田间学校）为基础，社会教育培训机构为补充的四级农村职业教育和成人继续教育网络已经形成。为了提升现有农民的学历层次和受教育的年限，北京市教委在北京市农广校开展了"技能+基础"农民成人中专学历教育，自2011年至2017年，共招收农民成人中专学员58825人，2016年北京市教委在北京市农职院开展农民高等学历教育自主招生试点工作，目前在校生279人，2018年招生200人，报名人数高达1200人左右。

（二）农村医疗卫生服务

1. 村级卫生机构的建设和保障得到加强

北京市采取措施优化乡村卫生资源配置，对医疗卫生服务空白村加大建设力度，促进乡村医疗卫生机构整体功能的发挥以及农村基本医疗卫生服务的公平、可及和高效。根据2017年北京市卫生工作统计资料，截至2017年底，北京市共2832家村卫生室，乡村医生和卫生员3247人，总支出为12281.3万元。其中，10个远郊区共有社区卫生服务中心184个、社区卫生服务站921个、村卫生室2696个。目前尚余303个村卫生室需要建设，2019年底前将全部完成。同时，区政府纷纷加大对村卫生室运行所需经费的保障力度，如每个村卫生室每年给予3000～5000元补助等。

北京市卫生计生委与市财政局、人社局联合印发《关于本市乡村医生岗位人员社会保障政策的通知》，乡村医生岗位政府购买服务标准从原来每人每月1600元提高到每人每月3500元，山区半山区可再增加500～2000元；同时，将乡村医生岗位人员纳入社会保障范围。

2. 农村医护人员结构得到优化

按照市政府《关于加强村级医疗卫生机构和乡村医生队伍建设的实施方案》要求，2016年起北京市全面加强村级医疗卫生机构和乡村医生队伍建设。与2013年相比，2017年医疗卫生机构数量减少了86家，卫生人员数量减少257人，但技术人员、执业（助理）医师数和注册护士数都有不同程度增加。

表4-3 农村卫生室基本情况　　　　　　　　　　　　　　单位：人

项目	2013年	2014年	2015年	2016年	2017年	变化幅度
医疗卫生机构数（个）	2918	2861	2815	2789	2832	-86
卫生人员数	3842	3667	3751	3735	3585	-257
技术人员数	270	261	312	326	338	68
执业（助理）医师数	244	237	274	282	284	40
注册护士数	26	24	38	44	54	28

数据来源：2017年北京市卫生工作统计资料简编，北京市卫生计生委。

3. 多种方式补充农村医疗人员

采取公开招募、定向培养、返聘退休人员、医师多点执业等方式多渠道补充人员。针对农村本土青年开展临床医学专业订单定向免费培养，2017年和2018年两年共有193名农村青年被首都医科大学录取，开展为期3年的全日制临床医学（乡村医生方向）专业学习，毕业后回到本乡镇的村卫生室工作。此外，在岗乡村医生每年均接受市或区组织的为期2周的专业技能培训，提高服务水平。

（三）农村养老服务

1. 农村养老服务政策体系不断健全

近年来，北京市委、市政府高度重视养老服务工作，先后出台实施了

《北京市居家养老服务条例》《关于加快推进养老服务业发展的意见》《关于加快本市养老机构建设的实施办法》《关于深化公办养老机构管理体制改革的意见》《关于推进医疗卫生与养老服务相结合的实施意见》《关于全面放开养老服务市场，进一步促进养老服务业发展的实施意见》等系列养老服务法规政策，均对农村养老工作做出了部署安排。2017年，北京市民政局等11个部门联合印发了本市首个农村养老服务文件——《关于加强农村养老服务工作的意见》，系统明确了北京市农村养老服务工作的政策目标、基本原则和今后的主要工作方向。

2. 农村养老服务设施条件逐步改善

围绕构建"三边四级"养老服务体系，北京市有关部门制定了区级养老服务指导中心建设、街乡镇养老照料中心建设、农村幸福晚年驿站建设、养老机构建设运营扶持等政策措施，积极鼓励社会力量兴建养老服务机构。截至2017年底，农村地区共有养老机构318家，养老床位6.46万张，占全市养老床位的55%；多数区已建成区级养老服务指导中心；建设乡镇养老照料中心108个、农村幸福晚年驿站113个。

3. 农村老年人基本养老保障得到加强

着力健全基本养老服务制度，包括农村老年人在内的城乡老年人养老保障水平大幅提高。全面实施无社会保障老年人福利养老金制度，2017年每人每月标准为525元。制定《困境家庭服务对象入住社会福利机构补助实施办法》，对入住养老机构的低保家庭、低收入家庭、计划生育特殊家庭和其他残疾人服务对象分别给予每人每月400～1200元的市级定额补助，区级给予配套补贴，有效缓解了困境家庭服务对象住不起养老机构问题。印发《北京市特困人员救助供养实施办法》，明确了特困人员基本生活标准、照料护理标准，要求各区将农村特困人员供养服务机构运转经费纳入区级财政保障，有效提高了城乡养老服务保障水平。

4. 农村养老服务改革试点成效初显

2017年，在平谷、怀柔、密云等6个区启动了农村养老服务改革试点，重点围绕探索农村养老服务模式、完善农村养老服务管理体制、壮大农村养老服务队伍、推进农村医养结合等方面进行探索。目前，密云区探索完善幸福晚年驿站运营模式，创新了村办村营、村办民营、民办民营、连锁运营等多种运营模式，形成了农村幸福晚年驿站建设规范、设施设备配置标准、运营标准等系列制度成果；平谷区通过开展"爱心之家"老年餐桌试点，积极构建"政府扶持一点+村集体补贴一点+个人负担一点"的"三个一点"的助餐模式，全区每天服务5234个老年人，实现了农村老年人不离村就能解决用餐问题。2018年，投入9500万元，继续支持昌平、平谷、怀柔、密云等9个区开展农村养老服务改革试点。

（四）北京农村就业创业服务

1. 实现就业促进政策体系的城乡统筹

近年来，北京市加快建立覆盖城乡的就业促进政策体系，不断将公共就业服务由城镇向农村延伸，先后颁布了《关于促进农村劳动力转移就业工作的指导意见》《北京市"纯农就业家庭"转移就业援助工作意见》《北京市就业援助规定》《北京市社会公益性就业组织管理试行办法》等政策文件，形成多层次、多种类的城乡就业促进政策体系，建立了农民就业失业登记制度、农民求职登记制度、农村困难家庭就业援助制度、农民创业服务制度等，实现了城乡就业促进政策的初步统一。

2. 率先建立了城乡一体的公共就业服务体系

北京市完善了城乡一体的"三级管理、四级服务"公共就业服务体系，实现了市级人力资源市场整合，率先在全国建立了覆盖全市的市、区、镇（乡、街道）和村（居）四级的城乡一体的公共就业服务体系，各级公共就业服务机构全部开放，做到机构、人员、经费、场地、制度、工作"六到位"。其中，农村就业服务体系已经实现了全覆盖，全市所有乡镇均建立了社保所和劳动保障工作平台，所有行政村均设置了就业服务站，每个服务站都配备了劳动就业协管员，形成了以区就业服务机构为中心、镇（乡）就业服务机构为补充、村级劳动保障服务机构为延伸的三级服务平台。就业服务站负责开展农村高校毕业生就业情况调查、农村劳动力转移就业台账登记、镇村级小型招聘会举办、就业困难人员入户帮扶等一系列就业服务，并通过设立招工信息栏等方式，提供各类就业政策及招聘信息。村级劳动就业协管员负责摸底和掌握农村劳动力就业需求、培训愿望、求职动态等信息，为开展有针对性的精细化就业服务提供翔实的数据支持。据统计，"十二五"时期，城市化建设地区836个村的38.4万农村劳动力纳入城乡统一的就业失业管理体系，共帮助就业和转移就业30.8万农村劳动力，推动农村劳动力非农就业水平不断提高。

3. 探索了多种农村劳动力转移就业途径

北京探索出了多种促进农村劳动力转移就业的途径。例如，顺义区推进就业政策向重点区域和人群倾斜。针对浅山居民就业创业及大龄劳动力就业难问题，分别出台《顺义区关于促进五彩浅山地区就业创业工作的意见》《顺义区平原造林工程招用城乡劳动力就业扶持办法》，鼓励有就业意愿的"银发人员"进入植树造林相关岗位就业；海淀区打造产业融合就业新渠道。该区上庄镇依托京西贡米、食用菌、草莓等特色农产品种植，建立了翠湖观光园等一批集采摘、旅游、休闲、度假等为一体的生态农园，带动346名本地区农村劳动力自主创业，全镇城乡劳动力就业率达到99.15%；密云区则用产业发展推动农村劳动力就地就业。该区古北口镇司马台村以"古北水镇"为核心，发展乡村旅游产业，累计招用当地劳动力647人次，并通过建设民俗农庄、休闲渔业小区、养殖小区等促进当地劳动力自主创业。

二、北京农村社会保障发展现状

北京市社会保障的城乡统筹工作起步较早。《城乡无保障老年居民养老办法》的全面实施，实现了"城保"与"农保"的城乡并轨，此外，全面实施新型农村合作医疗制度，试点开展城乡居民大病保险制度，在全国率先实现了城乡医疗保障制度全覆盖。

（一）农村养老保险

1. 全国率先建立新型农村社会养老保险制度

2007年12月，北京市出台《北京市新型农村社会养老保险试行办法》，提出自2008年1月起在全国率先建立新型农村社会养老保险制度。2008年，农民累计参保110万人，参保率达到84%。2009年1月，北京市启动实施了《北京市城乡居民养老保险办法》。新制度打破了城乡户籍界限，将符合参保条件的本市城镇和农村居民统一纳入城乡居民养老保险体系，并实现了缴费、待遇等标准上的城乡一致，在全国率先实现了养老保障制度的城乡全覆盖和一体化。2014年8月，北京市人力资源与社会保障局又下发《关于贯彻落实国务院统一城乡居民基本养老保险制度暨实施城乡养老保险制度衔接有关问题的通知》，进一步规范了城乡居民养老保险制度的缴费标准，提高了政府补贴额度，统一了享受待遇年限，并明确了与职工养老保险的衔接办法。相关政策的落实带动农民参保人数持续增加。

2. 不断提高城乡居民养老保险待遇

2011年，北京市建立城乡居民养老保障待遇正常调整机制，每年随企业退休人员基本养老金等其他社会保障标准进行调整。截至2017年，已经连续七年9次调整了基础养老金和福利养老金水平。城乡居民基础养老金从制度建立时的每人每月280元提高到610元，增幅118%；福利养老金由每人每月200元提高到525元，增幅163%。提高城乡居民养老保险的参保年缴费标准上限，由现行的7420元调整为9000元，调整后，城乡居民基本养老保险年缴费标准为1000元到9000元，参保人可以在此区间内自行选择年缴费标准。截至2017年底，北京市享受城乡居民基本养老保障待遇的有85万人，其中享受老年保障福利养老金人员43万人，每人每月领取福利养老金。

（二）农村医疗保险

1. 完成城乡居民医保制度整合工作

按照国务院文件精神，北京市整合城镇居民医保和新农合两项制度。2017年10月印发了《北京市人民政府关于印发北京市城乡居民基本医疗保险办法的通知》（京政发〔2017〕29号），建立了覆盖范围、筹资政策、保障待遇、医保目录、定点管理、基金管理"六统一"的城乡居民基本医疗保险制度。新制度打破了城乡界限，消除了身份差异，扩大了药品目录范围，增加了定点医疗机构数量，统一了门诊特殊病病种范围，保障待遇整体有所提高，全部实现持卡就医、实时结算，保障了城乡居民公平享受统一的医疗保障待遇。2018年1月1日统一的城乡居民医保制度正式实施。

2. 统一并提高城乡居民大病保险待遇水平

为让城乡居民尽早享受城乡居民医保制度整合改革成果，2017年北京市人力资源与社会保障局与市财政局联合印发《关于城乡居民医疗保险有关问题的通知》，先行统一了城乡居民大病保险起付标准，同时将大病保险报销比例提高10个百分点，起付标准以上至5万元（含）以内的费用，大病保险资金支付比例由50%提高到60%，超过5万元的支付比例由60%提高到70%，上不封顶，进一步增强大病保险的兜底保障作用。

3. 支持基层医疗服务体系建设

扩大基层医疗机构定点范围。针对偏远农村地区基层医疗机构软硬件条件薄弱的特点,调整定点纳入标准,原新农合基层定点医疗机构不受区域规划、职业年限、计算机硬件条件等限制,按照先纳入后规范的原则,将833家基层医疗机构统一纳入北京市基本医疗保险定点医疗机构协议管理,确保参保人员享受就近就医;报销政策向基层医疗机构倾斜。城乡居民医保按医疗机构级别实行差异化报销,不同级别医疗机构起付线和报销比例不一样,报销政策整体向基层医疗机构倾斜,引导参保人员有序就医。

4. 落实低收入农户医疗保障帮扶政策

北京市统一的城乡居民基本医疗保险制度将低收入农户纳入政府补贴范围,个人缴费由政府全额补贴。同时,简化低收入农户参保缴费手续,低收入农户参保都通过社保经办部门与农委数据共享的方式,不需要个人自己跑路,实现低收入农户应保尽保。同时,全部参保人员实现持卡就医、实时结算,无须个人先行垫付医药费,进一步降低患者医药费垫付负担。

(三)农村社会救助

1. 形成多层次的社会救助体系

北京已建立以城乡低保和特困供养为基础,医疗、教育、住房等专项救助相配套,临时救助和社会互助为补充的全方位、多层次的社会救助体系。一是下发《关于印发〈北京市特困人员救助供养实施办法〉的通知》(京民社救发〔2017〕24号),统筹城乡特困人员供养政策,在基本生活保障的基础上,增加了照料护理补贴费用,提高了特困人员的生活质量。二是低保实行分类救助,对低保家庭中的罹患重大疾病人员或重度残疾人、老年人、未成年人等,按照15%~35%的比例增发低保金;将罹患重大疾病人员或重度残疾人及其年满60周岁法定抚养人、单亲家庭等纳入保障范围;实施就业奖励和就业渐退政策,鼓励有劳动能力低保人员求职就业,实现劳动自救。三是建立了低收入家庭救助制度,为其提供医疗、教育、住房专项救助和临时救助,解决低保边缘人群的"悬崖效应"问题。四是印发《关于开展因病致贫家庭医疗救助有关问题的通知(试行)》(京民社救发〔2015〕403号),率先将低保低收入家庭以外、医疗费用支出超过家庭负担能力、基本生活受到严重影响的因病致贫家庭中的重大疾病患者纳入医疗救助范围,分段按比例报销医疗费用,努力防止因病致贫、因病返贫现象。

2. 各项救助标准均列全国前列

2015年北京率先实现城乡低保标准统一,2017年又实现了城乡特困人员救助供养标准统筹,2018年,城乡低保标准和低收入家庭认定标准调整为家庭月人均1000元和2000元,与"十二五"末期相比,年均增长12.1%和29%;城乡特困人员基本生活费标准调整为低保标准的1.5倍,年均增长14.7%。配合医药卫生体制改革,提高医疗救助水平,救助标准提高10%,全年救助封顶线提高50%。各项救助标准均位列全国前列。

3. 开展精准救助推进公共服务升级

2017年,北京推进在市区两级,以低保中心为基础建立困难群众救助服务指导中心,在街道(乡镇)采取政府购买服务方式引入社工机构或社会组织建立困难群众救助服务所,全面开展精准救助。截至2018年3月,15个区已建立了困难群众救助服务指导中心,街道(乡镇)困难群众救助服务所,各区也在通过试点先行方式探索推进。通过政府购买服务方式引入社会工作机构和专业人才,按照"一户一策一档"的原则,对全市社会救助对象、困境老年人、困境儿童、困难残疾人等,提供需求评估、能力提升、社会融入、资源链接等精准救助服务。

三、北京低收入帮扶现状

1. 建立完善的精准帮扶工作机制

2016年北京市委市政府出台了《关于进一步推进低收入农户增收及低收入村发展的意见》(京发〔2016〕11号),明确了低收入户、低收入村认定标准。北京市低收入村共涉及9个区、67个乡镇、234个行政村。

在精准识别的基础上,北京对所有低收入农户建档立卡,摸清低收入成因及帮扶需求,建立村级精准帮扶台账,制定"一村一策""一户一策"精准帮扶措施,并明确到村到户的帮扶责任人;对低收入农户实行有进有出的动态管理,对去世、迁出等情形及时予以退出;对家庭人均收入超过11160元的低收入农户,持续监测和巩固帮扶,不提前退出。大力集成各行业部门政策资源,并广泛调动社会力量参与,形成专项帮扶、行业帮扶、社会帮扶"三位一体"的帮扶格局。

市级层面,市委办公厅、市政府办公厅名义印发了分工方案,确定了52项具体帮扶任务,涉及市级41个单位。区级层面,市委、市政府与各远郊区委、区政府签订了责任书,明确区委、区政府承担主体责任,区委书记和区长是第一责任人。市农经办开发建设低收入农户监测系统,对所有低收入村、户开展持续监测。市统计局对低收入农户进行抽样调查，采取记账制，客观、公正反映工作情况。2017年，市纪委、市监委开展低收入农户增收工作专项督查检查，2018—2020年将围绕扶贫领域腐败和作风问题开展专项治理。"十三五"期间，市绩效办将低收入农户增收指标纳入对各区政府年度绩效考核内容。

2. "六个一批"帮扶工程稳步推进

北京市全面完成了建档立卡工作，开发建立了低收入农户监测信息系统，重点围绕扶持产业帮扶一批、促进就业帮扶一批、山区搬迁帮扶一批、生态建设帮扶一批、社会保障兜底一批和社会力量帮扶一批的"六个一批"工程深入开展精准帮扶，加快推进低收入村发展，"十三五"期间，市级财政每年安排2.5亿元帮扶资金，2017年共安排产业帮扶项目415个，带动1.3万低收入农户增收。

扶持产业帮扶一批。市财政局、市农委全面加强产业帮扶资金和项目管理，2016年、2017年共安排产业帮扶项目415个，包括特色种植、林果业、乡村旅游等，带动1.3万低收入农户增收。

促进就业帮扶一批。市人力社保局对4.7万名低收入劳动力进行信息登记，办理2.3万名失业登记，通过岗补社补、技能培训、公益岗位等政策促进就业。市残联对吸纳低收入农户或低收入村中残疾人就业的社会组织给予补助。市新农办要求美丽乡村建设等项目用工优先吸纳低收入劳动力。2017年全市新增低收入劳动力就业1.5万人。

山区搬迁帮扶一批。市农委对地质灾害易发区和生存条件恶劣地区，符合搬迁标准、有搬迁意愿、搬迁条件成熟的低收入村、户实施搬迁。2017年，共对15个低收入村实施搬迁，涉及低收入农户1268户、2483人。

生态建设帮扶一批。市园林绿化局提高生态公益林补偿资金标准，山区6.1万低收入农户、13.1万人从中受益。同时，提高山区生态林管护员岗位补贴，有7360名低收入农户直接受益。

社会保障兜底一批。采取提高社会保障水平、推进"应保尽保"和加大教育帮扶力度等兜底措施，保障低收入人群收入。市民政局将城乡低保和低收入家庭标准提高到每月人均1000元和2000元。市人力社保局对低收入农户参加城乡居民基本医疗保险个人缴费部分予以全额补贴。市民政局、市教委对考取普通高等院校的城乡低保等困难家庭的学生给予4500元的救助。各区进一步加大对低收入农户的教育帮扶力度。

社会力量帮扶一批。市委组织部、市委农工委向全部低收入村定点选派第一书记,明确第一书记所在单位与低收入村及其所在乡镇结对帮扶。市教委组织北京建筑大学等8所高校,对接帮扶17个低收入村及5个低收入村较多的乡镇。市委统战部牵头开展"千人助学"活动,三年为1000名低收入农户大学应届毕业生提供资金补助和就业指导。市工商联组织民营企业积极履行社会责任,结对帮扶100余个低收入村。市农科院组建41支专家服务队伍,与37个低收入村结对帮扶。2017年全市社会力量累计帮扶金额达到1.07亿元。

3. 低收入户收入增速加快

低收入户统计监测调查结果显示,截至2017年底,全市共有低收入农户7.06万户、15.15万人。2017年,北京市低收入农户人均可支配收入突破万元,达到10698元,同比增长19.4%,快于全市农村居民人均可支配收入增速(8.7%)10.7个百分点,全市农村居民收入55%的低收入农户家庭人均收入超过低收入标准线(11160元)。

表4-4 2017年农村居民和低收入户人均可支配收入情况

	农村居民(元)	同比增长(%)	低收入农户(元)	同比增长(%)
全市	24240	8.7	10698	19.4
门头沟	23746	8.6	10578	16.7
房山	22727	9	10616	21.6
通州	25632	8.9	11016	22.1
顺义	26833	8.9	12071	18.4
昌平	23839	9	11585	17.8
大兴	21338	9.1	11006	20.2
怀柔	23506	8.7	11754	22.7
平谷	23760	8.7	10122	16.5
密云	22604	8.7	10185	19.7
延庆	21248	8.5	10014	16.3

数据来源:北京市统计局、国家统计局北京调查总队。

4. 低收入户增收渠道增加

截至2017年底,低收入户人均转移净收入达到4958元,占人均可支配收入的比重为46.3%,同比提高4.1个百分点;人均工资性收入达到4477

元，占比41.8%，同比提高2.3个百分点；人均财产净收入达到646元，占比6%，同比提高1个百分点。除在当前农业"调转节"、减量发展的大背景下，经营净收入有所下降外，其他各项收入均实现快速增长。2017年，因两次提高福利养老金水平、减免低收入农户新农合保险金和提高低保标准等政策红利集中释放，带动低收入户转移净收入比上年增长31.1%，对可支配收入增长的贡献率高达67.8%；山区生态林管护员岗位补贴提高以及各区将公益性岗位向低收入农户倾斜，有力促进了工资性收入较快增长，增速达13.2%，对可支配收入增长的贡献率为30.1%；财产净收入主要受山区生态公益林补偿金标准提高的影响，对可支配收入增长的贡献率为11.2%。

表4-5 2016—2017年全市低收入户收入结构情况   单位：元

项目	2017年		2016年		增速（%）
	绝对值	构成（%）	绝对值	构成（%）	
人均可支配收入	10698	100	8961	100	19.4
1. 工资性收入	4477	41.8	3954	44.1	13.2
2. 经营净收入	617	5.8	775	8.6	-20.4
3. 财产净收入	646	6	451	5	43.2
4. 转移净收入	4958	46.3	3781	42.2	31.1

数据来源：北京市统计局、国家统计局北京调查总队。

5. 探索了多种帮扶模式

在低收入帮扶过程中，北京市探索了多种帮扶模式，促进低收入户增收，在产业帮扶中，探讨了合作社带动模式，培养低收入村优势主导产业建设专业合作社或专业合作社联合社，提高合作社的组织化程度，增强市场竞争能力；发展产业融合带动模式，延伸产业链条，通过整合资源，推动低收入村建立加工基地、冷链物流、产业批发市场等并扩展农业的多种功能，使农业与旅游、教育、文化、健康养老等产业深度融合；互联网带动产业发展模式，包括建立了政府引导、企业主导开展农产品电子商务经营模式。搭建了作为全国首家政府主导农民自主经营的"一品密云"手机移动电子商务平台。建立电商平台，开展农产品电商营销推广，依托电商平台、新媒体，自营农产品电子商务；在就业帮扶上，通过产业发展带动就业，启动平原地区规模化苗圃建设，每年带动7500万人就业；探索了村企结对带动就业模式，提升低收入户就业创业能力；通过盘活闲置农房、发展农房资产合作社，增加农民财产性收入，拓展增收渠道。

四、北京农村民生保障面临的问题

尽管北京市城乡公共服务均等化取得显著进展，但由于长期对农村投入不足，且财政对农村的投入偏重于农村生产，社会公共资源配置的城乡不均衡状态没有明显改善，农村劳动力就业和低收入农户持续增收难度大，公共服务水平与城市相差仍很悬殊。

（一）城乡教育发展不平衡

1. 城乡教育资源不均衡

与城市相比，农村教学质量有较大差距。远郊区的生源少，质量不高，城市流动多；师资队伍从数量、质量、结构上有差距，特别是在结构上，小学科师资紧缺，特别是优秀教师资源缺乏，北京市集中了优良师资及优秀生源的重点学校，主要分布在城区，农村地区学校规模较小，基本上没有建立起高水平的师资队伍，造成农村地区与城市教学质量有很大差别；郊区的家庭和社会教育的资源差距大，教育经费缺乏保障。

2. 农村成人教育基础条件薄弱

各级各类成人教育学校的基础办学条件较差，各种培训设备亟待更新，现代化教学设备缺失。特别是乡镇成人学校在机构设置、人员编制、职称评定等问题上始终得不到妥善的解决，教师队伍不稳定，乡镇成人学校已成为农村教育的短板。

（二）农村基层医疗卫生服务水平有待提升

1. 城乡基础医疗卫生水平差异较大

在编制床位、卫生人员、卫技人员、执业（助理）、注册护士和总支出等各个方面，社区卫生服务中心（站）的平均水平均优于村卫生室，表明前者具有更强的服务可及性和更高的服务水平。

现代化的医疗设备和高水平的卫生技术人员集中在城市的大医院，而乡（镇）卫生院和村卫生室这些承担着农村预防、保健、医疗等工作，直接为广大农民提供服务，有大量医疗卫生服务需求的基层卫生机构只有较少的卫生资源，医疗设备落后。由于缺少必要的医疗设备，现有乡镇防保机构面对重大疫情及突发公共卫生事件的应对能力还比较薄弱，只能提供最基本的医疗服务，与农民的就医需求还有很大距离。虽然农村卫生服务供给在不断增加，但资源配置方面仍存在很多不合理的地方。医疗条件较差地区的农民为了看好病，盲目向城镇医院流动，使这些医疗机构人满为患，加剧了城镇医院"看病难、看病贵"的状况，而乡（镇）卫生院和村卫生室的医疗服务质量不断下降。同时，农村医疗条件较差的基层卫生机构因不能满足人们基本的医疗卫生需求而门庭冷落，使本来并不充足的卫生资源又被闲置，效益受损。这种恶性循环进一步加剧了医疗服务的供需矛盾。

表4-6 城乡基础医疗卫生机构比较

项目	社区卫生服务中心（站）		村卫生室	
	数量	平均	数量	平均
机构数（个）	1926	0.72	2918	0.72
卫生人员（人）	30323	11.41	3842	0.96
卫技人员（人）	25122	9.46	270	0.07
执业（助理）医师（人）	11044	4.16	244	0.06
注册护士（人）	7325	2.76	26	0.01
总支出（万元）	1110000	417.76	8956	2.23
财政补助（万元）	388000	146.03	4413	1.10

数据来源：《2013年北京市卫生事业发展统计公报》。

2. 基层卫生人员不足

山区乡村医生岗位待遇大多没有达到市政府文件提出的5500元最高标准，对具有执业（助理）医师资质人员进入乡村医生队伍的吸引力仍显不足。据市卫计委调查，北京市社区卫生人员总体缺口达2.3万余人，其中13个涉农区缺口约1.9万。60岁以上的乡村医生岗位人员近70%，大专以上学历和执业（助理）医师以上人员均不足10%。

医疗卫生技术人才匮乏，不能满足农村医疗卫生事业的需要。基层卫生院普遍存在人才短缺现象，尤其缺乏全科医学专业人才。现有的卫生技术人员普遍知识结构老化、学历较低、专业水平有限、服务能力不强且流失严重。因此，稳定现有农村卫生技术人员队伍，建立健全农村卫生人员培训制度，不断提高农村卫生人员业务水平显得尤为重要。

3. 少部分山区村服务成本较高

人口过少的山区村建村卫生室并配置乡村医生的投入与服务不成正比，导致资源浪费，如一些山区村仅有 10~20 户人家，服务人口少，宜采取山区巡诊的方式提供服务，而农村乡镇社区卫生服务中心人员配置不足导致巡诊周期较长。

（三）农村养老服务能力提升面临挑战

1. 农村养老服务市场培育难度较大

一方面，农村老年人经济来源较少、收入普遍较低，养老服务消费能力较弱。据调研，不少农村老年人养老依靠每月 550 元的福利养老金。另一方面，受传统思想观念影响，老年人消费意愿不强，更愿意在家养老，机构养老积极性不高。尽管北京出台了鼓励入住养老机构相关政策，目前只有 500 多名农村低保低收入家庭服务对象选择机构养老。从农村驿站运营情况看，农村老年人对不收费的文化娱乐、健康指导等项目参与积极性高，对于收费项目往往不愿付费，致使专业社会力量不愿进入农村养老服务市场。

2. 农村养老服务配套设施不足

乡镇敬老院大多建设年代较早、设施陈旧，不少还存在规模小、产权归属不清、没有土地证和房产证等问题，改造难度较大；房屋土地用途、适用扶持政策等方面存在障碍，社会单位对投资运营农村养老服务设施存在疑虑；乡镇政府不愿意在乡镇敬老院上投入过多财力，用于设施建设改造和机构运转。目前除通州、密云两区外，多数区未将乡镇敬老院运转经费纳入区财政预算，乡镇敬老院运营比较困难；农村医疗机构较少，急救能力、大病和疑难病诊疗能力弱，老人急性或重症医疗问题难以解决；助餐、助浴、购物等生活配套设施匮乏，难以满足老年人"便利性、宜居性、多样性、公正性、安全性"生活需要。

3. 农村养老服务人才专业化程度较低

由于社会偏见、薪酬待遇低，农村专业性养老护理员短缺，从业人员一般为农村转移的剩余劳动力，女性较多，年龄较大，文化水平偏低并且缺乏专业的护理知识；农村社会组织、志愿者队伍建设相对滞后，难以满足老年人多元化、多层次服务需求。

(四) 农村剩余劳动力就业难度大

1. 就业结构性矛盾较为突出

突出表现为农民虽然普遍有就业意愿，但存在学历偏低、年龄偏大、技能偏弱等问题，就业能力和职业素质与岗位要求不匹配。根据低收入农户监测系统数据，当前全市低收入农户劳动力就业率不到60%，工资性收入仅占42%，分别比全市农民平均水平低29个百分点和33个百分点，人均工资性收入比全市农民平均水平低13476元。其中，一产就业34%，比全市农民平均比重高10个百分点，二三产业也多是从事对技能要求不高的建筑装修、餐饮服务等收入较低且不稳定的职业，还存在相当一部分季节性的散工，难胜任二三产业新增加的技术性和管理型工作。

2. 存在"闲人"现象

"闲人"现象较为普遍。根据市委研究室的调查，农村隐性失业群体，分为三类"闲人"。其中全市农业户籍劳动力中约有22万未就业的"绝对闲人"，23万就业不充分不稳定的"相对闲人"，此外，一绿地区农转居劳动力中还有约5万名已就业的"隐形闲人"，三类"闲人"累计达到50万人，约占目前农村劳动力总数的27.03%。就业观念急需转变。一方面，过高的非劳动性收入降低了就业意愿。有些农民依靠拆迁获得大量财富，并通过出租房屋确保了稳定的收入来源；另外，集体资产股份分红以及较好的社会保障、社会福利也让农民衣食无忧，没有了短期经济压力，使其主观上缺乏就业愿望。另一方面，放不下架子，不愿从事传统行业。由于在工资待遇、工作条件、社会保障等方面与预期存在差距，一些农民对能够达到要求的岗位缺乏从事意愿。

3. 服务类岗位设置有待完善

由于经济发展基础的不同及功能定位的差异，北京市域内不同地区在吸纳城乡劳动力就业能力方面存在明显差距。特别是远郊生态涵养区，非农产业聚集度低，优质岗位资源缺乏，公益性就业岗位设置还存在缺乏统筹管理、岗位待遇较低、待遇差异较大、"兼职"和"加职"的情况较为普遍等问题。大批农村劳动力不得不跨区就业。这不仅加剧了市域内的人口、居住和就业不平衡，而且，也不利于远郊生态涵养区加快经济发展。

(五) 农村社会保障水平仍需提高

1. 农村社会保障待遇水平低于城镇

与城镇相比,北京部分农村地区的公共服务内容、覆盖面、待遇水平明显偏低。截至2013年底,享受城镇职工基本养老保险待遇人数220万,月人均养老金2773元;领取城乡居民养老金人数33.15万人,月人均养老金约460元。享受城镇职工基本医疗保险待遇最低报销比例为85%,城镇居民医疗保险最低报销比例为50%,而新型农村合作医疗实际补偿比例为36.83%。2013年底,全市有农村低保对象34816户、59575人,全年累计支出农村低保资金28402.2万元,平均每人支出4767.47元;全市城市低保户数58457户、103682人,全年累计支出低保资金72189.5万元,平均每人支出6962.59元。

表4-7 城乡社会保障水平对比

项目	单位	城镇	农村	城镇/农村
养老保险待遇	元/人/月	2773	460	6.03
医疗保险待遇	最低报销(补偿)比例(%)	50	36.83	1.36
最低生活保障	元/人/年	6962.59	4767.47	1.46

数据来源:2017年北京市统计年鉴。

2. 低收入"应保尽保"工作还有提升空间

虽然,低保家庭和低收入家庭的认定标准大幅提高,但低保和低收入家庭的政策保障范围还偏窄,对低收入农户"应保尽保"工作还有扩大的空间。"三保障"中义务教育和基本医疗已基本解决,但低收入人口中,患有长期慢性病或大病的占27%、在校生占10%,这部分人群在医药和教育支出方面仍有较大压力;此外,低收入农户中还存在部分危房,"三保障"水平需要进一步提高。精准帮扶政策落实还需加强。部分基层干部对帮扶工作的重要性、紧迫性、艰巨性认识不够,责任感不强,对帮扶政策的理解掌握和宣传执行不到位,对帮扶人情况不了解,致使一些精准帮扶措施离真正落地有一定距离,特别是一些直接对户的帮扶政策措施。

3. 社会救助政策有待完善

政策保障范围偏窄。以低保群体为例,截至2016年底,北京市最低生活保障对象为12.69万人,最低生活保障覆盖率仅为0.94%(占户籍人口比例)。而同期天津市低保覆盖率为 2.18%、上海市为 1.41%、重庆市为 2.76%,均高于北京。同时享受救助的低收入家庭人数也呈逐年下降的趋势,城乡低收入家庭救助制度发挥作用不明显;各区基层工作力量配置不平衡。无法根据社会救助对象数量及工作需要合理配备社会救助经办人员。经办人员素质不高、流动频繁,不能适应社会救助精细化、专业化管理要求,对困难群众具体需求难以主动发现、精准施救。

(六) 低收入户持续增收难点多

1. 低收入户劳动能力不足

目前农村劳力资源外流,农村空壳现象较为普遍。留守村里的劳动力,一是年龄普遍较大,老幼病残多,55%的低收入人口没有劳动能力。二是受教育程度低,初中及以下学历的占80%。这部分人的共性就是劳动能力不足。同时有相当一部分低收入村户自主发展意愿不强,存在等靠要思想。靠这部分人在农村发展产业难度大,导致影响低收入户持续增收。

2. 低收入村产业基础薄弱

大部分低收入村户集中在山区,产业基础薄弱,人力资本外流,发展制约因素多。一些镇村产业项目缺乏长远规划设计和项目储备,项目审批环节多、落地慢。一些项目特色不突出,区域统筹不够,呈现低端化、同质化、碎片化现象,市场竞争力弱。一些项目缺乏科技支撑和科学的经营管理,重生产轻营销现象普遍存在,导致收益不高。另有一些项目在实施过程中低收入农户参与度也不够,市里已经出台了帮扶项目资产股份量化和收益分配的意见,但仍然有部分镇、村落实不到位,村集体与新型经营主体之间、村集体与低收入农户之间还缺乏有效的利益保障机制。

3. 帮扶资金筹集渠道仍然单一

从当前帮扶资金的主要来源看,财政资金仍占其主体。除了帮扶专项资金外,低收入村和低收入农户对各类金融组织的服务和产品也有较大的需求,但因低收入村和低收入户的弱势与边缘地位,政策性与商业性金融机构都不愿意承担信贷违约的风险,这也就导致农村资金的外向流动更加剧烈。即使是帮扶贴息贷款这类资金,也往往青睐那些经济基础好、发展能力强的农户,低收入户贷款难。

五、推进北京农村民生保障工作的对策建议

根据以上分析，针对北京在促进低收入户持续增收、保障城乡教育均衡发展、提升农村医疗卫生水平、增强农村养老服务能力、促进农村剩余劳动力就业及提高社会保障水平方面存在的问题，为实现民生建设"七有"目标，从深入推进低收入帮扶、统筹城乡教育均衡发展、强化农村医疗卫生服务、建设农村养老服务体系、促进农村劳动力转移就业、进一步完善农村社会保障制度等方面提出有关对策建议。

（一）推进城乡教育均衡发展

1. 统筹城乡师资，强化乡村教师队伍建设

优化教师队伍结构。拓展乡村教师补充渠道，建立乡村学校师资缺口与师范院校招生计划联动机制，探索通过师范院校招生指标定向到区，定向培养"一专多能"的乡村教师。采取挂职交流、跨校竞聘、学区化管理、学校联盟、城乡一体化管理、对口支援、乡镇中心学校教师走教等途径和方式，重点引导优秀校长和骨干教师向乡村学校合理流动，并逐步实现制度化和常态化。采取有效措施鼓励城镇退休教师到乡村学校支教讲学。完善职称（职务）评聘、骨干教师评选向乡村学校倾斜政策，提高乡村学校教师高级职称的比例；提升教师能力素质。实施"乡村教师素质提升计划"，把乡村教师培训纳入基本公共服务体系，建立乡村教师校长专业发展支持服务体系，并搭建教师网络研修服务云平台，按照乡村教师的实际需求改进培训方式；保障教师待遇。建立市级财政对乡村教师岗位实施生活补助政策，支持乡村学校建设周转宿舍，帮助乡村教师解决工作和生活困难。建立乡村教师子女享受本区优质教育的相关政策，为乡村教师子女提供优质教育服务。

2. 加大扶持力度，推进城乡教育资源均衡配置

做到高端技术技能人才贯通培养项目招生政策向乡村学校倾斜；市级统筹项目招生政策向乡村初中学校倾斜；支持乡村学校学生走进社会大课堂。提高乡村学校中小学生综合素质提升工程补助标准，为乡村学生提供更多外出参加学习实践活动的机会；支持乡村学校学生参加"游学"活动。重点支持乡村学校初中学生参加游学活动，适应初中教育"宽"的要求，拓展乡村

学生的视野；完善优质高中教育资源全市范围内统筹工作机制，进一步扩大优质高中教育资源，惠及更广大的农村学生。

3. 强化标准体系建设，提升农村教育服务水平

构建以公共财政投入为主的农村地区学前教育体系，完善学前教育机构布局，实现每个乡镇拥有一所公办中心幼儿园，辐射带动村办园发展，基本实现户籍儿童学前入园全覆盖。落实好保育教育费减免政策，资助家庭困难儿童及残疾儿童接受教育。初步建立涵盖学校办学条件标准、校长发展专业标准、教师教学基本功标准、学生核心素养体系、教育教学质量标准等内容的农村义务教育基本公共服务标准体系，推进义务教育基本公共服务均等化；优化乡村学校图书馆建设和应用。加强乡村学校图书馆在实物图书、数字图书资源、阅读场所等方面的建设，优化师生的阅读体验，营造良好的书香校园氛围；实施乡镇成人学校办学达标工程，妥善解决乡镇成人学校的机构设置、人员编制、职称评定等问题。

（二）强化农村医疗卫生服务

1. 统筹规划建设，健全农村医疗卫生服务体系

统筹规划设置村级医疗卫生机构。原则上1个行政村设置1所村级医疗卫生机构，由区政府负责承担有关经费补助；对于不适宜建设村卫生室的地区，利用流动医院、中医大篷车等方式加大山区巡诊力度，确保每周至少巡诊一次；加大对低收入空白村和低收入户精准帮扶力度。对需要建设村卫生室的低收入村和明确诊断患有大病和长期慢性病者，按照村村登记、户户建档、人人管理的原则建立帮扶台账和方案，确保低收入村实施村级医疗卫生服务全覆盖、低收入农户得到及时有效的医疗卫生服务。

2. 加强政策引导，扩大村级卫生人员队伍

继续加大订单定向免费培养力度。在已招生基础上，协调市教委和首都医科大学等，继续增加名额加大招生力度。鼓励在职医务人员到乡村医生岗位提供服务。与市人力社保局协商，对下村巡诊和到村卫生室多点执业的在职医务人员予以补助，补充村级卫生人员不足。以政府购买服务的方式安排乡村医生岗位人员补助。鼓励村集体及其他社会力量参与和支持村级医疗卫生机构建设和运行。

3. 制定服务规范，完善农村医疗卫生管理制度

建立乡村医生岗位管理制度。乡村医生岗位按照每千人服务人口不少于1

名的标准设置,由市卫生计生委负责统一制定服务规范,完善管理考核办法等,逐步建立区级定岗、乡镇管理、村级使用的管理模式。由各涉农区政府负责按照岗位需求配置相应人员,乡镇社区卫生服务机构指定专人负责乡村医生岗位管理工作,加强日常监督指导,规范服务;组织实施乡村医生岗位人员绩效考核,考核结果作为补助发放和执业注册的依据;建立乡村医生岗位人员退出机制,对出现违反医师执业有关规定、考核不合格及其他不适合从事乡村医生岗位工作的人员,及时予以调整。

(三) 建设农村养老服务体系

1. 探索创新模式,加快培育农村养老服务市场

按照"既补需方、也补供方"的思路,进一步健全老年人福利、养老服务机构运营扶持政策,加快农村养老服务业发展。建立经济困难老年人生活补贴、重度失能老年人护理补贴和高龄津贴制度,进一步提高农村养老保障水平;完善养老机构运营补助政策,综合考虑养老服务质量星级评定、医养结合、信用等级评定以及收住老年人状况等因素,大幅提升补助标准,强化对民办养老服务机构扶持力度;制定社区养老服务驿站运营扶持政策,重点加大对农村幸福晚年驿站的倾斜力度,鼓励引导专业社会力量进入农村养老服务市场;研究破解农村集体土地用于养老机构建设瓶颈。制定农村集体土地建设养老服务设施办法,明确农村自有住宅用于养老服务经营性活动的法律法规,在坚持自愿原则的前提下,完善农宅流转用于市场经营的机制,鼓励村集体、村民整合利用农村闲置设施建设村级养老服务设施;探索设立养老服务从业人员最低工资标准。建立职业技能等级与薪酬待遇挂钩机制,鼓励和吸引城市专业养老领域人员到农村地区从业,促进优质养老服务人才的城乡流动。

2. 深化机构改革,构建农村区域养老服务联合体

深化基层公办养老机构改革。实施公办养老机构建设改造工程,全面提升乡镇敬老院硬件设施和服务环境。着眼促进专业运营,加快推进公办民营改革,建立基层公办养老机构分类协作机制,鼓励连锁品牌机构承接乡镇敬老院运营,促进乡镇敬老院连锁化、品牌化;鼓励社会力量建设乡镇养老照料中心。主动向社会发布乡镇养老照料中心空白点信息,鼓励社会力量建设乡镇养老照料中心;鼓励村民或村集体利用闲置设施建设农村驿站。从土地保障、建设支持、运营资助、人才支持、医疗支持等方面,就近为农村老人提供就餐、健康指导、生活照料、文化娱乐等居家养老服务需求。

3. 推进医养结合，强化农村养老服务配套支撑

加强医养结合机构建设。鼓励农村地区养老机构设置医疗机构，支持基层公办养老机构与乡镇卫生院采取多种形式进行合作；指导养老机构与周边医疗机构优先提供巡诊、接诊转诊、康复指导、远程支持等服务，实现"农村养老机构100%能够以不同形式为入住老年人提供医疗卫生服务"目标；支持医疗机构执业医师到农村幸福晚年驿站、村民家庭巡诊，实现失能老年人等重点人群和养老机构、驿站等重点区域服务老年人家庭医生签约服务基本覆盖，各类老年群体医疗服务的全覆盖。

4. 加大政策支持，建设农村养老服务人才队伍

支持成立以农村妇女、低龄老年人为主体的互助养老或志愿服务队伍，采取集中培训、送教上门、远程培训等多种方式对农村幸福晚年驿站、邻里互助点服务人员进行培训，努力提升农村养老照护能力；完善家庭养老支持政策，为返回家庭专职照料经济困难老年人的子女或近亲属提供照护支持，弥补养老护理员短缺问题；制定养老服务从业人员薪酬待遇政策，参照城市公共服务岗位安置本市劳动力就业相关试点政策，对于本市户籍人员从事养老护理工作的给予岗位补助。

（四）促进农村劳动力转移就业

1. 完善就业政策，调动用工及就业者的积极性

从针对性、灵活性、覆盖面和准入门槛等方面入手，进一步完善就业补贴、住房补贴和交通补贴政策，做到真正使就业困难群体受益。在就业补贴方面，要充分考虑"4050""3540"等不同群体的需求，制定差异化的补贴政策。在住房补贴方面，采取补贴与提供住宿相结合的方式，降低远郊地区农村劳动力的转移就业成本。在交通补贴方面，进一步放宽补贴对象认定条件，同时，开通开发区、园区等集中就业地点班车，免费接送人员上下班。此外，加大企业招用本地农村劳动力"岗补""社补"、宣传落实和劳动监察执法工作力度，积极引导和鼓励企业更多地招用本地农村劳动力；研究制定农村创新创业支持政策。引导和鼓励各类人才到农村创新创业，支持进城农民工返乡创业，带动城市优质资源和高端要素下乡，推动农村产业发展，对新就业

形态实现创业就业的劳动者给予有效支持，以创业带动就业；实行替代性的补贴政策。针对不同企业的实际需求，探索利用土地、金融、税收、人才等政策替代"岗补""社补"政策，在降低政府成本的同时，提高公共政策与产业发展的切合度。

2. 加强制度落实，提升农村劳动力就业服务水平

推进就业管理制度落实，将有转移就业意愿的农村劳动力全部纳入公共就业服务体系，加强基层就业服务机构建设，合理布局力量，完善服务功能，着力推进服务专业化；加强工作人员教育培训，增强主动服务、精细服务意识，不断提高就业服务水平；充分利用人力资源市场信息网络和互联网络等媒体资源，在行政村及时发布有效的招聘、培训信息，并为用人单位开展招聘提供服务；广泛组织开展招聘洽谈会、定向上门应聘、现场培训和政策咨询等活动，就近满足农村劳动力的就业服务需求；利用政府购买服务方式，引导社会优质服务机构为农村劳动力转移就业提供职业指导、岗位推荐介绍等服务。加强对其择业观念、就业形势和就业能力的宣传教育，引导其认清现实、客观择业，让有意愿、有条件的农村劳动力都实行转移就业，切实减少农村"闲人现象"。

3. 提升职业技能，增强农村劳动力转移就业竞争力

以市场需求为导向提供服务。要结合"高精尖"产业发展需要，以市场需求为导向，通过订单、定向、定岗培训等形式，对有劳动能力和就业意愿的农村转移就业劳动力，优先提供就业创业技能培训；加强生产技能培训。发挥科研院所、技术推广服务机构、经济合作组织和农业产业化龙头企业的作用，通过科技入户、集中培训、现场指导、技术服务、田间学校、农村远程教育等方式，开展生产技能和职业技能培训；整合农村劳动力培训资源。要整合北京市人力资源和社会保障局、市农村工作委员会、市科学技术委员会等单位的培训项目，以农民就业需求为导向提供服务，进一步加大资金投入力度，集中优势资源开展一系列持续时间长、技术水平高、实用性强的精品培训工程，真正能够提升农村劳动力的职业技能水平。

4. 拓宽岗位渠道，带动农村劳动力服务性就业

扩大城市公共服务类岗位安置本市农村劳动力就业渠道。由试点的公交、环卫、地铁领域向停车管理、物业服务等领域拓展，用足用好"岗补""社补"等政策，力争实现万人就业；促进休闲旅游和创意农业发展，增加生活服务性就业岗位。冬奥会、世园会、城市副中心建设、新机场建设、美丽乡村建设、新一轮百万亩造林等重点工程创造的就业岗位，要优先使用本地劳动力，并加强对政策执行的评估考核；针对农业产前、产中、产后的服务需求，健全农业社会化服务体系，培育专业化的服务组织和人才，创造生产服务性就业岗位；多渠道开发农村公益性就业岗位，督导落实好平原造林养护、农村管水员、保洁员、保安等雇用本地劳动力的政策要求，切实解决"4050"等群体就业难问题。

（五）进一步完善农村社会保障制度

1. 扩大保障范围，完善城乡社会保障制度设计

进一步完善城乡居民大病保险制度，引入市场机制，改善城乡居民大病保险经办服务，提高大病保险运行效率、服务水平和质量。同时，在完善村级医疗卫生机构建设基础上，将符合条件的村卫生室按规定纳入本市定点医疗机构范围，确保居住在乡村的参保人员享受便捷的医疗卫生服务。在社会救助方面，降低保障人群的准入条件，扩大低收入家庭救助项目。一是从保障绝对贫困群体扩大到低收入群体和支出性贫困群体，社会救助重心从"低保"制度向"低收入家庭救助""临时救助"和"专项救助"转移分散，扩大对特殊人群的救助范围。二是扩展低收入家庭救助项目、改革管理制度，取消一年有效期限制，提升制度效率。三是调整和完善临时救助制度，划分急难型和支出型救助对象，简化审核审批程序、提高临时救助标准、建立应急救助金制度，提升"救急难"水平。

2. 缩小城乡差距，稳步提升社会保障待遇水平

坚持居民收入增长和经济增长同步，稳步提高各项社会保障待遇水平。在国家政策指导下，统筹建立兼顾各类参保人员的养老保障待遇正常调整机制，适度提高城乡居民基础养老金和福利养老金水平。医疗保险政策向大病和困难人群适度倾斜。健全各项社会保障待遇标准联动调整机制，适度缩小不同群体之间差距。

3. 整合经办资源，提高社会保障管理和服务效率

优化经办服务体系，健全"城乡一体、多险统一"的经办模式。提升经办服务信息化水平，增加网上服务内容，逐步实现网上办理、自助办理和移动平台办理相结合的服务模式。创新社会保险经办服务提供方式，研究探索通过购买服务和引入合作等方式，增加服务供给。推进社会保障卡建设，扩展应用领域。完善社会保险转移接续信息系统和业务流程，推动区域内医疗服务资源共建共享。为回应困难群众多元化、个性化、差异化服务需求，在通过建立一户一策一档，切实摸底数的基础上，针对困难家庭的不同需求，由市区两级困难群众救助服务指导中心统筹各类政府购买服务专项资金及项目，为困难群众提供助老、助残、助教等个案服务，全面提升救助服务水平，真正实现精准施救、精准帮扶。此项工作已纳入市政府实事项目。

（六）深入推进低收入帮扶工作

1. 促进就业扶持，拓宽低收入户增收渠道

开展面向有劳动能力困难人员的岗位技能培训，提升其就业能力。实施农村低收入劳动力转移就业工程，加强岗位资源和劳动力资源对接，在低收入农户集中地区组织开展定向、定点招聘。将就业困难人员托底安置机制延伸至农村，充分开发利用公益性岗位安置本市农村就业困难人员，提高农民工资性收入。实施就业奖励政策，对于实现就业的低保申请人和低保对象，在核定家庭收入时对其收入按规定予以核减。实施救助渐退政策，对于实现就业且主动申报的低保对象，家庭月人均收入高于最低生活保障标准的，可按规定享受救助渐退。

2. 强化产业帮扶，提升低收入村自我发展能力

科学制定产业发展规划，立足生态优势，大力发展现代农业、特色民宿、乡村旅游、农产品加工、分布式光伏等产业项目。大力引导、支持涉农企业、农民合作社等新型经营主体创新创业，财政帮扶资金可通过低收入村集体或低收入农户量化持股等形式，直接支持新型经营主体，并建立最低收益保障机制。同时，加大对低收入村户农副产品品牌建设和市场营销的支持力度，支持企业、合作社、电商等通过多种形式，帮助解决产品销售问题。加强低收入劳动力培训，强化在农林生产、乡村旅游、经营管理等方面的技能和服务培训。加大科技帮扶力度，围绕农业产业项目，进一步发挥农业技术推广体系作用。加大对低收入村户发展乡村旅游产业，加大规划、创意设计等方面的指导和支持力度。支持低收入村集体经济发展。

3. 加大投入力度，建立项目管理的长效机制

发挥政府投入在低收入农户增收工作中的主体和主导作用，积极开辟

新的资金渠道。加大财政支农力度,充分发挥低收入群体专项帮扶资金作用,重点支持低收入村、低收入农户发展特色产业。加大金融支农力度,企业、农民专业合作社收购低收入村农产品,低收入村集体经济组织或农民专业合作社、低收入农户发展产业项目,可按规定享受贷款贴息、担保费补贴等政策。市、区安排的各项惠民政策、项目和工程,要最大限度地向低收入村和低收入农户倾斜;以低收入村为平台,建立健全帮扶工作多规划衔接、多部门协调的长效机制,整合目标相近、方向类同的涉农资金,提高资金使用效益。强化帮扶资金投入和使用管理,建立与低收入农户增收任务相适应的投入体系,确保资金安全和效益。强化帮扶责任,加强帮扶工作干部队伍建设。

专题Ⅴ 北京乡村治理问题研究

乡村振兴，治理有效是基础。乡村治理现代化，是推进国家治理体系和治理能力现代化的重要内容。党的十八大提出要加快形成"党委领导、政府负责、社会协同、公众参与、法治保障"的现代乡村社会治理体制，党的十九大更是提出"加强农村基层基础工作，健全自治、法治、德治相结合的乡村治理体系"。《中共中央国务院关于实施乡村振兴战略的意见》对我国乡村治理体系进行了更完善的政策布局，以加强基层党组织建设为核心，以规范自治、加强法治、发展德治、"三治"融合、综合治理为宗旨，以优化整合内部资源、引入外部资源、理顺权责、完善和创新组织机制为途径，以政府引导示范、试点建设等为抓手，建立健全自治、法治、德治相结合的乡村治理新格局。本章分别从北京市基层党组织建设、村民自治、乡村法治和乡村德治四个方面总结了北京市乡村治理的现状，深入剖析了当前乡村治理中存在的主要问题，借鉴我国其他各地区的乡村治理经验，结合北京市实际，提出促进北京市乡村治理现代化的对策与建议，以期为北京市各级政府开展乡村治理决策提供参考。

一、北京乡村治理现状

（一）全面加强农村基层党组织建设

村级党组织是党在农村的执政基础，是农村各项建设事业的领导核心，是乡村振兴的政治保证和组织保证。扎实推进抓党建促乡村振兴，不断创新和完善农村基层组织的体系和架构，不断强化和完善村级党组织建设工作的环境和制度基础，突出政治功能，提升组织力，把农村基层党组织建成坚强战斗堡垒。习近平《关于党的建设系列重要讲话》以及中央办公厅《关于加强基层服务型党组织建设的意见》等文件及讲话中指出：要格外重视并认识加强村级党组织建设工作的重要性，认真贯彻落实党要管党、从严治党方针，要扎实做好抓基层、打基础的工作，不断推动基层组织更好地发挥作用。要完善党建工作责任体系，建立健全区、乡镇党委书记抓农村基层党建责任清单，严格管理农村基层干部，规范履职行为。强化农村基层党组织领导地位，加强农村基层党组织对村级各类组织的领导，将全面从严治党责任落实到农村基层组织建设全过程，为实施乡村振兴战略奠定了坚强的组织基础。

农村基层党组织建设是基层党建理论的重要组成部分，也是新时期构建农村和谐社会的重要政治任务，其建设内容主要包括组织制度、干部队伍、思想政治和工作作风四方面。通过组织制度建设从根本上扭转党的基层组织软弱涣散的状况，健全组织生活，加强对基层党员的管理，做好以村党支部为核心的基层党组织建设，对长期处于软弱涣散状态的村党组织及时整改。重视思想政治教育在农村基层党组织工作中的重要性，通过加强对农村党员干部的教育培训，增强基层党员干部的思想政治水平。大力加强基层党员干部队伍建设，增强基层党员干部的基本素质与服务能力。高度重视基层党组织作风建设，严格依法办事，认真改进工作作风，带领农民群众发展农村经济，增收致富，创建和谐美丽乡村。

1. 加强基层党组织规范化建设

进一步完善农村党组织设置，建立区域性联合型党组织、产业带动型党组织、村居联动型党组织、双向共管型党组织，扩大党组织覆盖面和工作覆盖面。遵循农业产业化发展规律，加快推进农民合作社、专业协会、农业社会化服务组织、电子商务机构等农村新型经营主体党建工作，符合条件的要建立党组织。适应农村城镇化建设带来的村庄存在形态变化，采取"村村联建""村企联建""村居联建"等方式调整优化党组织设置，探索完善村转社区、村居并行社区和农村社区党组织设置模式，加强城乡接合部、开发区、搬迁村、新建住宅区、外来流动人口集聚地等的党建工作。

为推动全面从严治党向最基层延伸，着力解决党支部"干什么""什么时候干""怎么干""干成什么样"的问题，北京市目前已初步探索构建了"B+T+X"内容体系，形成了"一规一表一册一网"的"四个一"支撑载体，切实提高党支部建设的规范化水平。其中，"B+T+X"内容体系分别包括标准、特色、先进三个方面的内容，旨在建设既有统一标准，又体现不同领域和地区特点，还充分尊重基层实践创造的基层党支部，形成既严肃规范、又生动活泼的基层党建工作格局。"四个一"包括一部《党支部工作规范》、一张《党支部学习活动年度安排表》、一本《党支部工作手册》、一个以北京长城网和"党员E先锋"为基础的网络服务平台。自2017年9月以来，该项工作已经选择在北京市2.4万个基层党支部进行试点（北京市共有基层党支部8.9万个，试点数约占总数的27%），2018年在全市全面推行。

2. 推进"两学一做"学习教育常态化、制度化

督促指导完成处级干部学习贯彻党的十九大精神集中轮训工作，把学习贯彻习近平新时代中国特色社会主义思想和党的十九大精神纳入推进"两学一做"学习教育常态化、制度化，开展"不忘初心、牢记使命"主题教育，引导广大党员自觉开展学习，拧紧思想"总开关"。研究制定《2018—2022年全市干部教育培训规划》，聚焦学习贯彻习近平新时代中国特色社会主义思想和党的十九大精神，注重培养专业能力、专业精神，不断提升北京市党员干部政治素养和专业素养。

进一步深入贯彻落实中央八项规定，继续认真查找和纠正"四风"突出问题，引导党员干部加强党性锻炼、不断提高政治觉悟和政治能力。将坚持组织路线为政治路线服务，把加强党的政治建设贯彻落实到首都组织工作的方方面面。教育引导广大党员干部坚定执行党的政治路线，严格遵守政治纪律和政治规矩，牢固树立"四个意识"，增强"四个自信"，坚决维护习近平总书记在党中央和全党的核心地位，坚决维护以习近平同志为核心的党中央权威和集中统一领导，同党中央保持高度一致。

3. 全力打造高素质专业化农村基层党员干部队伍

基层党组织政治上是否坚定、工作中是否有动力、有干劲、在群众中是否有威信，主要依靠基层党组织的领导班子特别是书记本身素质是否过硬。因此，加强基层党组织干部队伍建设是新时期党建工作的重中之重。北京市出台《关于建设新时代高素质专业化干部队伍的意见》和《关于发现储备和培养选拔优秀年轻干部的实施方案》，对未来一个时期干部队伍建设进行总体谋划，大力发现储备年轻干部，实现常态化培养、合理化配备、制度化运行，注重在实践中培养锻炼干部。

北京市连续19年开展农村党的建设"三级联创"活动，扎实开展各级党组织书记抓基层党建述职评议考核，严格落实党建工作责任制。启动实施农村基层干部人才培养工程，做好干部集中轮训，把学习教育融入日常，2013年以来全市累计共培训37.8万人次。在2016年换届完成后，60%的村书记、

51.6%的村主任达到大专以上文化程度。在党员干部选拔中明确提出"五不能""六个疑",全面推行候选人资格联审制度,严格把控基层干部准入条件,坚决把有劣迹的人员挡在基层领导队伍之外,培养选拔忠诚于党、担当干事、作风扎实的干部。

4. 着力加强基层党组织服务能力建设

随着当前社会的转型,村级党组织的政治功能逐步减弱,服务功能逐渐强化,并且政治功能也要体现在服务功能上。因此,坚持把服务贯穿于党的自身建设全过程,强化基层党组织的服务功能,提高基层党组织的直接和间接服务能力,是应对党自身变革和顺应社会变革的必然要求。村级党组织的服务能力主要是指在上级党组织和各级政府的指导和帮助下,以为党提供科学执政的现实依据和确保党的意志在农村社区的实现,维持农村基础秩序,并结合农村实际情况,创造性地领导农村经济、政治、社会、文化事业的能力。具体表现为:领导农村党建,巩固农村党组织的能力;宣传、落实和执行党在农村的政策的能力;管理农村事务,完善基层治理的能力;服务农民群众,提升党的权威的能力。北京市在基层党组织服务能力建设方面,主要做了以下几方面的工作:

(1) 强化基层组织功能。建立健全党领导下的乡村治理的架构,建强农村党支部;理顺村级组织关系,强化村党组织的领导核心地位。

(2) 大力推进"第一书记"帮扶工作。北京市自2015年开始陆续选派优秀干部到村任第一书记,着力建强基层组织、推动精准扶贫、提升乡村治理水平。到目前为止共选派911人,实现了市级低收入村和党组织软弱涣散村全覆盖,建立了领导干部联系、第一书记任职、派出单位帮扶、社会资源带动的"四位一体"工作格局,依照责任在村衔接、组织在村建强、干部在村成长、政策在村集成、帮扶在村落实、成效在村检验的"六在村"帮扶工作机制,破解了基层人才短缺问题,让70多个软弱涣散村实现了新发展,促进了村庄实现治理有效。

(3) 大学生村官政策取得了良好成效。大学生村官政策自2006年新农村建设实施以来,到目前为止选派2.4万名大学生到村任职,在一定程度上带动了村庄发展。

(4) 创新服务载体和工作模式,切实发挥党组织引领发展作用。怀柔区开展了"百名干部包村居、千名干部回家乡、万名党员进社区"的"百千万"活动，丰富了党员联系群众的路径。昌平区南口镇居庸关村党支部开展"三进、三谈、三征求"活动，带动村民增收致富。密云区先后形成了四种党建引领经济发展、服务民生的模式，切实提升了村级党组织服务引领能力。

（5）强化基层党员干部管理监督和激励保障。制定了《北京市村干部的监督管理办法》，实行任期制和承诺制，以制度体系建设为依托，从严治党。建立了村干部基本报酬财政托底机制和社会保险补贴机制，对村干部进行激励保障。

（二）以村民自治促进社会治理创新

村民自治是广大农民直接行使民主权利，依法办理自己的事情，实行自我管理、自我教育、自我服务的一项基本制度。1982年以来，我国初步建立起以"乡政村治"为主要特征的乡村管理体制，村民自治的制度框架基本形成，广大村民通过村民自治组织真正享有了参与公共事务管理的权利。党的十九大报告指出，要加强农村基层基础工作，健全自治、法治、德治相结合的乡村治理体系。2018年《中共中央国务院关于实施乡村振兴战略的意见》提出要深化村民自治实践、建设法治乡村、提升乡村德治水平、建设平安乡村。村民自治是我国民主政治的基础，是基层民主政治建设和农村改革的重要内容，是乡村治理的主要方式与关键手段。发挥农民在乡村治理中的主体作用，完善村民自治组织形式和自治机制，加强农村基层群众性自治组织建设，健全和创新村党组织领导的充满活力的村民自治制度，是实行乡村振兴战略的根本制度保障。

根据我国村民委员会组织法的规定，我国村民自治的基本内涵包括村民对本村公共事务的民主选举、民主决策、民主管理与民主监督。民主选举是由村民直接选举村委会的组成班子，是实行村民自治的前提和基础；民主决策是指成立村民大会或村民代表大会，凡涉及村民利益的重要事项，都必须提请村民会议或村民代表会议讨论决定，这是村民自治的关键；民主管理就是依据党的政策、法律和法规，结合村庄实际，由村民制定村规民约和村民自治章程，以此规范村庄管理，是实行村民自治的核心和根本；民主监督是指实行村务公开，凡是村中的重大事项和村民普遍关心的问题，均通过一定的规范程序向村民及时公布，是村民自治的保障。村民自治的主体是全体农村居民，村民享有自主管理本村公共事务的民主权利；自治的地域范围是本村，即与农村居民生活联系十分紧密的社区；自治的内容为本村的公共事务和公益事业，即村务；自治的目的是使广大农村居民在本村范围内实现自我管理、自我教育和自我服务，处理好与村民利益密切相关的本村公共事务，将社会主义民主落实到最基层，保证国家对农村基层社会的有效治理。

1. 创新乡村治理机制体制

（1）创新民主选举制度

民主选举是由村民直接选举村委会的组成班子，是实行村民自治的前提和基础。村民委员会主任、副主任和委员共三至七人组成，至少有一名妇女成员，由本村有选举权的村民直接选举产生。《北京市村民委员会选举办法》规定村民委员会每届任期三年，届满举行换届选举，依法实行"海推直选"，妇女成员实行"专职专选"，增强了村"两委"班子成员的公信力。

（2）规范民主决策程序

《村民委员会组织法》规定村民会议每年至少召开一次，须有过半数本村十八周岁以上村民，或者三分之二以上的本村户的代表参加，村民会议所做决定应当经到会人员的过半数通过。一百户以上或者居住分散的村，可以设立村民代表会议，讨论决定村民会议授权的事项。村民代表会议由村民委员会成员和村民代表组成，村民代表应当占村民代表会议组成人员的五分之四以上，妇女村民代表应当占村民代表会议组成人员的三分之一以上。北京市在工作中总结推广了"八步工作法""四议一审"、民主决策流程图、"村级重大事项票决制"等做法，村级决策民主化、科学化、规范化水平进一步提高。

（3）进一步加强村务公开与民主管理

村务公开和民主管理是加强基层民主政治建设、基层政权建设和基层党风廉政建设的一项基础性工作。北京市通过进一步规范完善村务公开机制，切实增强村务工作透明度。推进公开内容精细化：进一步完善村务公开目录，细化和规范村务公开内容，推广村务"点题公开"制度，实行村务公开事项全覆盖。推进公开形式多样化：在利用好村务公开栏的同时，注重运用广播、电视、网络、手机短信、微信、电子触摸屏、"明白纸"、民主听证会等多种载体进行公开。推进村务公开网络化建设，通过设立网上村务公开专栏、全程纪实系统等，方便村民群众和有关部门及时、有效开展查询监督。

（4）规范完善民主监督机制，切实保障村民群众监督权

强化自治管理监督，注重监督重点，突出抓好对村务决策、村级财务、

村务公开、村民自治章程和村规民约的落实情况、村党组织和村民委员会成员的履职情况、村民委员会成员的罢免工作、村民群众正常合理的利益诉求、问题投诉和意见建议的落实情况等。强化民主评议监督，规范村级民主评议活动，连续两次被评为不称职的村干部，经上级党委核实确认后，依法公布其职务终止。强化廉政风险防控，改进监管方式，构筑制度防线，实现超前预防、全程监管、预警防控，确保廉政风险"找得准""防得牢""控得住"，积极推行农村基层党员干部"两说明一承诺"，加强检查指导和督促落实。

（5）加强阵地平台建设

坚持科学规划，充分整合资源，推进村级组织活动场所规范化建设。同时，适应信息化发展形势，加强党建网站、党建微信微博、党员手机信息平台等网络党建阵地建设，建成了北京市农村党员干部远程教育平台，开发应用了农村基层组织信息系统，使基层党组织的管理服务更加便捷高效。

2. 实现多元主体的村民自治

进入21世纪以来，随着农村经济社会发展，农村组织分化更加迅速，维持农村社会秩序、协调农村社会发展、提供公共服务的主体更加多元化。这些治理主体包括组织性主体、群体性主体和个体性主体三个层次。组织性主体涵盖了政党性组织（乡村党组织）、政府性组织（乡镇政府）和社会政治性组织。其中社会政治性组织包括村民委员会、村民监事会、村民代表会议以及村民小组、共青团、妇女联合会、民兵组织和民间组织。社会群体主要包括邻里、家庭、小亲族、宗族、先富群体、乡村青年群体以及群体性突发事件中临时聚集起来的群众。而主要由乡村精英和普通农民所构成的个体性行动主体则数量更加庞大，活动更加活跃。

当代农村的多元治理其主体具有鲜明的层次性：政党在乡村多元化治理主体中居于核心地位；其外围则是以村民自治组织为核心的其他社会组织，通过对话、协商参与公共事务，享有与政府平等的地位；乡村精英则处在最外圈，属于治理结构的边缘。由此，农村多元治理体系构成了一个以村党支部为圆心的同心圆的边缘型治理结构。新经济社会组织，特别是农村专业经济合作社、老年人协会、志愿组织等，对农村社会政治生活产生着日益重要的影响。

北京市在乡村治理创新的过程中，提出"多元共治"的新型农村协商民主模式，强调多元化的结构，强调共同协商治理，强调内生因素和外来因素、传统要素和现代要素的有机融合。北京市在《关于加强城乡社区协商的实施意见》中指出，基层政府及其派出机关、社区（村）党组织、居（村）民委员会、居（村）务监督委员会、居（村）民小组、驻社区（村）单位、社区社会组织、业主委员会、农村集体经济组织、农民合作组织、物业服务企业和社区户籍居民、非户籍居民代表以及其他利益相关方可以作为协商主体，以"议事厅"、驻村警务室开放日、村/社区论坛、妇女之家等为平台，采取民情恳谈、网上论坛、民主听证、圆桌对话等形式，畅通群众诉求表达机制，探索村务协商民主的新途径。同时，充分利用新技术、新媒体，为村民搭建网络协商平台。

3. 开展农村社区治理和服务创新

随着经济社会的发展，特别是城镇化进程的推进，一些原有的传统村庄随着城市的扩张被纳入城区，另有一些村庄在自身经济社会发展过程中实现社区形式转换，即由过去的乡村成长为现代农村小城镇。这两类村庄介于城乡两种管理体制之间，亦城亦乡，成为城市化进程中出现的一种特殊的边缘社区，被归纳称为新型农村社区。新型农村社区是新时期乡村治理转型的必然结果与制度安排，目的在于推动城乡社会的融合发展。自2006年十六届六中全会提出"积极开展农村社区建设"这一重大战略部署后，各地按照地域相近、规模适度、群众自愿、便于管理服务、优化资源配置的原则，积极探索农村社区建设，通过健全新型社区管理和服务体制，把社区建设成为管理有序、服务完善、文明祥和的社会生活共同体。

（1）理念创新

新型农村社区是指在统筹城乡发展、推进城乡一体化的背景下，为整合社会资源、促进农村全面发展，在科学规划、合理布局、广泛参与、稳步推进的基础上，通过村庄合并、集约发展的方式，组建而成的新的农民生产生活共同体。建设新型农村社区是统筹城乡发展、推进城乡一体化、促进农村发展的突破口和关键点，是农村发展的新方向和新思路。农村社区建设给农民带来的不仅是生产生活方式的巨变，更重要的是改变了我国基层农村社会结构和组织形式，这将必然引发农村治理结构和管理方式的重大变革，也要求农村社会各阶层对农村社会治理理念进行更新与变革，以适应社会发展的需求。

(2) 组织结构创新

创新农村社会的治理，既要充分体现党和政府在社会管理中的主体地位，也要发挥农村自治组织和社会组织的协同作用。新型农村社区在建设过程中，逐渐形成地缘组织与业缘组织协同的治理结构。在乡镇和行政村之间，或直接在行政村上设立服务中心/服务站，多数社区形成了党组织（支部/党委）、居委会、社区服务中心/站"三位一体"治理架构。

社区党组织充分发挥在农村社区建设中的领导核心作用，领导社区村（居）委会、社区服务站依照各自职责开展工作。社区村（居）委会在社区党组织领导下依法履行自治职能，宣传国家法律法规和党的政策，维护村（居）民权益，动员、组织村（居）民参与社区建设，及时向政府部门反映村（居）民意愿和要求。社区服务站在社区党组织和村（居）委会的领导下开展工作，提供服务，定期向社区党组织和社区村（居）委会汇报工作。由社区党组织和社区村（居）委会负责人牵头，驻区单位、社区社会组织参加的农村社区议事协商机构，发挥协调联动作用，协调落实农村社区建设相关事务。

新型农村社区取代村委会成为最基层的社会单元，将村委会的管理和服务功能转移到社区中，形成以社区为基础的基层治理单元。在新的社区管理体制下，村委会并不一定要取消，其主要职责仍是村内自治事务，以及承接或协助做好政府下达的政务工作。

(3) 体制机制创新

农村社区化不仅是建设新农村的一种方向，更是农村社会治理体制变革的一种途径。新型农村社区按照"党委领导、政府负责、社会协同、公众参与"的多元主体治理格局，最大限度地促进社会管理资源整合与公共服务功能强化，提高农村社会管理水平。

第一，完善新型农村社区"善治"组织架构，即社区党组织是新型农村社区管理的领导核心，集体经济组织是新型农村社区管理的重要利益相关方和参与主体，社区自治组织则是新型农村社区管理主体，社会组织是新型社区管理的重要"协同"力量。只有实现社区（村）党组织、自治组织、集体经济组织以及其他社会组织之间的有效衔接与良性互动，才能真正实现新型农村社区管理模式的转换与有效运行。

第二，健全新型农村社区自治的内部结构和配套制度。在社区党组织的领导下建立和完善社区议事决策与执行相分离的工作机制，居（村）民会议

[或居（村）民代表会议]、居（村）民议事会和居（村）民委员会明确定位、各行其权，形成社区治理合力。积极推进新型农村社区居（村）民自治的制度化、规范化，提高民主决策水平。

第三，培育和完善新型农村社区社会组织及管理体制。大力培育社区民间组织、群众组织和社区志愿者组织，创新社会组织管理的体制机制，有效激发社会的内生力量，为农村社区管理创新提供动力。

第四，构建新型农村社区多样化的公共服务供给体制，将政府提供的公共服务与社区自治和管理服务有效衔接起来，促进农村地区公共服务均等化。一是要理顺农村社区建设中政府主导与农民主体关系、农村社区建设与村民自治的关系，建立多层次的社会参与机制，建立强有力的组织领导体制和高效的工作推进机制。二是要建立多元投入机制，保障农村社区服务供给。三是培育社区服务人才，构建农村社区服务梯队；扶持新型服务组织，完善农村社区服务体系。

（4）管理模式创新

北京市《关于推进网格化社会服务管理体系建设的意见》指出"要把工作力量下沉到网格，把工作触角延伸到网格"，并于2012年开始推进城市管理网、社会服务管理网、社会治安网"三网"建设，健全完善覆盖全市的城市服务管理网格化体系，推进网格化社会服务的规范化与有效化。2018年，北京市进一步促进城乡"多网融合"，在通州、怀柔、密云区所有乡镇和顺义区天竺镇、大兴区亦庄镇大力推进农村网格化管理工作，有效提升了城市服务管理的社会化、法治化、智能化、专业化水平。

（三）夯实法治基础，保障乡村治理有效

党的十八届四中全会提出把法治社会建设作为建设中国特色社会主义法治体系的重要组成部分，强调推进多层次、多领域依法治理，指出法治具有"统筹社会力量、平衡社会利益、调节社会关系、规范社会行为"的重大作用。乡村法治是乡村治理的保障，"全面推进依法治国，基础在基层，工作重点在基层。"乡村治理法治化是全面小康的核心指标，全面建成小康社会最艰巨最繁重的任务在乡村，"没有农村的小康，就没有全国的小康"。在社会治理现代化大背景下，加快推进乡村治理法治化，树立依法治理理念，改善乡村法治环境，强化法律在乡村治理中的保障作用，是保证乡村治理有效、确保乡村和谐稳定、长治久安、永续发展的根本基础。

1. 深入开展法制宣传教育

加强农村法制宣传教育，提高农民的法律意识和法律素质，维护社会和谐稳定，是建设社会主义法治国家的一项基础性、先导性工作，是建设社会主义新农村的必要条件。必须不断健全和完善农村法制宣传教育机制，推动农村法制宣传教育工作的健康、深入、持久发展，为全面建设社会主义新农村创造良好的法治环境。

（1）培育农民的法律意识。在法制宣传教育的内容上，以现代法律观念教育、培育农民的权利意识为主，以农村土地产权法律法规为重点，积极开展涉农题材的宣传，开展文化下乡。在法制宣传教育的方式上，利用村村通平台推进法律进村、选拔一批优质的法治文化作品利用村文化广场开展法律文化的宣传，推进法治文化示范村、法治文化长廊建设。着重注重对农村社会中的政治精英、经济精英与民间精英等骨干的法制宣传与教育，发挥农村法治宣传的精英示范引领作用。

（2）注重培养乡村治理法律人才。在乡镇开办基层法律培训班，选取品德高尚、文化水平高、乐于为农民服务的人员，充分发挥党员的先锋模范作用，通过系统传授各种强农、惠农政策和乡村治理法律知识，提高乡村两委行政管理人员的法律素养和调解纠纷的能力；通过法律人才引进等途径，提升乡村治理主体的服务能力。

（3）改善提升农村法制运行环境，建立基本公共法律服务体系，为农民群众提供优质高效的法律服务。推进互联网＋服务方式，通过门户网站、手机APP、微信公众号等服务手段，整合法规宣传、律师、公正、司法鉴定等服务，为人民群众提供多方位、全天候、全领域法律服务，实现村民不出村、不出家实时享受法律服务响应。同时，通过修改完善有关规章制度和行为准则，营造一个公平、有序、和谐、健康的法制环境，引导广大农民群众自觉守法用法，用法律维护自身权益。

2. 深入推进农村法律服务工作

北京市已经建立了一个由市级建立公共法律服务中心、区级的法援中心、街道乡镇公众法律服务站、村/居民社区公共法律服务室组成的四级网络法律公共服务平台，基本实现了基层乡村法律公共服务全覆盖。同时，从2012年开始推进"一村一居一律师"的农村法律服务工作，到2014年实现了农村地区全覆盖。主要包括：推进农村法律服务工作室建设（每个村建一个工作室），为村民提供定时、定点、定项的法律服务；开通12348免费法律服务热线，连通市律师协会公益法服务平台，积极引导驻场律师开展法律咨询和网上的法律服务顾问；以市区法律服务顾问群为载体，吸收村居委会和部分党员、村居民代表和热心的群众进群，为村民提供法律顾问；精准开展法律援助，增加法律服务联系专员，推行法律援助申请初审权下放，村级法律顾问对提供的法律研究材料进行初审，初审通过拿到乡镇法律顾问站直接申请，为村民提供便利。

3. 建设法治乡村

乡村治理必须以政府权力和乡村自治权的有效衔接为基础，以乡村法律制度建设为着手点，致力于提升乡村法治化水平，构建多元化的治理模式。以公平、正义、理性为内涵的法治是乡村治理的基本路径，通过法律界定政府行政权和村民自治权，规范乡村内部成员在经济建设、社会公共服务中的权利义务，同时在群众利益遭受损害时使其可以得到及时救济，使乡村各项事务管理得以规范化和科学化运行。

（1）加强顶层设计，实现政府行政权和乡村自治权的有效衔接。一方面，要减少国家权力对农村社会权力的直接干预，加强乡村的自我服务、自我教育和自我管理能力。另一方面，要实现政府行政权和乡村自治权的有效衔接，以确保基层组织自主、独立行使自治权的同时保证公平、公正和合法。

（2）健全乡村法律体系，形成相互协调补充、层次分明的法律规范体系。加强乡村治理的民主选举、行政管理、社会保障等重点领域立法，制定《村民委员会组织法》的实施细则。在法律法规的框架下，根据村庄的经济水平、文化伦理、风俗传统，制定符合本区域管理需求的村规民约，并以此规范治理主体的治理行为和其他基层组织、村民的社会行为。村规民约要和法律法规、国家政策在相关的事务规定上保持协调一致和有效衔接，实现良性互动。

（3）以法治为中心，构建多元化的治理路径。法治以权利义务为中心，具有强制性和稳定性，但是社会利益的复杂性导致社会关系的复杂性，法律在一定程度上会出现滞后性。创新乡村治理的法治路径实质上是一个在法治框架下的多元化治理模式，其核心在于法治，而根本在于民主，要在法治框架下充分发挥政策的灵活性和时效性，坚持道德、法律、政策在乡村治理中的有机结合，实现政府行政权和乡村自治权的良性互动。

4. 建设平安乡村

平安是国家繁荣富强的基本前提，是人民幸福安康的基本要求，平安乡村建设是实施乡村振兴战略的重要保障。深入贯彻党的十八大精神，落实习总书记关于建设平安中国要求，加快建成全方位、立体化的公共安全网；健全落实社会治安综合治理领导责任制，大力推进农村社会治安防控体系建设，推动社会治安防控力量下沉；深入开展扫黑除恶专项斗争，严厉打击农村黑恶势力、宗族恶势力，严厉打击黄赌毒盗拐骗等违法犯罪；完善县、乡、村三级综治中心功能和运行机制；健全农村公共安全体系，持续开展农村安全隐患治理，坚持源头治理、系统治理、综合治理、依法治理，努力解决深层次问题，确保人民安居乐业、社会安定有序、国家长治久安。

北京市开展平安乡村建设，着力于完善农村治安防控体系，创新现代农村警务机制。深化完善"一村一警务助理"模式，壮大农村警务队伍，广泛发动农村群防群治力量，推动社区警务与城乡发展深度融合；深入开展严打整治行动，深化农村地区扫黑除恶专项斗争，以"零容忍"的态度依法严厉打击农村黑恶霸痞势力违法犯罪，净化农村社会环境；进一步健全完善农村矛盾纠纷预防、排查、调处、化解工作机制。完善乡镇实体化综合执法平台，落实"街乡吹哨、部门报到"。加强农村公共安全监管，为实施乡村振兴战略创造安全有序、和谐稳定的社会环境。

5. 创建民主法治示范村

为贯彻党的十六大关于扩大基层民主和加强社会主义法制建设的精神，落实司法部、民政部《关于开展"民主法治示范村"创建活动的通知》的要求，北京市自2013年开始，积极开展民主法制示范村创建活动。截至2017年，已经创建了六批共593个民主法治示范村，其中47个村被评为"全国民主法治示范村"，546个村被评为"北京市民主法治示范村"；创建民主法治示范社区102个，其中5个是全国创建民主法治示范社区。民主法治示范村/社区以司法部、民政部提出的"九项要求"为主要建设内容，增强农村基层组织的法制意识，规范完善村民自治章程、村规民约，推动了农村的依法治理。

（四）实施乡村德治工程

乡村德治是乡村治理的升华。"国无德不兴，人无德不立"。今日之中国，乡村治理决不能忽视德治。乡村治理不但要以乡村自治为基础，以法治为保障，还要将德治作为滋养自治和法治的土壤，让德治贯穿乡村治理全过程，不但要使德治成为政府工作的好帮手、村民利益的代言人，更要使之成为和谐乡村的润滑剂。

1. 发挥道德引领的教化作用

进一步在广大农村培育弘扬社会主义核心价值观，增强集体意识、法治精神和民主氛围。注重以文化人、以文养德，实施文化惠民工程，繁荣群众精神文化生活，建立道德讲堂、文化主题公园、文化礼堂等阵地，引导人们讲道德、守道德。开展"道德模范""最美家庭"等评选活动，发挥身边榜样示范带动作用，发挥乡贤道德感召力量，涵养守望相助、崇德向善的文明乡风。

(1) 以德为政，以孝治村

于家务乡仇庄村是远近闻名的"孝道村"，为使全体村民以"孝"促发展，以"孝"促和谐，特定了"孝道协议"，使村民们知孝、行孝、倡孝。村里的"孝道馆"展出了中国古代的孝道故事和现今村里的好人好事，展厅两侧摆放的触摸屏可以阅览村中每家每户自己制定的"家训""家风"。村里举办了"追寻家训家规，呼唤良好家风"主题活动，全村家家户户都订立了自己的家规家训，并涌现出一大批好人好事和"最美家庭"，很多好人好事都被拍成微电影在村孝道馆里播映。村里先后建立了养老日托所、文化活动站，建设了公共浴室和老年人食堂，免费为老人洗澡和送餐到家，还将每年农历腊月二十定为"老人节"，以"德、法、礼、孝、情"全面诠释"幸福仇庄"。

顺义区马坡镇石家营村作为"全国民主法治示范村""全国创建学习型家庭示范社区"，实施了从拉近婆媳邻里关系的"婆媳澡堂"到促进老人精神文明建设的"老年精神文明奖"、从督促村民省水的"节水奖励"机制到保护村里环境而安排的垃圾回收协管员以及维护村里安全的"老年人服务队"建设精神文明示范村的一系列措施。

(2) 开办"道德讲堂"

北京市朝阳区高井村"道德讲堂"以"我听、我看、我讲、我议、我选、我行"为核心内容。我听，即听百姓道德故事，感悟模范优秀品质；我看，即看纪录片，把道德模范的事迹形象化、具体化；我讲，讲自己和身边的道德故事，传播道德力量；我议，即以比赛评选等形式，挖掘和升华自身道德境界；我选，即由村民推选宣讲人，进行每期宣讲；我行，即引导村民把学到的先进事迹转化为行动。截至目前，该村道德讲堂累计开讲80余次，每天学习，每周交流，定期培训、授课400余次，参与群众达24000余人次；在活动中不断强化党员意识，做到了每开展一次道德讲堂活动，党员干部精神状态明显转变、干群关系明显改善、社会风气明显向好。

(3) 建立"诚信台账"

门头沟区水峪嘴村通过自己的"新闻产业"来保证"诚信台账"的顺利实现。虽然村报发行量不大，但能保证村里户户都有，人人能见。"诚信台账"是一本简单的账，原则就是奖优罚劣，定期对遵规守约、诚信务实的村民予以表扬奖励，对违反约定、造谣欺诈、寻衅滋事、损害村庄形象的村民予以通报批评，以此激励、引导村民牢固树立诚信立身、诚信立家、诚信立业的意识。

2. 发挥村规民约的自律作用

作为一种非正式的国家治理制度，我国农村社会的村规民约具有悠久的历史，在规范村民行为，解决农村纠纷，维护农村社会秩序等方面发挥着巨大的作用。党的十八届四中全会提出"支持各类社会主体自我约束、自我管理""发挥市民公约、乡规民约、行业规章、团体章程等社会规范在社会治理中的积极作用"。村规民约、乡规民约是乡村群众自行制定的约束规范村民行为的一种规章制度，是乡村自治的重要表现形式，也是基层民主政治建设的重要组成部分。

北京农村地区人口、产业成分复杂，经济权益处置分量重、牵扯大，社会管理压力大，因此，村规民约作为村民自治制度的规范支柱，可以在村级治理中发挥关键作用。到2016年底，北京市已经有98%的村庄制定完善了村规民约。通过落实村规民约为村"两委"的管理活动提供规则支撑，分散管理压力，提高治理的法治化水平，并进而培养村民的自我约束和公共参与意识。

延庆区康庄镇小丰营村"两委"班子结合关系村民切身利益的事，提出了"民生十二条"：送福、助学、贺喜、优抚、慰医、结贫、同仁、解难、祝寿、巡治、恤民、思廉，切切实实为民办实事。顺义区高丽营镇一村，将"党员明职责、立身份、做表率，争当'五好党员'"列为村规民约第一条，从而将村规民约修订工作与基层党建工作紧密结合，实现了从原来市里挂账的软弱涣散村，到"六星"基层服务型党组织的转变。2003年出版的《自律韩村河》收录了房山区韩村河村村民共同遵守的共7章、400余条规章制度、村规民约，其中包括受到中央领导肯定的韩建党委班子自我约束的"九条规矩"，正确的思想、有益的活动构成了乡风文明的基础，促进了家庭、社会的和谐。

3. 发挥乡贤参与治理的带动作用

乡贤是乡村人群中在经济、政治、文化、社会交往等方面较为突出的一部分人，多以退休教师、退休干部、经济富裕人士、宗教界人士及族姓威望之人为主，是乡村群体中精英人士的代表，在乡村发展中起到领头羊、带头人、中介与桥梁的作用。乡贤文化作为带有浓厚本土色彩、草根性极强、引人向善的乡村文化，是乡村不可或缺的重要力量。新乡贤从乡村中走出又回归乡村的过程，也是传统农业文化与现代文明之间的一次交融。新乡贤正是通过回乡建设，扮演着将现代文明带回乡村的"使者"角色，对于推动新时期乡村建设与发展将起到重要作用。乡贤参与村庄治理有助于整合乡村内外社会资源、加强乡村内外联系、凝聚村民共识，从而强化村庄内生基础；有助于弥补现有治理体系不足、政府纵向治理能力不足和村民横向自治能力缺失等问题。乡贤参与治理是我国乡村政治、经济、文化和社会重大变革对乡村社会治理结构进行调整的一项重要选择。

新乡贤参与协同治理，首先要对乡贤有一个合理的界定。德高望重的人才能称为乡贤，才能够担当起治理乡村的责任，只有"德高"才能做到处事公平公正，"望重"才能在村民中有号召力，才会具有治理的威望。其次，乡贤参与治理有效，关键在于制度优势和乡贤优势的有效结合，政府要为外出返乡的新乡贤创造条件、提供便利、制定政策，鼓励新乡贤返乡，保障乡贤的话语权和主导权，保障新乡贤行为有法可依、有法可循，切实发挥新乡贤在协同治理中的示范、引领、带动作用。

4. 促进乡村移风易俗，强化农村基层文化认同

将社会主义核心价值观融入现代农村基层治理体系，以个人品德建设、家庭美德建设、社区公德建设、繁荣农村文化生活等为主要内容，增强农村居民的归属感和认同感。举办农村道德讲堂，倡导主动学习道德模范，自觉遵守道德规范，将个人品德纳入农村社区工作者选聘考核内容。加强家庭美德建设，注重家庭、家教、家风，广泛开展"晒最美家规家训""讲你的家风

故事"等家风培育建设活动。开展"睦邻月"等活动，聚焦城乡低保户、五保户、鳏寡孤独等困难群体，健全完善帮扶体系，开展常态化结对帮扶活动。加强社区公德建设，深入开展和谐社区等精神文明创建活动，引导形成健康向上、开放包容、创新进取的社会风尚。实施文化惠民工程，广泛开展农村社区文化体育活动，丰富农村文化生活。

加强农村道德建设，重塑新型农村伦理道德观。将培育社会主义核心价值观和继承中华民族优良传统结合起来，通过村规民约、家规家训等方式细化实化具体化，发挥道德规范明导向、正民心、树新风的积极作用。坚持党员干部带头。充分发挥党风政风对村风民风的示范带动作用，要求群众做到的党员干部必须做到，要求群众不做的党员干部首先不做，切实做到讲党性、重品行、做表率。加强道德载体建设。搭建乡村公共文化平台，将现代文化传播手段和传统文化娱乐形式相结合，以农民群众喜闻乐见、生动活泼的方式宣扬真善美、鞭笞假恶丑；充分挖掘本地的历史传统、英雄人物、道德模范等人文资源，利用村中事、身边人，开展形式多样的社会公德、职业道德、家庭美德、个人品德教育活动，以润物无声的方式使农民群众明礼知耻、崇德向善。强化道德约束。通过公评公议、文明户评选等方式，把道德规范与农民群众的日常生产生活联系起来，扬善抑恶。加强农村个人诚信体系建设，对优良信用个人提供更多服务便利，对严重失信个人实施联合惩戒。对严重失德构成违法的，坚决追究法律责任，以儆效尤。

北京市通过举办大型群众文化活动和典型引领，开展促进乡风文明建设的具体工作。从1990年开始，举办了28届北京农民艺术节，从乡村人才培养、乡村文化作品创作、乡村精品文化展示、乡村资源文化整理四个方面，通过乡村艺术大舞台展示北京乡村文化艺术，倡导科学文明、积极健康的生活方式和行为习惯，打造文明幸福的新农村。自2006年开始举办的"寻找北京最美乡村"活动，倡导"生产美、生活美、环境美、人文美"，引领北京美丽乡村建设。2014年开始举办的"美丽乡村 助梦有我"大型公益活动，由100多名北京广播电视台的主持人牵手北京市148个乡村和51个低收入村，履行助力一件乡村实事、实现一次宣传推广、开展一次公益行动、挖掘一个乡村故事、提出一份改进建议的"五个一承诺"，以及开展一次深入的村情调查、制订一份切实的牵手计划、落实一个具体的帮扶项目、开展一系列宣传推广活动的"四个一承诺"，潜移默化地把培育和践行社会主义核心价值观融入首都新农村发展建设中。

二、乡村治理中存在的主要问题

（一）农村基层党组织服务能力有待提升

1. 农村基层党员干部队伍建设有待完善

（1）村党支部书记文化水平偏低、年龄偏大

目前北京市农村党支部书记平均年龄 51.5 岁，60 岁以上有近 10%，50 岁以下不到 38%，30 岁以下仅 4 人；村书记大专以上文化水平为 60%，初中及以下有 13%，与华东、华南等地区相比存在较大差距。

（2）村级党员干部队伍后备人才不足

乡村振兴与新农村建设需要懂经营、善管理的优秀人才，需要思想政治素质好、带富能力强、服务协调本领强的"一好双强"型人才。部分村级党组织班子缺少高素质人才群体的支撑，导致了村干部队伍的不稳定和后继乏人，使村级党组织建设陷入困境。农村党员队伍同样存在年龄偏高、文化素质偏低等问题。目前北京市行政村党员中 35 岁以下的仅占 13%，60 岁以上的占 45.4%。近年来，由于升学、参军、外出务工等原因，农村中青年外流严重，留在村里的基本都是老幼、文化偏低、外出打工缺乏门路的人。同时，随着社会转型发展，农村青年新生代大部分处于分散、流动状态，有些有文化、有素质的人不愿进入这个行列，有些有奉献精神、有培养前途的人因为缺乏组织培养、推介，未能进入候选人行列。在选择配备村级班子的过程中，尤其是确定农村党组织书记人选时，回旋余地较小，难免出现"小范围选人"或"选小范围的人"的局限性。

（3）村"两委"选举制度急需优化

基层普遍反映，每届村"两委"任期过短，存在"一年选、两年干、三年等着换"的现象，不同程度影响了农村发展的连续性、稳定性。另外，在村、社混居的城乡接合部地区，由于村、居委会换届选举不同步，客观上也造成换届任务重、成本大，一到换届，乡镇、村、居工作压力都非常大。

（4）传统地方势力对执政基础带来挑战

在有的村，家族、宗族势力很大，"族长"威信甚至大过村"两委"；还有的村存在黑恶势力，参与或干扰大量村级事务，操纵村"两委"选举，极易引发社会矛盾，直接削弱了党在基层的领导。

2. 农村基层党组织的服务不能满足当前需求

（1）基层党组织的服务内容和服务方式不能满足需求

目前农村基层党组织开展服务，在服务的内容上，偏重生活上的关心，对群众思想上、精神上、文化上的需求考虑得不多；在服务的形式上，采取送钱送米面油等单一方式解决群众生活困难问题；在服务的对象上，有的基层党员干部将服务对象简单等同于困难群众，过于片面。没有建立完善的服务机制，主要采取运动式服务、临时性服务。如开展主题服务、服务活动日、服务活动月等，虽然也能够取得一定效果，但运动结束后又回到原点，没有形成长效机制。有的基层党组织选择重要的节日象征性地进行慰问、走访，或者有时间就做，没时间就不做、缓做等，开展服务不系统、不深入，浅尝辄止、走过场。另外，随着市场经济的深入，农村催生了大量产业化经营组织和服务组织，一大批农村党员、优秀人才聚集其中，但在产业链上建立党组织的探索滞后，党的组织和工作与经济发展相脱节，不能适应农村经济组织发展的需要。

（2）部分农村党员干部业务能力有待提升

部分农村党组织书记对当前农业和农村经济发展的新形势和新任务认识不足，知识水平和思想观念与日新月异的形势相比，还有一定的差距，开拓创新意识不强，不能适应农村新形势发展的需要。面对农村市场经济的新发展、新变化，部分农村党组织书记因循守旧，缺乏开拓创新精神，在带领群众调整产业结构、发展农村经济、增强收入方面办法不多、能力不强，只满足于应付上面怎么说自己怎么做。而这些能力的缺乏，正是当前全面建成农村小康社会中最大的"能力危机"。

（3）部分村干部存在不作为现象

在软弱涣散村和部分低收入村，村干部的服务意识不强，对村干部从"管理型"向"服务型"角色转换不适应，对服务的定位模糊，思想保守，领导方式、工作方法还停留在传统层面，认为只要落实好、配合好上级安排的工作就行，有意无意中淡化了服务发展、服务改革、服务基层群众的意识。有的村为了追求个人利益、短期利益，对违法占地、违法经营、违法建设等行为视而不见，甚至盲目跟风、争相效仿，既严重破坏了村域环境，也严重侵害了公共利益。

3. 对农村基层党员干部的监督管理力度不够

一是农村基层党员干部考评制度不完善。有的村考评不严格、不到位，走过场；对违反党章、党规、党纪，长期不参加组织生活的不合格党员处理不及时、不到位；考评结果没有得到有效运用，与干部选拔任用、奖惩激励等相关性不强，考评结果往往是体现在精神层面，对基层党组织和党员干部缺乏有效激励。二是农村基层党员干部监督制度流于形式。作为监督主体的乡镇不愿监督、不敢监督，缺乏监督内涵；农村基层党员干部自觉接受监督的意识不强，认为上级监督是对自己的不信任、群众监督是跟自己找碴儿；个别村长期没有召开党员大会，即使召开了党员大会或民主生活会，也缺乏原则性，对存在的问题避而不见。

(二) 村民自治难以真正落实

1. 村"两委"权责关系不清、乡村关系等体制不顺

(1) 村级党组织与村委会之间的关系难协调

按照《村民委员会组织法》规定，村委会作为村民自治群众性组织，应在党组织领导下开展工作，但在现实中，有的村委会干部以狭隘的"自治"为由，认为党组织在村委会工作中干预太多，出现村党组织的"领导核心"与村委会的"当家人"地位不协调现象。有的人认为，村民委员会是由全体村民直接选举产生的，得到了大部分村民的支持和拥护，村级党组织主要是由占村中人口少数的党员选举产生的，政治认同不及村委会。而有一些村的党组织对村务干涉过多，导致享有村民大会赋予权力的村委会，不能有效发挥全力；尤其是在选举过程当中，有一些党组织干预村民委员会正常行使权力。村"两委"的权力来源不同，负责对象不同，各自维护的利益也不同，在具体工作中极易产生矛盾。

(2) 村级党组织与村集体经济组织之间的关系难定位

市场经济的发展和城乡一体化建设的逐步推进，村"两委"二元权力结构逐渐向三元甚至多元结构演变。村集体经济组织和社会组织等相继登场，村党组织如何进行组织领导，以何种方式实现领导核心地位，都缺乏可操作性的规范。全区51个村党组织书记兼任村集体经济组织负责人，从表面上，村党组织书记是各项工作的领导核心，具有绝对的权威，但事实上村书记的权威某种程度上是源于其经济负责人地位的。从发展趋势看，村级党组织不应再直接参与微观经济活动，而是运用经济手段、法律手段和必要的行政手段对经济组织进行引导和规范。将村党组织书记和村集体经济负责人分设后，如何保证村党组织的领导核心地位将成为一个课题。

(3) 改制村中高度重合的公共管理职能与经济管理职能难界定

丰台区 63 个改制村中,党、政、企三套领导班子交叉任职现象比较普遍,董事会与党组织交叉任职比例为 64%,与村委会交叉任职比例为 24%;经营班子与党组织交叉任职比例为 57%,与村委会交叉任职比例为 27%。公共管理职能和经济管理职能高度重合,容易导致"党企不分""政企不分"和"高度集权"。一方面,村里的支出哪些应归属村委会、哪些应归属集体经济组织、哪些应归属社会公益机构没有明确界定,目前基本上全由集体经济组织埋单,大大增加了集体经济组织的负担。另一方面,党企不分、政企不分,集体经济组织难以独立决策,不利于集体经济发展的科学决策和有效监督。

(4) 村民自治组织和基层乡镇政府的关系也有待理顺

村委会和乡镇政府的关系,也有待理顺。有一些地方在村民自治的过程当中,出现了乡镇政府越位、侵权的现象。例如,有一些乡镇政府,控制村委会的人事任免,对一些群众不满意的村干部,实行庇护,甚至随意干涉村务的现象,严重影响到村民自治的落实。

2. 村干部民主选举中存在很多不规范现象

村干部由村委会成员和村党支部成员构成。在村干部选举的过程中,有的乡镇政府和党委指派候选人搞等额选举,导致农民不认可;有的地方村干部候选人公开拉票,部分地方还存在贿选行为,村民对拉票和买票行为非常反感;有些地方家族势力和宗教势力操纵选举,致使选出的干部代表性不强。

3. 村级事务民主决策无法实现

在有些地方,村级事务民主决策被少数人操控,主要表现为村级重大事务,根本不提交村民会议讨论决定,而是由村支部或村委会决定,有的甚至就是村支书一人拍板决定,从而导致村民决策权旁落,有些地方甚至变成"恶人决策"。村党支部、村委会不能很好地体察村民民意、民情,导致村民自治制度的实施失去效力。

4. 村务管理透明、公开程度不够

随着首都农村经济社会的快速发展,村级民主管理问题也不断显现,有的村公开制度不健全、公开内容不全面、公开程序不规范,村务不公开、半公开甚至假公开的现象依然存在;有的村决策过程不民主、决策程序不规范,村民会议、村民代表会议作用发挥不够好;有的村村务监督委员会工作制度不健全，功能作用没有得到很好发挥。有些村的村务管理被异化成村支部管理或村委会管理，如一些专业项目款的使用方案，不召开村民会议，而是由村支部或村委会决定。村民委员会组织法中规定涉及村民利益的重大事项，必须由村民代表大会讨论决定，但是在很多村却形同虚设。这些问题影响了北京市农村基层民主政治建设的深入发展。

5. 村务民主监督偏少、偏软

民主监督是当前村民自治中最薄弱的环节，主要表现为：村务公开形式单一，很多村都是以公开栏为主，存在该公开的不公开、公开不及时、对群众怀疑的事项不敢公开等现象，个别村干脆不公开。法律规定，一般事项至少三个月公开一次，集体财务收支情况要按月公开，涉及村民重大利益的事项须在事发当时就公开，就目前来说各村根本做不到。

（三）乡村法治意识薄弱，公共法律服务体系不完善

1. 农民法治意识薄弱，参与法治建设的主动性不强

农民是农村法治体系建设的主体，农民的法治意识和观念严重影响着农村法治建设的进程。现在农民所具有的法律意识基本是模糊的、非规范化的法律意识，权利意识淡薄，对法律存在认识上的片面性，更注重于使用道德力量来调节和解决纠纷，人治意识强于法治意识。绝大多数农民对法律制度体系和诉讼司法体系比较陌生，没有一个比较清晰和系统的了解，一般不会考虑使用法律武器维权，更不用说主动参与法治建设。

2. 农村法治体系不完善，法治环境不规范

农村法律服务资源欠缺，法律专业人才缺乏，使农民在权益受到侵害时无法获取有效的法律帮助，或者由于利用法律维权成本过高而不愿意使用法律这一重要的武器维权。农村地区的司法机构仍不健全，老百姓打官司极不方便，法律援助等重要的惠民制度在广大农村地区落实也不尽人意。

3. 农村基层政权对依法行政重视不够，执法不规范

部分基层干部缺乏应有的法治观念，对依法行政认识不够、重视不足，工作作风过于简单和粗暴，依法行政并未落到实处，以言代法、以权代法的现象仍有发生，开展工作和执法脱离了法治的轨道，损害人民群众利益的事件时有发生。部分乡镇行政执法不规范，执法水平低，不能严格依法办事，执法随意性大。一旦基层政权不依法行政、甚至出现明显违反法律的行为，

将严重损害法律在人民群众中的威信，破坏法治建设的正常进行。

(四) 乡村德治建设未得到足够的重视

1. 部分基层干部思想认识不到位

少数基层干部认为精神文明建设是"软任务"，做起来难度大、见效慢，工作中号召多、落实少。一些基层干部抓农民群众思想教育工作的积极性不高、投入精力不足，缺乏有效考核机制和办法。伴随新农村建设深入推进，水怎么用、卫生怎么搞、车怎么停、挤街占道怎么治、出租房屋怎么管等问题，都介于"德"与"法"之间，看似家长里短，但是处理不好，都会成为影响邻里和谐和社会稳定的诱发因素。特别是对于北京地区来说，看北京首先要从政治上看，道德问题可能上升为社会问题，社会问题又可能演变为影响稳定的政治问题，必须引起高度重视。

2. 村规民约在村级管理中的功能未得到有效发挥

村规民约的民主功能未能充分保证村民的政治参与，大部分村民未能参与村规民约的制定，使村规民约内容未全部体现村民意志。村规民约施行主要依靠村民的思想觉悟、社会舆论、思想教育和道德感化的力量来实现，目前村规民约的实施未能起到有效维护村级秩序的作用。传统村落文化对村规民约具有深远影响，村规民约也能够传承古老的村落文化。但是，当前村规民约的文化传承功能正被新生代村民淡化，村规民约的约束功能被逐步弱化，对村庄不良行为的约束有时候显得苍白无力。传统村规民约与国家法律规定有一定冲突，立法补充功能发挥有限，要发挥村规民约在农村社会治理法治化中的作用，就需要对传统的村规民约进行改善，将其纳入法治化轨道，使其更加契合农村社会的发展变化，更加符合现代法治理念和国家法律的要求。

3. 陈规陋习和不良风气仍然存在

祭祀陋习依然存在。一些农民陈旧思想观念根深蒂固，在治丧和追悼中，宁肯受罚、放弃补贴也不改陈规。例如，子女身着孝袍当街焚烧祭祀品、燃放鞭炮；临近清明、中元、寒衣节在路边烧纸钱；防火期在野外烧纸祭祀等。骨灰装棺再葬还未禁绝。经过多年殡葬改革，农村火化已经比较普遍，但是火化后再次装棺土葬现象仍然存在。大操大办现象偶有发生。大部分农村婚丧嫁娶标准规模与当地经济水平相匹配，一般家庭不会因办红白事致贫。但是一些经济条件好、好热闹讲排场的农民，不顾村规民约限制，坚持大肆操办，提高酒宴标准，提供高档烟酒。购房已成婚嫁最高支出。随着城市化进程加快，农村女青年大多不愿在农村生活，谈婚论嫁时不满足于在老家有婚房，而是要求男方在城区准备楼房，出现了不买楼不结婚现象。文明素养还存在短板。在"村改居"过程中，一些村民虽然搬进了楼房，但生活习惯没有改变，有人把小区绿地改成小菜园、楼道里放鸡笼；有人乱堆乱放、开窗抛物；有人把公共垃圾桶拿回自家院子，甚至还有人沉迷赌博、因赌致贫；部分农民群众还存在随地吐痰、乱倒垃圾、不遵守交通规则等不文明行为习惯。

三、促进乡村治理现代化的对策与建议

（一）增强农村基层党组织引领发展能力

1. 加强农村基层党支部组织结构建设

加大在新兴领域、新型组织建立党组织的力度，延伸服务触角。在农村，要加大在农民专业合作社、产业协会、农业生产基地建立党组织的力度。继续做好在非公企业和社会组织建立党组织工作，让党的组织覆盖不留"死角"。优化调整村党组织设置，加强城乡接合部地区、农村拆迁新建小区、流动人口聚居地的社区居民委员会组建工作，探索完善村转社区、村居并行社区和农村社区党组织设置模式和发挥作用方式，构建党建引领、区域联动、共治共享的党建工作格局。对村党员人数较多、下设党组织较多的，党支部可改设为党总支或党委。

鼓励和支持基层党组织进行"特色党支部""项目党支部"等探索实践。推动网格党支部建设，分类推进特色支部建设；推广党建实训基地模式，开展党支部评星定级工作；着力构建农村党支部"B+T+X"体系；推广"四有"工作法、次序动员法、党员网格化管理等党建模式，完善乡村组织体系建设。

2. 加强农村基层领导班子和党员干部队伍建设与管理

严格做好党支部书记"带头人"的选拔工作。以农村党的建设"三级联创"活动为抓手，以基层组织建设年为契机，通过公开选聘、组织选调等方式，选优配强，把真正懂用人、懂经营的能人放到班子里。选拔不仅看能力，

还要看品行，要具有"领头雁"的品质。

重视对党员干部的引进与培养。把符合党员标准的优秀人才及时吸引进来，扩大党组织代表的广泛性，增强党员队伍的业务能力。针对连续两年未发展党员的低收入村、发展落后村、软弱涣散村，按照"一村一策"的要求制定培养发展党员的方案。加强培训指导，以村党组织书记为重点，抓好村干部普遍轮训，特别是换届后新任村党组织书记、村委会主任的岗前培训工作，提升党员队伍的思想政治觉悟水平和业务素质能力水平。

强化党员队伍的作风建设。落实好"三会一课"制度，定期召开支部党员大会、支部委员会、党小组会，按时上好党课。加强党群交流，积极推进民主协商制度，密切党群关系，抵制不正之风，切实发挥农村基层党组织在村民自治中的领导作用、推动作用与服务作用。根除腐败之风，严格落实"三严三实"和"两学一做"，真正做到廉洁奉公、勤政务实，提高基层党组织的公信力，巩固基层党组织的领导核心地位。严格落实《关于认真核查农村违规违纪发展党员问题的通知》要求，对农村党员干部队伍集中开展全面检查。

健全运行机制，强化对党员干部的监督管理。完善村党支部会议生活制度，提高自身的组织性、纪律性；创新日常管理模式，通过实行"网格化"管理、主题党日、党员户挂牌承诺、党员联系户、党员街巷长试点等管理方式，提高管理效率。组织制定村党员干部管理监督办法实施细则，进一步规范村党员干部的履职行为和权力运行。积极推行目标责任、年终考评和离任审计等制度，推动农村基层党员干部管理监督工作向制度化、规范化、法制化发展。

建立健全基层党员干部激励保障机制。坚持政治激励和经济激励并重，工作保障和生活保障并施，精神激励和物质激励并举，激励保障和管理约束并用，强化优秀党员干部的带头示范作用，激发党员干部队伍的内在驱动力，提升基层党组织的创造力和凝聚力。

3. 加强农村基层党组织能力建设

加强村级党组织服务能力建设，促进基层党组织的服务现代化，需进行服务制度创新、提升服务意识、调整服务内容以应对时代发展的需求、促进服务载体建设创建良好的服务环境。具体可从以下几方面来实现：

建构完善村级党组织服务体系。更新服务理念，秉持适度性和主导性相结合的原则，建构一个主体多元化、内容层次化、秩序规则化的乡村公共服务体系。所谓的"适度"就是强调村级党组织在乡村服务主体多元化的背景下，要明确自身服务的边界，适度而为和量力而行，充分激发各个服务主体内在的活力。"主导"就是村级党组织要对乡村服务的格局和基本秩序进行调控。村级党组织提供有效服务的能力不仅仅表现为自身怎么做，还表现为村级党组织能否对整个乡村服务格局进行必要的协调和引导，以保障其基本秩序和发展方向。一方面，村级党组织要适应农村服务主体多元化的趋势，发挥必要的协调和引导作用；另一方面，村级党组织要主动培育不同类型的服务组织，逐步填补服务覆盖上的"空白点"，确保农村公共服务的层次性和适应性。

提高服务意识，解决为谁服务的问题。一是要加强宣传，教育引导基层干部和党员牢固树立"领导就是服务、指导就是帮助"的意识，不断强化他们为民服务的自觉性。二是加强教育培训，围绕"愿服务、懂服务、会服务"，努力培养服务型党员、服务型干部，建设服务型领导班子，在帮助党员干部提高服务能力、增长服务技能的同时，提高对建设服务型基层党组织的认识。

促进村级党组织服务制度完善与机制创新。完善"双联"工作机制，一个党员领导干部联系几个党员，一个党员联系一户或几户群众，从点到面，责任到位，逐步覆盖，切实解决群众的实际困难。完善群众利益和意见表达机制，严格落实农村党员议事会、"六议工作法"制度，建立党代表、人大代表、政协委员联系农村基层制度，探索建立社区事务听证会制度，引导群众理性合法表达利益诉求，提升农村基层矛盾预防化解能力。深入推进群众评议机制，将群众评议结果作为党员干部考核奖惩、选拔任用、评优评先的重要依据，切实发挥评议的导向性作用，推动基层服务型党组织建设各项工作真正落到实处。

优化服务内容与服务方式，解决"为谁服务，服务什么，怎样服务"的问题。深入了解群众需求，想群众所想，急群众所急，明群众所需，摒弃"形象工程""政绩工程"，为群众提供更优质的服务。不断拓展和深化服务内容，努力为群众提供有针对性的、多层次性的服务，为基层群众的合法维权提供法律和政策服务，为基层群众提供健康的精神文化服务、优良的社会环境服务和及时的心理疏导服务。同时，依据社会发展需求，继续实施"第一书记"乡村治理模式。

搭建全方位、多层次、综合性服务平台。建立高效便捷的党员服务站点。根据农民群众在生产、生活、医疗、文化等各方面的服务需求，建立专门服务中心，如农村政策咨询中心、文化活动中心、创业服务中心、医疗卫生服务中心、基本生活保障中心等，为农民群众提供全方位服务，丰富党组织的服务内容，拓展党组织的服务功能。构建多层次服务网络，实现"一站式"便民服务，实现服务网络立体化全覆盖，做到"办小事不出村、办大事不出镇"。建立农村党建信息化服务平台，通过网络信息化平台，实现党建信息管理、思想教育、服务功能一体化建设，为广大党员、党务工作者和群众了解党建信息、交流党建经验、研讨党建理论提供信息渠道，切实增强党组织运用信息技术服务党员和群众的能力。

4. 加强农村基层党组织监督管理

强化村务公开和民主管理，设立村务监督委员会，制定村务监督委员会工作规程，实行"四议一审两公开"制度，推行村级重大事项"票决制"、发展党员"三公示一票决制"等，提高村务监督工作水平。落实全面从严治党主体责任，健全软弱涣散村整顿长效工作机制，开展软弱涣散村党组织集中攻坚专项行动。建立健全选派第一书记工作长效机制，全面向低收入村、软弱涣散村和集体经济薄弱村党组织派出第一书记。加强对第一书记的管理和服务，落实选派单位帮扶责任，不断完善干部驻村帮扶机制。规范基层党组织纪律检查委员设置，协助市纪委、市监委派驻乡镇监察办公室做好相关工作。推行村级小微权力清单制度，加大基层小微权力腐败惩处力度。推进"两学一做"学习教育常态化、制度化，着力引导农村党员发挥先锋模范作用。

（二）进一步完善民主自治制度

通过修改和完善村民委员会自治法、组织法规范村级权力，明确村两委的职责功能及运行程序，处理好政治领导和具体事务之间的关系；推进乡级政府转型，构建科学乡村关系；创新村民自治机制，深入推进村务公开、政务公开和党务公开，实现村民自治制度的法制化和规范化，探索符合实际的村民自治实现方式，把村民的民主权利纳入法律保护的范围，制定有效的村民自治保障机制，保障村民的合法权益不受侵害。具体包括以下几个方面的内容：

1. 理顺村委会与其他村级组织的关系

探索建立村民代表会议常设化机制，激发广大村民参与村庄治理的热情；结合农村集体产权制度改革，进一步推进新型农村社区建设，明确村委会、居委会与农村集体经济组织的各自职能，落实"政经分开"。

2. 完善"四个民主"，保障村民的自治权利

在村两委换届选举中全面推行"公推直选"和妇女成员"专职专选"，增强村"两委"班子成员的公信力；创新民主选举组织形式，把换届选举工作与扫黑除恶专项斗争、整治软弱涣散村、落实"街乡吹哨、部门报到"实施方案等工作紧密结合起来，加强对选举工作的督导；完善贿选处理程序，严惩贿选。

凡是与农民群众切身利益密切相关的事项，都要实行民主决策；通过定期召开村"两委"联席会议，建立健全村民代表联系户制度，确保民意的真实性；积极探索村庄撤并、村民散居和外出务工等民主决策的有效形式。

全面实施"两委"班子联席会、老干部监督协调委员会、党员议事委员会、干部群众民主评议委员会和村民质询委员会"五委决策"村级民主管理新模式，大力推行"四议一审两公开"等经验做法，切实保障将村民权益落到实处。按照"按需设岗、因事设岗，以岗定责、责任到人"的原则，对村级事务进行梳理分类，引导村民代表认岗领责，推动广泛参与的村民自治制度建设。

全面推进村务监督委员会建设，保证村委监督委员会"六有"，即有牌子、有场所、有活动、有计划、有台账、有印章，切实发挥村务监督委员会的效用。创新村务民主监督形式，引入网络媒体等监督媒介，强化民主监督效力。积极探索协商民主体系化，制约并监督村级权力运行。

（三）完善社会协同、多元参与的乡村治理体系

多元治理，一方面要革新基层政府运作，重塑政府间关系；另一方面更要激活乡村民间力量，重建政府与社会的关系，着力探讨乡村民间组织治理参与机制。首先，明确不同主体的权力、责任和能力。政府是多元治理的"协调者"，为村民自治和多元治理提供必要的制度保障与政策支持；村委会积极做好公正参与的"组织者"，尽可能地动员村民参与到村务管理中；社会组织要发挥本身的优势，积极参与到村民自治中，做好政府部门、村委会和村民之间的纽带桥梁；村民要积极主动参与村民自治，行使属于自己的民主

权利。其次，完善多方参与自治的动力机制。培育社会组织，提高村民参与自治的组织化程度；加强宣传，提高村民的民主意识和参与意识；加强教育培训，提高村民参与治理的能力；积极拓宽多方参与治理的渠道。

在参与方式上，积极推进网上参与、网上议事、网上决策、网上监督等，使更多的村民参与到自治中；在组织形式上，依据实际情况，成立新的专业自治组织，承担相应的自治权责，对现有组织形式进行补充完善。同时，要完善多方参与自治的制度保障。政府指导完善村庄村务自治管理中所需的各项会议制度、财务管理制度、工作制度、村干部考评制度等，明确相关人员的职责和群众的权利义务，按章办事，保障群众参与村务管理的权利得到实现。只有政府、社会组织、村民三者在制度上建构成合作互补的伙伴关系，才能解决当前乡村治理面临的制度与行动的张力问题。

（四）健全农村公共法律服务体系

加大农村普法力度，维护好村民委员会、农村集体经济组织、农村合作经济组织的特别法人地位和权利，加强对农民的法律援助和司法救助。进一步加强农村社会治安综合治理工作，推动社会治安防控力量下沉。深入开展扫黑除恶专项斗争，严厉打击农村黑恶势力、宗族恶势力，对黑恶势力背后的关系网一律一挖到底，对黑恶势力的保护伞一律一查到底。依法加大对农村非法宗教活动打击力度，严禁农村乱建庙宇、滥塑宗教造像。健全农村公共安全体系，积极开展安全生产宣传进农村活动，持续开展农村安全隐患治理，坚决遏制重特大安全事故。

（五）"三治"融合发展引领乡村发展

党的十九大报告指出，要"加强农村基层基础工作，健全自治、法治、德治相结合的乡村治理体系"。自治是乡村治理体系的核心，是社会治理体系和治理能力现代化所追求的基本目标；法治是乡村治理有效的保障；德治是乡村治理的基础。要全面树立法治为本、德治为先、自治为基的基层治理新观念，探索"法治、德治、自治"相结合的基层治理机制，做到以法治"定分止争"、以德治"春风化雨"、以自治"消化矛盾"。

以乡村自治为根本，激发农民群众建设家园的内生动力。通过各种途径加强对村民的公民意识教育，提高村民、村干部对村民自治的认知水平，培育村民的权利意识、责任意识和参与意识；搭建基层群众参与重大决策、公共事务的平台，推动社区民主协商、合作治理，形成"大事一起干、好坏大家评、事事有人管"的社会治理新局面。以"民主法治示范村"为载体,坚持依法治理思维,注重提升领导干部运用法治的能力,引导广大干部群众在法治框架内维护自身合法权益,强化依法行政,强化公正司法,强化全民守法,积极为维护社会公平正义提供坚实法治保障。发挥德治在农村社会治理中的基础作用。进一步在广大农村培育弘扬社会主义核心价值观,增强集体意识和民主氛围。注重以文化人、以文养德,实施文化惠民工程,繁荣群众精神文化生活;建立道德讲堂、文化主题公园、文化礼堂等阵地,引导人们讲道德、守道德;开展"道德模范""最美家庭"等评选活动,发挥身边榜样示范带动作用,发挥乡贤道德感召力量,促进农村社会和谐稳定,涵养守望相助、崇德向善的文明乡风。

切实发挥村规民约的约束引领作用。按照依法立约、自觉履约、多方监督的要求,围绕农村生活、邻里家庭、社会治安、公共道德等方面,以村(社区)为单位,组织群众制定村规民约,逐户签订守约承诺,用村规民约引导约束群众,培育文明新风。结合制定村规民约,提炼推广优良家风家训家规。全面推广乡贤公益协同共治模式,加强社会工作服务站、乡贤社会服务中心等党群服务平台建设,充分发挥社会各类群体特别是新乡贤在乡村治理中的作用。大力培育服务性、公益性、互助性农村社会组织,积极开展农村社会工作和志愿服务。

专题Ⅵ 北京推进城乡融合发展体制机制研究

当前发展不平衡不充分最突出的表现就是城乡差距。缩小这一差距，关键在于建立健全城乡融合发展的体制机制和政策体系。本专题选取总结了北京市在农村土地制度改革、农村集体产权制度改革、人才支撑体系建设、乡村振兴经费投入等方面取得的成效，分析了北京市城乡融合发展体制机制存在的主要问题，进而提出了在乡村振兴战略背景下，健全北京市城乡融合发展体制机制的政策建议。

一、农村土地制度改革成效显著

根据第三次全国农业普查统计，截至2016年底，通过村集体流出的农业用地面积188.2万亩，其中，北京市耕地面积132.9万亩，耕地被全部征用的农户户数达110591户。农村集体经营性建设用地面积130.5万亩，宅基地面积96.7万亩。随着改革的深化和经济社会的发展，京郊农用地的流转已经大量出现，承包地"三权"分置在实践中不断发展。概括起来，京郊农用地改革情况总结如下：

（一）农村基本经营制度更加巩固与完善

1. 牢牢把握农民与土地关系重点问题

围绕处理好农民与土地关系这条主线，以落实承包地"三权分置"为重点，巩固和完善农村基本经营制度。坚持农村土地集体所有，坚持家庭经营基础性地位，坚持稳定土地承包关系，衔接落实好第二轮土地承包到期后再延长30年的政策，让农民吃上长效"定心丸"。

2. 全面开展农村土地确权颁证工作

早在2004年北京市就已经全面开展了农村土地确权工作，与全国一般地区的农地确权不一样，京郊承包地确权方式有确权确地、确权确利、确权确股三种。据统计，2016年在423.7万亩的农用地确权面积中，确权确地252万亩，占59.5%；确权确利124.3万亩，占29.3%；确权确股47.4万亩，占11.2%。截至2017年12月31日，全市土地承包经营权确权登记颁证工作主体任务基本完成，共有125个乡镇2609个村开展了确权登记颁证工作，分别占全市拟确权乡镇、村数的100%和98.1%，涉及承包土地面积278.5万亩，占全市拟确权土地总面积的98.5%。

3. 加快放活土地经营权

创新土地流转方式，规范土地流转市场，建立了北京农村产权交易所，成为全市唯一专业从事农村要素流转交易的服务平台，也是全国资本规模最大的省级农村产权交易平台，实现了统一监督管理、统一交易规则、统一信息发布、统一交易鉴证、统一收费标准、统一平台建设，制定了农村承包土地经营权流转合同示范文本。农村形成了以农户家庭经营为基础、多种新型农业经营主体共同发展的格局，据统计，2016年，土地流转总面积246.7万亩，占全市确权面积的58.2%，比全国同期35%的流转比例高出20%，土地流向情况详见表6-1。

表6-1 北京市流转土地经营情况（2016年）

项目	流转面积	专业大户	专业合作社	集体经营	对外租赁	其中：企业	其他方式
面积（万亩）	246.7	47.4	2.5	51.1	96.6	17.4	49.1
占比（%）	100	19.2	1	20.7	39.2	7.1	19.9

数据来源：北京市农经办2016年统计资料。

4. 有效提升农业适度规模经营水平

北京郊区人多地少，确权地户均只有4亩左右。随着土地流转加快，土地经营规模逐步扩大。土地经营规模由一家一户的分散经营向适度规模经营转变，到2016年底，经营规模在50亩以上的151.8万亩，占确权地的35.8%。其中100亩以上的128.7万亩，占确权地的31.6%；1000亩以上的44万亩，占确权地的10.4%。详见表6-2。

表6-2 北京市确权土地经营规模情况（2016年）

项目	确权面积	10亩以下	10~50亩	50~100亩	100~200亩	200亩以上	其中：1000亩以上
面积（万亩）	423.7	220.5	51.6	17.9	23.1	110.6	44
占比（%）	100	52	12.2	4.2	5.5	26.1	10.4

数据来源：北京市农经办2016年统计资料。

（二）农村集体产业用地管理逐步规范

1. 农村集体产业用地集中统筹力度不断强化

（1）乡镇统筹，均衡发展。通过搭建乡镇统筹平台、乡联社（或联营公司）统筹平台，实现城乡与地区之间均衡协调发展。（2）规划调整，政府审批。主要是编制和指导村庄整治规划，为解决集体建设用地缺乏规范的制度支撑问题，提高农民和集体的谈判地位。（3）产权办证，房地分离。主要完成集约利用后的土地与房屋的确权工作，重点是确立农民对集体土地的所有权和使用权，盘活地上建筑房产，通过与社会资本股权合作方式，吸纳高端资源进入，推进产业升级改造。（4）银行认可，抵押融资。通过"房地分离"政策创新，解决农村集体土地上房屋建筑物的质押权问题，通过银行等金融部门的认可，集体土地上的房屋以未来预期收益进行抵押融资，让集体土地体现其完成的市场价值，并逐渐由同地同权走向同权同价。（5）市场规范，公开引入。主要是合理选择产业项目，实现集体产业升级，引入高端产业项目要通过公开市场来规范，实现公开、公正、透明，不能直接由区政府或镇政府确定市场引入方向。（6）土地平权，利益均衡。主要是在政府、投资商与农民和集体经济组织之间明确集体土地集约利用增值收益合理分配的制度设计。

2. 稳步推进集体经营性建设用地入市试点

制定了《北京市农村集体经营性建设用地入市试点办法》，大兴区成为"农村集体经营性建设用地入市改革试点"先试先行区。实施"统筹兼顾，规划先行"的试点理念，采取"集中入市为主、就地入市为辅"的入市方式，通过国有入市地块成本"先供先摊"政策保障集体经营性建设用地入市资金平衡，最终使入市取得了"多方共赢"的成果。大兴区西红门镇首宗集体建设用地成功入市，初步实现了与国有土地同等入市、同权同价。总结西红门、东升等试点经验，制定了《关于统筹利用集体建设用地政策的有关意见》及试点工作方案，13个区分别选择了一个乡镇开展乡镇统筹利用集体产业用地试点。开展集体建设用地建设租赁住房试点。

（三）宅基地制度改革持续创新与优化

当前，北京市农村宅基地的总面积应当在100万亩以上，在农宅利用上，当前京郊78%的农宅用于自住，18%的农宅用于经营，还有4%处于闲置状态；已开展利用的农宅中45.6%的农宅出租给他人用于居住，52.3%农宅用于商业经营，只有2.1%的农宅出租给了集体或企业统一经营，详见图6-1。探索农村宅基地有偿退出机制，赋予农户更加完整的宅基地用益物权，适度地盘活利用空闲的农房及宅基地。总结密云、怀柔、房山等区开展闲置农宅利用的经验，创新管理方式、建设模式和服务手段，提高多元化主体共同参与盘活农村闲置农宅的积极性，发展健康养老和休闲旅游产业，提高农民财产性收益。闲置农民住宅盘活利用的方式有：政府引导型，主要是政府负责对下辖镇村进行统筹规划，以示范项目等方式引入企业共同参与，经营上遵从市场规律，实现闲置农宅及整个地区乡村旅游综合开发利用，涌现的典型有怀柔田仙峪、房山佛子庄乡"第三空间"精品民宿度假区、密云不老屯等，这种方式有利于全镇（村）资源的统筹安排和整体利用，同时建立了相对合理的利益分配机制，保障农民权益；村企合作型，由村集体与企业合作，或成立专业合作社与企业对接，实现闲置农宅市场化经营，典型的有怀柔慕田峪、密云干峪沟等，有效解决了资金规模有限、专业人员缺乏、管理经验不足等问题，节约了交易费用，实现了城乡要素的市场化交流；村集体自主开发利用型，由村集体整合本村历史、民俗、旅游等资源，结合本地区地域优势，通过市场化经营发展民俗旅游，或者依托本村集体企业进行闲置农宅的开发利用，典型的有密云四马台村、平谷挂甲峪村等，借助合作平台或村办企业对村民的经营行为进行一定程度的规范，促进农民人均收入水平的有效提升。截至2017年底，全市已有26个乡镇、29个村开展试点，盘活闲置院落农宅800余套，预期租金收入1.27亿元。

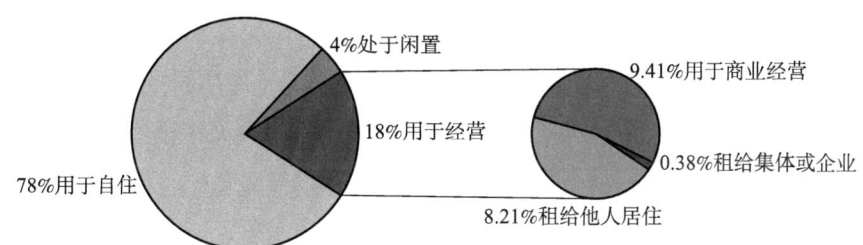

图6-1　北京市农宅利用情况（2016年）

数据来源：北京市农经办2016年统计资料。

二、农村集体产权制度改革深入推进

农村集体经济是以土地集体所有制为基础的农村社区性合作经济,即村和社(乡镇)两级集体经济组织。随着城市化进程的加快,一些重大项目建设、棚户区改造、回迁安置房建设等一系列民生工程实施,推动了北京市农村集体资产总额较快增长。据统计,2017年北京市农村集体资产总额6879.5亿元,同比增长14%。其中,乡级集体资产2461.5亿元,同比增长9.2%,村级集体资产4418.1亿元,同比增长16.8%。农村集体经济组织在发展农村经济、维护农村社会稳定、加快新农村建设等方面发挥了重要作用,但随着社会主义市场经济的深入发展和城乡一体化进程的加快,农村集体经济组织逐渐暴露出产权主体缺位、权责结构错位、民主监督失灵等问题,为深入解决这些问题,自20世纪90年代初,北京市开始积极稳妥地推进农村集体经济产权制度改革。现阶段,北京农村集体产权制度改革进入新的历史时期,新型集体经济组织的基本框架全面建立。

(一) 农村集体产权制度体系不断健全与完善

1. 完成集体资产的确权任务

由共同共有的产权结构向按份共有的产权结构的转变全面完成,形成集体股与个人股[主要为户籍股(基本股)和劳龄股]为基本成分的新型集体经济组织产权结构。截至2017年底,全市累计完成产权制度改革的集体经济组织达到3920个,其中村级3899个,完成产权制度改革的比例达到98%,乡镇级21个。通过改革,理清了集体经济组织的债权债务,优化了集体资产的市场配置,为集体经济的发展提供了资本支持;农民变为集体资产的"股东",个人权利与集体利益绑定,激发了农民参与积极经营的积极性,为集体经济发展提供了有效的劳动资本;以股份合作社为代表的新型农村集体经济组织的建立实现了经营主体多元化,提高了集体经济组织把握市场机遇发展集体经济的能力。

2. 建立法人治理结构的基本框架

改革后的新型集体经济组织基本形成了"产权清晰、权责明确、运作规范、管理民主"的法人治理结构,以"三会四权"("三会"指股东会、董事会、监事会,"四权"指出资者所有权、法人财产权、出资者监督权、法人代理权）为标志的法人治理结构全面建立，运行规范并对经营管理进行权力的协调与制衡，推动了农村集体经济组织向现代企业转变，降低了集体资产流失的风险，拓宽了集体经济的发展空间。如通州区梨园镇魏家坟村在完成产权制度改革后，把握机遇，投资兴建了隆孚大厦综合商务楼，吸引了 30 多家金融企业入驻，优化了计提资产的经营模式，在保证集体资产保值增值的前提下实现了集体经济发展模式的转变。

（二）农村集体经济全面发展壮大

1. 按股分红成为主要分配形式

在土地集体所有基础上建立的农村集体经济组织制度，与村民自治制度相交织，构成了我国农村治理的基本框架。在当前改革中，按股分红分配方式逐渐取代福利分配成为主要的分配形式，以股权的形式赋予农民对集体资产的所有权。农民享有完备的"剩余索取权"，为农户带来了可观的收入。改制后的股份合作社还可以吸收集体成员的资金入股，利用自身的区位优势、资源优势等开展市场经营，实现集体资产保值增值，同时，也为农民创造了有效的投资渠道，增加了农民收入。据统计，2017 年在改制村中有 131 万农民股东获得红利，人均分红 3712.3 元。

2. 集体成员福利水平提升

改革后的分配方式也更加合理，提高了集体成员的福利水平，具有维护转型期社会稳定的重要作用。集体经济实力较强的农村，改革之后的集体股收益被用来承担集体公共服务的开支以及集体成员的福利支出，客观上补贴了农户的收入。集体经济较差的农村，预留的集体股为日后集体承担更多的社区福利职能奠定了基础。改革后农户不仅可以分享到自有"股权"带来的集体资产收益分红，还可以享有集体股权收益带来的公共福利，同时，也减少了集体资产的流失与损耗。许多本该由政府承担的农村基本公共服务区由农民和集体经济组织承担起来，把农村集体经济搞好，发挥好农村集体经济组织载体的作用，让农民参与到社会治理中来，是社会治理能力现代化的重要体现。

（三）农村集体"三资"监督管理不断加强

1. 建立健全集体经济管理制度

转变集体资产的经营方式，提高集体资产运营效率。逐步构建农村集体资产管理法制化、制度化和规范化体系，先后出台《关于进一步加强农村集体资金资产资源管理和监督工作的意见》《关于加强农村集体资产管理的若干意见》《北京市农村集体经济合同管理办法（试行）》《进一步加强农村集体经济审计监督工作的意见》等规范性文件。各区结合实际，也研究制定了一系列制度、办法和政策意见，全市农村集体财务管理规范化程度进一步提高。截至 2016 年底，全市实行村级会计委托代理的村 3845 个，占总村数的 97%，其中实行财务与资金双代理的村 3029 个，占总村数的 76%。

2. 搭建农村"三资"监管平台

2012 年，北京市建设了《北京农村"三资"监管平台》，涵盖了农村集体资产管理、农村土地承包与流转管理、农村财务与收益分配管理等 14 个管理系统，具有数据采集、统计分析、预警监督、网上审批、一网办公、在线学习六大功能。2016 年，完成了三资平台的升级改造工作，遵循"四个层级、三个流向"的顶层设计原则，完善多层级、多用户、多功能的农村管理信息化综合应用平台，升级后的系统于 12 月 12 日正式上线运行，全面推广应用，实现流程化、模块化、组件化的功能要求。各区充分发挥区"三资"监管平台的作用，创新了监管手段。

3. 强化农经队伍管理职能

形成市、区、乡镇三级农经工作管理体系，有 2000 多人的专职经管干部队伍，4500 人的村级农村经管信息队伍，主要承担全市农村集体资产管理、土地承包管理、推进集体经济产权制度改革、农民专业合作社发展、农村财务监管、农经统计与分析、农民负担监督管理等职能。进一步加强集体资产监管体制机制建设，经中央编办批准市农研中心加挂"北京市农村合作经济经营管理办公室"的牌子。各区也积极开展探索实践，如海淀区成立了农村集体资产监督管理委员会，并在各镇设立镇级农资委，形成了区镇两级统一协调、上下联动、齐抓共管的工作机制。门头沟区探索出将各镇经管站（农村"三资"管理中心）调整上划为垂直双管的新模式。为提高农经工作者的业务素质，每年市农经办都举办资产、财务、审计、合同各类培训班，各区结合实际情况开展各种培训活动。

(四) 集体林权制度改革进一步深化

1. 采取独具特色的北京改革模式

确立了"资产变股权、农民当股东"的基本改革方向，乡村集体经济组织的存量资产通过民主程序，留出一定数量的社会保障资金后，量化到本集体经济组织成员，作为其在本集体林经济组织中的股份，并可按照股份份额获取收益、承担风险。针对"生态林占主体"的林情，结合已开展过的集体经济体制改革，北京市实行了"统分结合，宜统则统，宜分则分，不搞一刀切"的产权明晰模式。集体商品林（包括经济林和用材林）延续此次改革之前形成的农户个人承包经营模式，实行"分林到户"，经营主体有农民家庭承包、集体经营、外来租赁承包及合作经营等。集体公益林实行"均股不分山，均利不分林"的模式，由集体统一经营，农户家庭根据所获得的股份获取集体生态林补偿。此外，在防火道的修建、引水上山等基础设施建设，病虫害防治、中幼林抚育等营林技术服务方面，也由集体实行统一经营。

2. 创新收益保障机制

在保障收益权方面，北京市一方面取消了育林基金，另一方面实行了山区生态林生态效益促进发展机制，即通过加大生态补偿和森林健康经营管理资金投入，进一步鼓励、支持山区农民参与生态林保护、建设和经营管理，以有效推动实现"养山增效、兴林富民、科学经营、协调发展"目标的工作机制。对于完成明晰产权工作的山区，享受生态补偿政策，由市、区两级财政按每年 600 元/公顷投入，其中 360 元按股份分配到户，另外 240 元用于森林保护、经营等森林健康经营。

三、人才支撑体系建设持续加强

乡村振兴的核心与关键，在于要推动乡村人才振兴，把人力资本开发放在首要位置，强化乡村振兴人才支撑。北京市始终加强党对农村人才工作的统一领导，把人力资本开发放在首要位置，充分发挥相关部门职能作用，着力统筹资源、深化改革、加强协调、完善服务，加快建设一支以职业农民为主体、以科技人才为引领、以专业人才为保障、以乡土人才为特色的北京农业农村人才队伍。研究出台吸引年轻人到农村就业创业的政策，拓宽智力、技术、管理下乡通道,优化农业从业者结构,加快建设知识型、技能型、创新型农业经营者队伍,让乡村振兴发展的机会、事业、平台吸引和留住青年人才,切实激发农业农村发展活力。

(一)人才政策支持不断升级

为促进城乡人才一体化发展,2010 年北京市印发《首都中长期人才发展规划(2010—2020 年)》,提出制定城区与郊区结对帮扶政策,通过项目共建、挂职锻炼、支教、助医等形式,促城进区人才智力带动郊区事业发展。2011 年,印发《首都中长期农村实用人才发展规划纲要(2010—2020 年)》,提出组织实施生产类、技术类、管理类等五个方面农村实用人才队伍建设重点工程,努力建设一支适应首都新农村建设和城乡一体化建设要求的农村实用人才队伍。围绕青年人才返乡下乡创业创新和新型职业农民培养,2016 年、2017 年分别研究出台了《关于支持返乡下乡人员创业创新促进农村一二三产业融合发展的意见》《关于实施北京市新型职业农民激励计划的若干意见》《关于深入推进科技特派员工作的实施意见》等一系列支持农业双创的政策措施,不断加大支持力度,为农村创业创新营造良好环境。为激发广大种业科技人员的创新活力,促进科技成果的转移转化,加快推动北京种业之都建设,2017 年发布了《关于推进北京市种业人才发展和科研成果权益改革工作的若干意见》。在一系列优惠政策的支持下,初步形成了市民下乡或人才返乡创业热潮,据不完全统计,2017 年各类返乡创业人员已达 700 万,返乡农民工占到 68%,是返乡创业的生力军。

(二)农村实用人才队伍建设持续加强

1. 加快培育农业职业人才

加快构建以市农职院、市农广校等为主体,市农科院、北京农学院、各级农技推广机构、农业企业、农民专业合作社广泛参与的"市—区—乡镇工作站—村教学点(农民田间学校)"四级农业教育培训体系,自 2015 年以来,北京市每年培训新型职业农民 1.5 万人,其中市级骨干示范培训 4000 人。同时,以全产业链管理为导向,借鉴麦德龙对合作基地、农场等开展的商业科技增值服务项目,探索市场化的培训模式。

2. 加快培育农业科技人才

从 2008 年起,市人才工作领导小组就注重盘活市区高层次人才资源,弥补京郊地区人才发展短板,从科技、教育、卫生等部门选派专家人才到京郊地区开展对口支援和基层服务锻炼。截至 2016 年底,已经累计共选派 10 批 514 名人才到京郊地区服务,拥有自然人科技特派员 7617 名,法人科技特派员 456 家,共推广新技术 496 项、引进新品种 167 项,带动农民实现增收 21 万余户。

3. 加快培育农村专业人才

创新形式,加大农村实用人才培养力度。开展创业项目资助,举办农村实用人才优秀创业项目评选资助活动。实用人才类型目前主要集中在生产型、经营型、社会服务型、技能带动型和技能服务型人员,重点挖掘具有"互联网+农业""高科技+农业"等特质的技能型和服务类项目。截至 2016 年底,北京市农村实用人才总量达 5.2 万人,其中,生产型人才占 49%,技能带动型人才占 27%,经营型人才占 16%,技能服务型人才占 3%,社会服务型人才占 5%。

4. 加快培育农村乡土人才

利用各种培训平台,加强技能培训与人才培养。完善基层技术培训体系,加强基层职业技能培训,全面开展新型经营主体带头人、职业经理人、乡土专家、技能人才等培训;对于有一定学历基础、有发展潜力的年轻农村劳动力,培养成为当地的技术骨干或管理人才。

(三)新型经营主体培育创新开展

1. 提升农民专业合作社发展水平

实施新型农业经营主体培育工程,研究制定配套措施,大力扶持发展家庭农场(林场)、合作社、集体林场、龙头企业、社会化服务组织和农业产业化联合体。加强政策引导,鼓励农民以土地、林权、资金、劳动、技术、产品为纽带,开展多样化的联合与合作,推动农民专业合作社示范社建设,加强农民专业合作社信息评级工作,为农民专业合作社金融信贷服务提供支撑。截至 2016 年,北京市农民专业合作社已经达到 7168 家,成员达到 18 万人,市级示范社达到 216 家。加入农民专业合作社的农户占北京市农业人口的 60%。

2. 加大新型农业经营主体培训力度

不断创新形式方法,加强对新型农业经营主体的培训,如北京市农研中心自 2012 年以来，通过举办培训班、组织外出参观学习等形式，针对已经完成集体产权制度改革的村中有代表性的村级集体经济组织的负责人，以及各区经管站站长和主管培训工作的业务人员进行了培训。通过不断加大培养力度，落实培训方案，实施培训项目，加强指导帮扶，促使一大批家庭农场、专业大户、农民合作社、农业企业等新型职业农民和新型农业经营主体蓬勃兴起，更多优秀人才纷纷投身农村创业兴业，为都市型现代农业发展做出了重要贡献。

四、乡村振兴经费投入逐步增强

北京市全力创新投融资机制，加快形成财政优先保障、金融重点倾斜、社会积极参与的多元投入格局。

（一）涉农资金管理不断完善

为了管好涉农补贴资金，确保涉农补贴资金高效使用，北京市各区采取了多项措施和办法，实现了涉农补贴资金管理的制度化、程序化、公开化。完善管理制度，2010 年出台了《北京市农业担保资金管理暂行办法》，进一步规范涉农资金的管理制度。严格审批流程，按照村、乡镇、县级到市级主管部门的逐级审批流程，明确资金的使用需经过民主决策、领导审批、民主理财等各项程序。规范财务公开，各区、乡镇、村级组织正常运转专项补助资金的使用，做到按季或按月公开。加强审计监督，各级主管部门必须通过"三资"检查、年终专项审计、村干部经济责任审计三种途径，严格监管资金的合理有效使用。

（二）农用地抵押贷款启动试点

2015 年 12 月，北京市在大兴区、平谷区开展农村承包土地的经营权抵押贷款试点。截至 2017 年 12 月末，北京市农村承包土地的经营权抵押贷款余额 1324 万元，无不良贷款发生；全年新发放农村承包土地的经营权抵押贷款 6 笔，金额 634 万元，其中，利率在基准利率 1.5 倍以下的贷款占比超过 50%，平谷区实现首单"农地"经营权抵押贷款落地。2018 年第一季度，全市新发放农村承包土地的经营权抵押贷款 9 笔，金额 274 万元。北京市农业融资担保公司、北京农村产权交易所联合推出"农权保"创新产品，以"农地"经营权为抵押，以政策性担保做增信，打通"农地"经营权流转渠道，集成市、区两级支农政策，有效推动试点工作落地。北京银行针对试点业务，推出"农权贷"特色产品，单户最高贷款金额达2000万元，期限最长3年，由北京市农委提供100%贴息。

（三）农业保险覆盖面不断扩大

充分发挥首都金融资源积聚优势，进一步健全适合农业农村特点的农村金融体系，推动农村金融机构回归本源，创新金融服务方式，充分利用农业融资担保、农业融资租赁、农业商业保险等金融工具，撬动和引导更多金融资源支持乡村振兴。制定了《关于加大农业领域贴息等金融扶持的办法》，有效缓解了新型经营主体"融资难、融资贵"问题。进一步完善政策性农业保险制度，不断扩大保险覆盖面，提升保障水平，实施险种23个，参保农户10余万户。

五、北京城乡融合发展体制机制存在的问题

统筹城乡发展，实现城乡融合发展新格局，是经济社会协调与可持续发展的长期工作。近年来，北京市紧跟时代发展步伐，坚定不移地实施城乡融合发展战略，协调推进新型工业化、新型城镇化、信息化和农业现代化，初步走出了一条具有北京特色的城乡融合发展之路，但也存在一些问题需要引起重视，并加以解决。

（一）"三块地"改革推进困难

1. "三权"分置制度尚需进一步完善

一是集体所有权属不明确。有关集体所有权的法律法规和政策规定不够明确，集体所有权的权利人虚化。有关法律和政策已明确农民集体是土地所有权的权利主体，但在现实中，往往是村干部代替农民集体行使集体所有权，作为集体经济组织成员的农民集体，则在集体所有权的行使中缺位。二是农户承包权保障不充分。一些地方存在村干部和村集体主导土地流转的现象，村民难以决定土地流转及参与土地流转后的监督管理；部分村未按村民承包土地面积支付流转费，而是按人头支付流转费，造成随着村内人口的自然消亡，村集体实质上收回了村民的土地承包经营权；农民的征地补偿费得不到应有保障，土地补偿费未对土地所有权补偿和土地承包经营权补偿进行区分；农户承包权的权能不完整，尤其是处分权能不完整。三是土地经营权制度不健全。土地经营权的权能规定不够明确，土地经营权事实上并没有享有融资

担保权能,"流转土地的经营权抵押需经承包农户同意"的规定,导致经营权抵押需承包农户逐个签字同意,交易成本较高,同时,土地经营权抵押贷款批复时间长,需要1~2年,且贷款额度小。

2. 集体建设用地统筹集约利用尚处过渡期

一是管理有待进一步加强。集体建设用地乡镇统筹集约利用的路径探索具有过渡期特征,不能完全摆脱传统开发模式的影响。在政策、体制、空间、产业等方面,仍存在不协调、不配套的情况。二是集体建设用地利用分散。农村居民点布局分散,建设无序,占地面积大,利用率低,20世纪90年代中期以来,政府有关部门对中心镇在政策、资金和土地投入等方面给予了很多支持,但由于小城镇布点多、定位不明确、缺乏特色,以及中心城区辐射能力强等因素,一些小城镇引进企业少,人口规模小,园区土地、商品房限制较多,对郊区经济发展的带动能力有限,造成土地资源浪费和利用率低等问题。三是收益分配缺乏规范。组织和利益联结机制缺乏,镇与村、村与村、村与户之间缺乏统筹的手段和力量,各村之间各自为战;用地流转过程中缺乏保护农民权益的机制,收益由少数乡镇干部和村干部支配的现象比较普遍;集体建设用地流转收益缺乏保障,一些工业开发区或用地企业,与农民签订了长期的土地租赁协议,但合同文本并不规范,也没有经过报批,缺乏必要的法律法规支持。

3. 闲置农宅利用尚需进一步深化

一是市场与政府在闲置农宅资源配置中职责分工不明确。市场配置资源的决定性作用发挥不明显,农宅、生态环境和历史文化等资源要素的市场定价体系尚不完善,容易造成村集体和村民利益受损;农村集体资源性资产的产权权属和权能尚不明确,农村宅基地的用益物权没有得到充分实现,宅基地交易与退出机制缺乏、现行旅店审批制度与乡村旅游发展不协调等也在一定程度上影响了资源的有效利用。二是生态文明建设需进一步推进。沟域经济是北京山区独具特色的产业发展模式,但经过多年实践,许多地区仍然发展得不太成熟,一些山区公共服务设施不足,生态环境承载力有限,限制了山区第二产业、第三产业发展,且产业项目雷同、科技支撑不足问题突出,未能有效支撑沟域经济特色品牌的打造。三是利益分配机制不够完善。利益主体不够清晰,利益分配比例不尽合理,村集体资产存在流失隐患,还存在不注重保护生态环境和历史文化、过度开发导致村设施承载超负荷运转等现象，不利于村集体长远发展。四是打造文化品牌意识不足。农民尚存在知识、管理、技能上的不足，往往倾向于较低层面的相互模仿，导致同质化现象严重，缺乏地方文化特色。

（二）农村集体经济发展存在障碍

1. 制约集体经济发展的体制性因素尚未根本破除

一是城乡二元结构体制导致集体产权权能的残缺。突出表现在土地市场与金融市场方面。集体土地开发建设过程中，往往一次性出让，集体土地变为国有土地。近年来，农民获得补偿虽有提升，但仍然偏低，且补偿形式比较单一，重货币补偿，轻实物补偿，缺乏对农民长远生计的考虑。而要鼓励乡村集体经济组织自主开发，又面临着法律上的种种制约，及由此产生的房产证颁发、周边公共设施配套等一系列的现实难题。农村金融市场缺乏切合农村社区特点的、符合农民需要的金融环境和组织。此外，城乡公共服务资源的配置存在差异，农村集体经济组织的社会性负担较为沉重。二是传统农村集体所有制下"政经不分"遗留的弊端。传统农村集体所有制下"政经不分"的体制性弊端主要体现在，新型集体经济组织人事安排往往受到行政力量的人为干扰和武断干涉，特别是高层管理人员的任命常由所在政府部门决定，而不是市场资源配置的结果。这种情况下，法人财产权以及相应的法人治理结构也就难以真正确立，经济组织运行的思维方式和努力目标也难以转入到符合经济规律的科学轨道上。

2. 产权制度改革后面临新难题

一是新增人口与原人口之间的股权结构需要变化。随着时间的推移，集体经济组织成员自然会产生变化，特别是在城乡接合部地区，人口外流少，往往会产生新生人口要求股权的问题，如果坚持把这些新生人口排除到集体经济组织成员范围之外，推迟股权的二次量化，就容易产生新的纠纷和社会不稳定因素。二是原内部人员之间的股权结构需要调整。集中体现在集体股、个人股中劳龄股比例过高等方面，集体股本质上仍然代表着产权不清晰的资产，需要在深化产权制度改革的过程中进一步降低比例；劳龄股代表的是劳动在创造集体资产和集体收益中的贡献，而目前集体资产主要是近年来地价上升及征地拆迁创造出来的，其实质是地租的货币化，而非劳动贡献，显然户籍股比重应高于劳龄股，现实中二者存在倒挂的现象。三是不断升值的土地资源形成一个潜在的社会不稳定因素。产权制度改革时未纳入清产核资范围内的土地资源不断升值形成一个潜在的社会不稳定因素，随着土地资源的不断升值，一些地方出现原先已清退人员新的二次量化的诉求；由于缺乏有效的法律法规依据，股权继承问题在许多地方处于停顿或悬而未决状态，随着时间推移矛盾也不断加深。

（三）乡村振兴人才瓶颈亟待突破

1. 农业劳动力素质和水平较低

北京市农村劳动力文化水平低，初中及以下学历者占多数，与发达国家相比差距很大。2016年北京市农村已就业劳动力中，初中及以下学历者占农村劳动力人口的80.25%，高中及以上学历者仅占19.75%。与发达国家相比，文化程度差距很大。随着城镇化进程的加快，大量青壮年农村劳动力转移，农村实用人才"非农化"发展，农村"能人"大量外流。农业劳动力老龄化、弱质化严重，带来的是农村的空心化和农村社会活力的退化，当前农业劳动力素质呈结构性下降。现代农业是现代科技集约农业，与农业产业化、规模经营以及激烈的市场竞争相联系，要求农民具有较高的文化素质和技术素质，要会经营、善管理，具备市场经济意识。

2. 新型经营主体无法满足现代农业发展需要

农民合作社辐射带动能力有待增强。一是规模较小，从合作社成员数量看，10户以下的合作社4312家，占总数的67.3%；从合作社收入情况看，总收入不足10万元的5302家，占总数的82.7%；从成员入资情况看，入资不足10万元的4693家，占总数的73.2%。二是难以打破跨地区经营的地区性界限，成员分布在村域范围内的合作社4182家，占65.3%，成员分布在全市以及跨省范围的有101家，占1.6%，加入各类联合社的合作社只有185家，仅占合作社总数的2.9%。较小的农民专业合作社规模及经营的地区限制，决定了其所能辐射的区域非常有限，市场竞争力方面也体现出一定的疲软状态。另外，"好带头人"不多，后备人才缺乏，引进人才困难。有的村由于缺少懂得现代企业管理、市场经济的高素质管理人才，集体经济发展前景受限。对学习和培训不够重视，缺乏有效的培训长效机制和激励机制。

3. 农业人才发展的经费投入尚需进一步提高

面对日趋激烈的国际竞争，加快建立一支规模大、科研能力强的农业人才队伍，对今后北京农业发展至关重要。但由于传统观念和社会上实用主义观念的影响，一些政府部门对人才作为农业发展第一资源的战略意义认识不够，看不到他们在农业和社会发展中的长远推动作用，对影响本区域农业人才发展的制约因素了解不够，对人才引进和培养的经费投入不足，延缓了当地农业人才队伍建设的步伐，也有一些农业技术人员素质难以适应新形势发展的需要，阻碍新农业技术的研究开发与推广。

（四）农村金融有效供给不足

1. 金融试点尚需进一步推进

一是"农地"经营权颁证工作进展较慢。目前，大兴区、平谷区两个试点区的"农地"经营权确权工作已基本完成，颁证工作却仍未有明显推进。多数金融机构出于业务合规性和经营风险考虑，对试点业务采取观望态度；已参与试点的银行也难以扩大贷款规模。颁证工作的滞后很大程度上影响了北京市"农地"经营权抵押贷款试点开展的深度和广度。二是农村土地经营"碎片化"。平谷区农业经营主体以家庭为主，生产经营模式单一，技术落后，土地市场价值难以体现。部分"农地"规模小而分散，不易于开发和流转。土地流转市场不活跃、不成熟，使"农地"经营权难以形成以市场为基础的公允价值。此外，农村土地普遍多次流转，农业经营主体从承包人手中流转土地获得农村承包土地的经营权的，申请贷款时须经原承包方书面同意，实际操作难度大。农村土地资源"碎片化"的现状制约了试点工作的开展。三是抵押物处置机制尚需完善。北京市试点工作已经明确了通过北京农村产权交易所公开挂牌的抵押物处置机制及具体流程。但处置措施相对单一，且至今并无实际处置案例发生，银行对于"农地"经营权作为抵押物的处置变现能力仍存疑虑。

2. 农民专业合作社融资尚需进一步破解

一是农村金融供给不足。相对于服务城市的商业银行和外资银行而言，农村金融机构较少，且金融机构为追求利益更大化，更愿意将资金投向非农部门或企业，对农民专业合作社的信贷产生了挤占。尽管目前银行出于自身利益的考虑，对于合作社融资的条件仍较严格，大多数合作社由于缺乏有效的抵押物和担保物而被金融机构拒之门外，且绝大部分合作社存在产权制度不清晰、经营不够规范、信息透明度较差等问题，再加上农业天然的抵御自然能力差、风险高、收益不稳定且相对较低等特点，大大削弱了银行与合作社合作的积极性。二是资金多样化需求无法有效满足。农业生产的多样性决定了资金需求呈现多样性和多层次性，业务种类需求多样化，而目前银行由于金融产品单一很难适应农业发展多元化的资金需求。合作社缺乏有效的抵押品或担保，就土地而言，农民专业合作社只有使用权，而没有将土地资产抵押的权利；就建筑物而言，当前大多数农民专业合作社所拥有的办公场所为租用，无法作为融资抵押物。

六、健全北京城乡融合发展体制机制的政策建议

乡村振兴背景下，推进城乡融合发展政策体制机制改革，破除城乡融合体制机制樊篱，关键要做到以下几点：

（一）加大改革力度，推进土地节约集约利用

1. 明确土地改革理念

认清土地资源性质。我国土地制度以公有制为基础，土地是公共资源，不是纯商品，不因个人劳动获得，土地收益应由城乡居民共同分享。农村集体土地是实现城乡一体化的重要物质基础，主要需要实现农民集体土地权益保障、土地收益共享和取得土地利用机会均等三个方面。要按照"土地平权"的理念，兼顾效率与公平，实现地尽其力与地利共享。认清土地制度变革规律，分阶段推进土地制度改革。承包地、集体经营性建设用地和宅基地三者之间，既有共同点，即承担着一定社会功能，又有不同点，如宅基地更多体现了生活资料的特点。因此，土地制度改革步骤上要有先有后。宅基地是农民最基础的生活资料，关乎农民最基本的生活权利，宅基地变革进程与农民市民化进程相关联，因此宅基地变革要循序渐进，要在实现农民基本生活保障的基础上开展。明确农地和建设用地的改革目标。以"耕者有其田"为目标推进农地制度改革，即只有具有耕作经验、技术、能力及生产管理能力的合格农业生产者才能取得农地使用权及所有权，提高农地集约利用效益。以"涨价归公、地利共享"为目标推进集体建设用地制度改革，即土地自然增值公有公享，打破"村自为战""户自为战"以及部门分割的开发利用格局，统筹利用集体建设用地，并建立农民、政府、社会资本之间合理的利益分配机制。

2. 统筹利用集体建设用地

加强政策支撑。搭建组织机构，进一步健全工作协调机制，简化审批程序；出台试点"指导意见""实施方案"等试点总体性政策，为试点工作提

供基本支撑；出台试点工作在指标、融资、腾退等环节的专项政策；科学设计审批流程，参考土地整理的工作机制框架，明确不同阶段的牵头部门；支持多元化模式探索。加强指标统筹。在集体建设用地指标中，一部分指标来自镇域总体规划中按常住人口核算的建设用地指标，这部分指标主要用来解决当地农民的就业和长久收入来源问题，另一部分指标来自建设用地实施"规划还绿"的奖励，即以规划绿地上的建设用地面积为测算基准，在完成建设用地还绿条件下，乡镇可以获得的额外集体建设用地指标。加强利益统筹。明确主体受益主体，各村集体经济组织成员作为集体建设用地所有权主体享受土地开发收益；明确产权主体，将集体建设用地使用权证颁发给新成立的乡镇土地股份合作联社，使其成为项目土地使用权主体，将房屋产权证登记至社会资本参股的具体某一项目的联营公司，使其成为房屋产权主体，实现"房地分离"，同时，进一步明确房地分离政策的适用主体、适用条件和适用程序；明确经营主体，乡镇土地股份合作联社将集体建设用地使用权委托给经营主体，即乡镇集体资产经营公司，实现所有权和经营权的分离。

3. 推进山区闲置农宅有效利用

理清政府与市场的边界。充分发挥市场在资源配置中的决定性作用，明晰村集体和村民的各项权能，完善市场定价体系，通过开展闲置农宅盘活利用，推动经营过程中用工、租金、定价等资源要素进入市场，促进闲置农宅在内的农村产权流转交易公开、公正、规范运行，提高资源利用效率；加强政府的监管、引导和服务职能，完善相关法律政策体系保障农民权益，重点探索宅基地有偿退出等问题，加强农村基层组织建设，纠正由市场盲目性引起的经营策略错误或由市场自发性引起的不合理经济行为。大力推进生态文明建设，重点研究闲置农宅利用与沟域经济互动影响。宅基地增减挂钩推进土地集约利用项目，以及与地产结合的产业植入项目，包括旅游、文化餐饮、养老等北京市闲置农宅利用的重要方式，要在此基础上，重点研究产业项目尤其是以沟域经济为代表的产业形态与闲置农宅利用之间的互动影响。完善利益分配体系，保障农民利益。加快研究集体经济组织成员的资格认定问题，通过产权界定理清利益分配主体关系，实现集体资产合法收益的有效分配。挖掘地域特色文化，加强文化品牌塑造。注重挖掘当地独具特色的历史文化、地方风情、农耕文明和传统民俗等标志性内涵，结合沟域经济和文化创意等产业支撑，打造特色品牌。

(二) 全面深化改革,探索农村集体产权制度改革新路径

1. 破除城乡二元结构体制

加大农村居民社保投入。加大各区级财政投入力度,统筹相关政策予以有效落实。加大财政投入力度,实现应保尽保、居民低保标准城乡统一,实现义务兵优抚费、残疾人救助、丧葬补贴等保障城乡统一。强化公共服务投入。在就业、教育、医疗、卫生等领域加大投入,以建立农民工社会保障与公共服务体系为重点推进城镇基本公共服务常住人口全覆盖;通过推进户籍制度改革建立城乡统一的户口登记制度,让农民工转为居民,融入城市,享受到市民在劳动保障、公共服务等领域的各项待遇。加大职业培训力度,提升农民就业机会。加快构建城乡一体的就业服务网络、城乡居民就业失业管理制度,不断拓宽农民就业增收渠道,促进农村劳动力转移就业,加快农村低收入群众增收步伐;适应市民化后生产方式转变的需要,加大职业培训力度,促进转居后农民非农就业转移,保障转居后的新市民能够实现长期的安居乐业。加大基础设施建设投入力度。在道路、饮用水、排水与环卫保洁等方面加大市级财政统筹力度,全面加强农村基础设施建设,实现农村文化教育卫生健身设施全覆盖,公交、邮政、有线电视、超市全覆盖。建立健全整建制农转居政策机制。在政策机制上要有一定的弹性空间,让农民和当地政府部门能有一定自由选择和裁量的余地,增强政策可操作性,建立重大项目征地审批与当地农民就业、社保联动机制。

2. 推进集体经济组织功能转型

推进"政社分开",明确集体经济组织的功能定位。推进整建制转居,完善社会公共服务体系,从而取消"政经不分"的存在依据;充分考虑集体经济组织下一步发展方向,解决好未来集体经济组织的功能定位转换问题。着力破除村庄封闭体制,推进产权社会化。把农村改革的重点由村级向乡镇级延伸,破除村庄社区的封闭体制,创新资源的配置体制,研究探索村与村之间联合的资源定价机制;明确集体经济产业发展的重点和方向,投资、经营商业模式相对简单、便于操作的不动产,在具备一定条件之后,不断提升产业等级,向高端化发展;加快农村资源资本化,关键是要破解农村融资瓶颈,积极探索土地承包经营权、林权、宅基地使用权和新型集体经济组织股权"四权抵押"融资新渠道。把股权管理列入深化农村产权改革的重点工作。统一在人员界定、股权结构、增资扩股以及新增资产股权量化等问题上的指导

意见，积极鼓励按股分红，适当降低福利分配比例，处理好村村、村镇各级集体经济组织之间的股权关系，推进乡联社建设，实施乡镇统筹，促进乡村联动发展，健全内部法人治理结构。改善集体经济发展的政策环境。出台相关政策，重点在税收、市场准入和土地开发三大领域进行扶持，涉及工商、发改、规划、国土等多个行政部门。

（三）创新体制机制，构建多层次人才支撑体系

1. 培育壮大实用人才队伍

采取多渠道、多层次、多形式，选拔致力于农村基层工作的党政人才和村社干部，优化干部队伍的专业技术和年龄结构，提升农村干部整体素质。探索建立联合、选拔、示范引领等人才培养机制，培育农村实用人才。开办乡村振兴讲习所，分类施策，培训生产性、服务型和经营型农村实用人才，培育新型职业农民。

2. 创新人才引进制度

放开限制人才回流的户籍、档案等制度，创新设计更优越的人才引进制度，促进一批有思想、有眼界、有技术、有能力及有一定资本的城市人、外出务工致富能人回乡创业。设立农业创业专项资金，对科研人员、大学毕业生到农村创业给予一定的资金支持。加大农业龙头企业引才引智力度，鼓励龙头企业与高校、科研院所产学研对接。建立专业人才、科技人才参与乡村振兴机制和区、镇（街）专业人才统筹使用制度，最大限度释放"人才红利"。

3. 完善人才留住机制

加大对农业农村的财政投入和政策扶持力度，逐步消除农村经营体制障碍，推进集约化经营进程。推进人事制度和收入分配制度改革，全面构建和谐劳动关系，加快形成与区域协同发展要求相一致、与首都城市战略定位相契合、与经济社会发展水平相适应的农村人力资源和社会保障体系。完善与人才贡献相适应的激励机制，探索乡村人才晋升机制。

（四）采取多项措施，深化农村金融改革

1. 完善涉农金融机构体系

继续推进构建多层次、广覆盖、适度竞争的农村金融机构服务体系，促

进政策性金融、商业性金融与合作性金融功能互补、相互协作，规范非持牌金融机构、民间金融、互联网金融行为，实现农村金融机构有序发展。引导大型商业银行稳定区域网点，下沉金融服务，拓宽服务半径。引导农业银行和邮储银行"'三农'金融事业部"发挥作用；进一步明确国家开发银行开发性金融机构的功能定位，强化中国农业发展银行政策性金融作用；强化农业银行、北京市农村商业银行、北京银行和邮政储蓄银行以及村镇银行等农村中小金融机构的支农主力军地位。鼓励证券、保险机构在区镇增设网点，支持扩大直接融资，大力推广农业保险；加快政策性农业信贷担保体系建设，推进相互保险试点，规范发展互联网金融服务。增加涉农金融机构供给，规范民间金融，通过市场机制实现适度竞争，降低"三农"融资成本。

2. 提升农村金融服务能力

针对农业农村经济发展的新特点与新要求，继续深入推进农村信用社产权改革，将处置高风险机构和改制组建农商行相结合，解决历史包袱，改善资产质量和财务状况，提升服务"三农"能力及水平。推进村镇银行投资管理试点建设，提高村镇银行在区覆盖面，健全北京农村中小金融机构法人治理机制，严格规范股权和股东行为管理，明确职责，建立科学合理的绩效考核和薪酬支付机制，强化服务"三农"的市场定位。

3. 创新产品与服务方式

一是创新抵押担保方式，稳妥有序推进农村承包土地的经营权和农民住房财产权抵押贷款试点。引导金融机构围绕盘活农村土地经营权和农民住房财产权强化产品创新，增加抵押物范围，实现农村资源资产的抵押担保职能，满足农业经营主体的多样化信贷需求。二是推进农业适度规模经营，积极对接专业大户、家庭农场、农民合作社等新型农业经营主体的信贷需求，"量身定制"信贷产品。开展大型农机具、预期收益权、林权等抵押贷款业务和供应链融资服务；支持新型农业经营主体利用期货、期权等衍生工具实施风险管理。三是扩大对农田水利、新型城镇化、绿色生态等重点领域的支持；鼓励金融机构拓宽抵押担保范围，探索农业基础设施项目收益权抵押融资；创新面向新型城镇化的金融产品，为农村向城市转移人口提供相关金融服务。四是鼓励协同创新。加强信贷与保险、担保合作，开展"保险+期货"试点，深化农业投融资体制机制改革，支持金融机构通过债权、股权、资产支持计划等多种方式支持"三农"发展。

4. 推进涉农融资多元化

一是加强证券业支农服务。支持贫困农村和涉农企业利用多层次资本市场融资；完善银行间债券市场产品体系，鼓励利用永续票据、项目收益票据、资产支持票据等创新产品向涉农企业提供直接融资。二是大力发展农业保险。充分用好中央财政对农业保险的保费补贴政策，扩大农作物品种参保范围，提高单个品种的承保覆盖率。增设农业保险机构，鼓励在乡镇和农村设立农业保险服务点，提高农业风险保费金额，完善农业保险赔付流程，充分发挥农业保险的"稳定器"和"助推器"作用。引导保险机构丰富保险产品，鼓励因地制宜开发特色保险产品。大力发展农业价格保险，提高保障水平，将自然风险和市场风险都纳入保险范围内。丰富承保品种，保障程度从单维度的旱灾、风灾、低温向多维度综合气象指数转变。

5. 完善扶持政策体系

发挥政策指引和激励作用，综合考虑统一性和特殊性，即农村经济社会发展、地区差异等多种因素，优化、细化激励措施。根据形势变化完善金融机构支农水平的考核指标体系。逐步改变政策实施方式，减少由政府指定机构、获得专项政策或资金支持、从事政府指定专项业务等的选择性做法，增加普适性、功能性、竞争性政策支持，增强金融机构按商业规则提升涉农金融服务能力的内在动力。完善宏观审慎评估考核体系，适当增加贷款额度。建立风险分担和补偿机制，统筹各类财税扶持政策及支持"三农"的财税奖励资金，切实发挥普惠金融发展专项资金的引导作用。

6. 加强农村金融基础设施建设

一是构建农村物权流转交易平台，实现农村物权融资功能。建立健全农村物权评估、登记服务、流转交易的一条龙服务机制，促进增信和风险补偿制度执行落地。二是推进农村信用体系建设，建立农户和涉农企业电子信用档案，加大对失信行为的惩戒力度，营造"守信受益、失信难行"的良好农村信用环境；加大农村金融案件执行力度，依法维护金融债权安全；强化依法行政，切实打击逃废债行为。三是促进农村支付体系和支付工具等金融基础设施建设，向现代农业经营主体提供全方位、网络化的信息服务，提高其资金配置和风险管理能力。四是加强农村金融消费者权益保护，坚决打击各种非法集资，落实投资者适当原则，加强金融知识宣传普及，切实保护消费者权益。

专题Ⅶ　北京农村人口老龄化问题研究

农村老龄化是乡村振兴战略解决农村（衰落）中突出问题之一。农村人口老龄化，对产业发展、农村治理、乡风文明等方面都将产生重大影响，解决问题的难度也很大。本专题从北京农村人口结构、农村劳动力年龄结构现状入手，分析了农村人口老龄化面临的问题，总结各区养老服务经验，进而从老龄人力资源开发、农村治理人才培育、老龄人口养老等方面，提出应对农村人口老龄化的几点建议。

一、农村人口年龄特征分析

（一）农村老龄人口比重高，且老龄化速度快

北京农村人口老龄化现象较为突出。按照国际惯例，65岁以上老年人口占总人口7%以上的国家或地区，被称为老龄化社会。2015年，北京市农村65岁及以上老龄人口占总人口比重为11.5%，比城市高0.8个百分点，已经迈入老龄化社会。

北京农村人口老龄化处于急剧加速和迅速发展阶段。一方面，老龄化速度快。2005年，北京农村老龄人口比重为7.17%，到2015年这一数值已经上升到11.5%，老龄人口比重增长4.4个百分点，只用了10年的时间。而国外较早出现人口老龄化的国家，65岁及以上人口占总人口比重从5%上升到7%，增长2个百分点一般需要40~100年的时间。

如，2017年底，密云区有60周岁及以上户籍老年人共有9.6万人，其中，农村老年人7.2万人，占全区老年人总数的75%，占农村户籍人口总数的29.4%。从全区老龄化和高龄化趋势来看，2010年至2017年，密云区老年人增加了2.8万人，达到9.6万人，老龄化率增长5个百分点，80周岁及以上老年人增加了5000人，占老年人口总数的14.6%。延庆区，现有60周岁以上户籍老年人6.3万人，其中，农村老年人4.1万人，占全区户籍老年

人总数的 65%，占农村户籍人口总数的 26.7%，占全区户籍总人口的 22.3%，比全国平均水平的 17.3% 高 5 个百分点，养老问题不容忽视。

另一方面，农村人口低出生率，使老龄化趋势短期内很难逆转。从人口普查资料看，少年儿童数量占总人口的比重不断下降。2006 年，0~4 岁少年人口占北京农村常住人口的比重为 11.69%，2015 年这一比重为 9.55%，下降了 2.14 个百分点。

表 7-1 北京市农村人口结构（2015 年）

	人口数（人）	0~14 岁人口比重（%）	15~64 岁人口比重（%）	65 岁以上人口比重（%）
北京市	335775	10.1	79.2	10.7
城市	268914	10.2	79.2	10.6
建制镇（乡）	20833	10.8	80.0	9.1
农村	46028	9.5	79.0	11.5

资料来源：《中国人口和就业统计年鉴（2016）》，国家统计局。

（二）农村仍处于人口"红利"期，劳动力后继乏力

北京农村地区的人口年龄结构，15~64 岁人口占总人口比重约为 80%，呈现出"两头小、中间大"的特点。人口抚养比①在 20% 左右，社会抚养负担相对较轻，处于人口年龄结构的"红利"时期。

表 7-2 农村 0~14 岁和 65 岁以上人口比重及变动趋势（2009—2015 年）

年份		65 岁以上人口比重（%）			0~14 岁人口比重（%）		
	总抚养比（%）	建制镇（乡）	农村	合计	建制镇（乡）	农村	合计
2009	21.18	7.83	10.57	10.07	11.35	11.05	11.11
2010	18.28	7.22	9.71	8.91	9.83	9.16	9.37
2011	18.09	8.82	9.16	9.04	9.38	8.82	9.05
2012	19.14	12.85	8.1	9.54	10.93	9.02	9.6
2013	21.27	7.39	12.43	11.15	11.45	9.67	10.12
2014	17.07	5.23	9.74	8.21	8.28	9.16	8.86
2015	20.7	9.15	11.49	10.76	10.81	9.55	9.94
变化幅度	0.68	1.93	1.78	1.85	-0.54	-1.51	-1.17

资料来源：《中国人口和就业统计年鉴（2016）》，国家统计局。

---

① 社会总抚养比 =（0~14 岁人口数 + 65 岁以上人口数）/15~64 岁劳动年龄人口数。总抚养比越低，人口红利越高。理论界将人口抚养比小于或等于 50% 称为人口机会窗口期。在窗口关闭之前的时间内，劳动力供给充足，社会负担相对较轻，有利于经济的快速发展。人口红利是指一个国家的劳动年龄人口占总人口比重较大，抚养率比较低，为经济发展创造了有利的人口条件，整个国家的经济成高储蓄、高投资和高增长的局面。

农村劳动力后继乏力。北京农村劳动力就业率在70%左右,其中,有近6个区的非劳动年龄内从业人员(根据实际经验判断,主要是超过劳动年龄人员)比重在10%以上,主要集中在房山、门头沟、怀柔、平谷、密云和延庆这一生态涵养区,非劳动年龄内从业人员比重平均达到23.42%。从2006—2015年10年间各年龄段劳动力占农村劳动力总数比重变化趋势看,30~49岁中青年劳动力比重下降了15个百分点,30岁以下劳动力占比下降了7.5个百分点,50岁以上的劳动力占比上升了22个百分点。农村劳动力中,30岁以下劳动力占比少且降速快。按照这一态势,北京农村劳动力老龄化程度将进一步加深,且速度更快。

作为流动人口吸纳地,外来年轻人口的大量进入,在一定程度上延缓了劳动力老龄化带来的问题。如朝阳、丰台、海淀、顺义、通州、昌平和大兴几个区,非京籍农村从业人员在劳动力资源上占比接近或超过50%。从行业看,外来人员主要集中在三产,其次是二产和一产,三个功能区呈现情况一致。呈现这一特点主要是由于北京农村的一产规模小,劳动力容纳量有限,二三产就业有一定空间。

表7-3 农村常住人口就业情况(2016年)

各区	从业人员占农村劳动力资源比重(%)	其中:非劳动年龄内从业人员比重(%)	其中:非京籍农村从业人员比重(%)	非京籍人员从事一产(%)	非京籍人员从事二产(%)	非京籍人员从事三产(%)
朝阳区	82.09	3.15	83.90	0.14	19.33	80.53
丰台区	68.06	1.60	55.13	0.62	15.29	84.09
海淀区	71.91	4.64	72.63	1.26	19.63	79.12
功能拓展区	76.01	3.32	75.29	0.53	18.88	80.59
房山区	59.33	12.94	18.16	7.43	29.38	63.19
通州区	56.62	7.94	52.11	3.47	43.54	52.99
顺义区	69.26	9.11	44.03	3.48	36.23	60.30
昌平区	80.35	5.87	73.99	0.83	17.22	81.95
大兴区	77.19	8.95	58.59	2.29	50.56	47.15
城市发展新区	69.02	8.46	53.58	2.31	32.52	65.16
门头沟区	59.68	16.71	22.20	1.46	33.42	65.12
怀柔区	69.44	21.25	26.76	3.84	44.81	51.35
平谷区	70.69	22.07	11.07	6.82	51.19	41.99
密云区	80.99	28.17	9.95	10.74	43.61	45.65
延庆区	66.98	22.75	7.44	16.74	19.16	64.11
生态涵养区	71.53	23.42	13.90	6.90	42.62	50.49
总计	71.13	9.82	52.05	1.87	27.98	70.14

资料来源:第三次全国农业普查,北京市统计局,2016年。

（三）农村人口呈现举家迁徙和长期在外居住趋势

与周边省市相比，北京城市在就业、生活等方面具有明显的优势，使城市成为人口主要吸纳地。到 2016 年北京的城镇化率已经达到 86.5%，处于全国第二。户籍农村人口呈现举家迁徙和长期在外居住的趋势。从农村户籍来看，全家外出农户占农村户籍农户总数的 10.25%，其中，外出超过 3 年的达到 43.19%。从农村户籍人口来看，全家外出人口达到 8.66%，其中，外出超过 3 年以上的人口达到 43.95%。

表 7-4 户籍农村人口外出情况（2016 年）

各区	全家外出户数比重（%）	其中，全家外出 3 年及以上户数（%）	全家外出人口（%）	其中，全家外出 3 年及以上人口（%）
朝阳区	8.51	58.01	8.18	58.14
丰台区	11.00	51.69	10.38	53.64
海淀区	15.55	43.85	12.98	45.85
功能拓展区	11.16	50.82	10.13	52.52
房山区	7.89	40.85	6.83	43.62
通州区	5.73	32.16	5.16	30.97
顺义区	15.04	59.01	12.96	57.59
昌平区	7.75	59.19	6.87	56.17
大兴区	5.91	18.61	4.83	20.09
城市发展新区	8.39	45.71	7.38	45.74
门头沟区	24.40	45.06	22.02	45.02
怀柔区	15.37	37.22	12.64	37.70
平谷区	6.39	32.20	4.91	33.44
密云区	12.26	36.38	10.18	36.96
延庆区	15.11	32.96	12.68	33.22
生态涵养区	13.07	36.78	10.42	36.97
合计	10.25	43.19	8.66	43.95

资料来源：第三次全国农业普查，北京市统计局，2016 年。

二、人口老龄化对乡村振兴带来的挑战

(一) 农村劳动力活力不足，制约农村产业振兴

1. 产业发展缺乏带头人

农村常住人口多是老人、妇女和儿童，农村"空心化"、实用人才"非农化""能人"大量外流，产业发展缺乏带头人，导致农村社会活力的退化。一是老龄劳动力农业生产经营力不从心，不得不将大棚、土地、果园等流转给外地人经营。二是由于缺乏青壮年劳动力，出现了民宅闲置、土地撂荒、果树无人管理等现象。根据北京市农研中心2018年调研，"空心村"有大量资源处于闲置状态，门头沟区雁翅镇田庄村农宅空置率达50%以上，延庆区张山营镇吴庄村农宅空置率达21%，房山区长沟镇太和庄村农宅空置率达到13.4%。三是产业发展创新能力不足。大多数农村的农村旅游和观光休闲农业，仍处于经营规模小、档次低、同质化、低端水平，文化内涵特色挖掘不够，产业竞争力和效益不高。

2. 农民外出就业转移意愿低

2017年对延庆区井庄镇北地村、密云区不老屯镇史庄子村和房山区霞云岭乡上石堡村三个村开展调研，所获问卷显示，农村劳动力呈现"一老三低"特征，即老龄化、文化程度低、外出就业转移意愿低、农民收入低，就业转移难度比较大。三个村现有劳动力平均年龄为54岁，50岁及以上中老年人占被调查总人数的87%，几乎找不到30岁以下年轻人。劳动力平均受教育年限是8年，相当于初中二年级水平，仅有41%的劳动力有就业技能证书。大部分滞留农村劳动力，由于自身健康条件、家庭有人需要照顾等各种主观和客观原因，外出就业转移意愿不强。

3. 老龄劳动力再就业困难

北京市开展"疏解整治促提升"专项行动以来，禁限产业和区域增多，企业外迁、产业转型和升级改造，对于劳动力需求偏重于高技术人才和管理人才。农村老年劳动力长期从事传统产业，难以胜任二三产业新增加的就业岗位，下岗后再就业困难。调查结果显示，一直以来农村劳动力在本地以非农就业为主（打零工），占79%，稳定地在二产和三产就业的劳动力比重不足20%。部分具有劳动能力的老年人仍然具有较强的劳动意愿，有78%被访

者愿意在二三产就业,但找不到合适的就业机会。老年农民不但就业困难,而且超过劳动年龄后,没有完善的社保待遇,不能实现老有所养,病有所医,生活也面临困难。

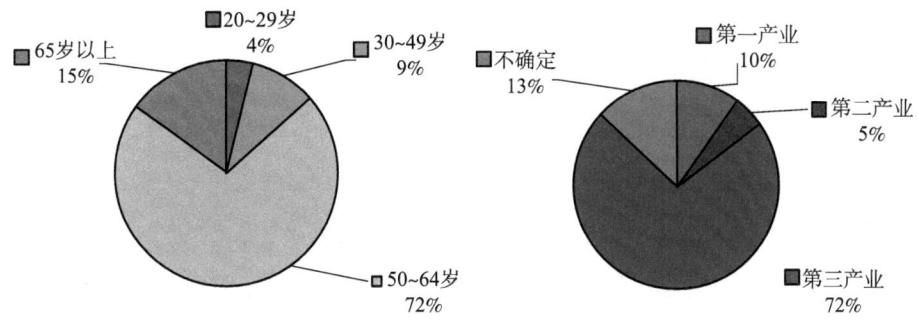

图 7-1 农村劳动力年龄结构和期望就业行业

资料来源:课题组调查。

(二) 农村基层管理人才缺乏,制约农村组织振兴

1. 农村干部年龄偏大

北京农村基层干部队伍年龄偏大,文化程度不高。第三次全国农业普查数据显示,北京农村基层党支部书记平均年龄在 51.45 岁,村委会主任平均年龄为 49 岁,村干部平均为小学 3~4 年级文化。一部分抱有"小富即安、慢富不富也安"思想,工作多依照经验主义,面对新形势、新情况,思想理论知识储备不够,改革魄力、创新勇气和号召力不足。村内党员队伍政治敏感度不够高,在参加村级党内会议时经常有不准时参加、不出席等现象发生。同时,干部队伍保障还存在不足问题。村委会是基层群众自治组织,因为既不是企业,也不是政府部门,社保部门认定村委会工作人员不能入社保的保险金和公积金。缺少社会保障,导致年轻人不愿意留在村里工作。农村基层组织面临着缺乏年轻后备干部,选人难、用人难等问题。

表 7-5 村干部平均年龄情况 (2016 年)

地区	党支部书记		村委会主任	
	平均年龄(岁)	平均受教育程度(年)	平均年龄(岁)	平均受教育程度(年)
朝阳区	50.33	6.72	49.28	4.73
丰台区	49.58	4.93	48.89	4.92
海淀区	52.83	4.62	50.48	4.48

续表

地区	党支部书记		村委会主任	
	平均年龄（岁）	平均受教育程度（年）	平均年龄（岁）	平均受教育程度（年）
门头沟区	52.49	4.41	49.28	3.96
房山区	52.08	4.62	48.27	4.05
通州区	51.63	4.43	49.00	3.89
顺义区	51.45	4.62	50.25	4.06
昌平区	50.88	4.39	48.30	3.85
大兴区	51.90	4.43	49.41	4.00
怀柔区	51.95	4.29	48.99	3.85
平谷区	52.33	4.32	49.75	3.72
密云区	51.69	4.46	49.12	3.97
延庆区	49.67	4.28	46.04	3.68
总计	51.45	4.47	49.00	3.99

资料来源：第三次全国农业普查，北京市统计局，2016年。

2. 农村集体经济实力不强

北京按照"撤村不撤社，转居不转工，资产变股权，农民当股东"的思路，陆续推进了农村集体经济产权制度改革。到2017年底，村级完成产权制度改革的比例达到98%，并建立了新型集体经济组织。但农村集体经济总量不大，加之缺乏懂得现代企业管理、市场经济的高素质管理人才，制约农村集体经济发展和农民增收目标的实现。2016年北京市农村集体经济收入仅为354.67亿元，其中，经营性收入占2/3，补贴性收入占1/3。年末每个村平均集体资产总额达3164.01亿元，全市各区集体收入能力存在较大不平衡。功能拓展区的每个村平均5376.42万元，生态涵养区平均每个村集体收入仅为291.01万元，仅为前者收入的5%。年末村集体资产总额为3164.04亿元，每个村平均0.82亿元，除朝阳、海淀、丰台、房山四个区经营性资产占比超过50%外，其他各区农村经营性资产占比都在10%～26%。

表7-6 北京市农村集体资产及收入情况（2016年）

各区	全年村集体收入（亿元）	全年每个村平均集体收入（万元）	其中：经营性收入（%）	补贴性收入（%）	年末村集体资产总额（亿元）	年末每个村平均集体资产总额（亿元）	其中：经营性资产（%）
朝阳区	24.88	1802.79	66.93	16.36	305.84	2.22	41.56
丰台区	95.82	14741.48	84.48	1.11	1085.18	16.70	61.35
海淀区	31.45	3931.82	67.07	4.17	351.13	4.39	52.46
功能拓展区	152.15	5376.42	78.01	4.23	1742.15	6.15	56.08
房山区	43.16	940.36	92.69	3.45	280.92	0.61	78.12
通州区	46.32	985.54	61.64	25.99	343.59	0.73	26.41
顺义区	18.38	448.27	32.93	25.75	139.53	0.34	17.86
昌平区	19.48	644.93	46.99	8.34	193.12	0.64	26.26
大兴区	34.18	676.76	41.36	11.05	228.18	0.45	12.12
城市发展新区	161.52	752.63	60.61	14.65	1185.34	0.55	34.88
门头沟区	9.79	661.23	80.85	8.86	63.44	0.43	15.41
怀柔区	8.21	292.10	62.51	13.36	30.71	0.11	20.16
平谷区	12.39	450.66	52.69	13.39	60.95	0.22	22.00
密云区	5.54	167.43	7.39	29.02	39.98	0.12	12.97
延庆区	5.07	135.66	21.70	42.81	41.44	0.11	17.23
生态涵养区	41.00	291.01	51.42	18.06	236.52	0.17	17.63
总计	354.67	924.1	66.82	27.55	3164.01	0.82	45.25

资料来源：第三次全国农业普查，北京市统计局，2016年。

（三）养老保障供给不足，影响农民幸福感

1. 农村基本养老保障水平有待提高

农村人口老龄化带来的"空巢"、失能、高龄等老人增多，由此出现一系列养老问题需要解决。一是老人基本生活保障难。例如，通州区西集镇儒林村人口448人，60岁以上村民人数将近占全村人口总数的三分之一，养老院、互助型养老服务设施不足，使老人行动不便，吃饭难、就医难等问题日益突出。二是养老机构入住率不高。例如，延庆区共有公办养老机构17家、社会养老机构15家，共有床位4855张。受经济条件、传统观念、专业服务能力等因素影响，养老机构入住农村老人仅581人，其中农村空巢老人265人，农村老人机构入住率仅为12%，农村空巢老人入住率仅为5%。居家养老，是绝大部分农村老年人的首选。三是老人就医需求增加。农村老年人身体机

能退化、各方面疾病较多，有些人需常年服药，虽然新农合可以报销部分医药费，但往往有上限要求，在实际生活中，医疗支出往往要超出报销上限很多，导致部分患病老年人生活困难。农户普遍反映随着物价上涨，月均500多元养老金水平难以满足生活基本需求。

2. 适合老龄人口设施配套不足

虽然经过多年的建设，农村的基础设施基础较好，但随着社会发展的变化，村庄的便民服务设施不足，与村民对美好生活的需要不相匹配。一是交通不便。由于农村以老年人为主，老年人买东西、看病、存取款大部分活动需要到乡镇办理，路程较远，交通工具可供选择不多，公交车间隔较长，不利于出行。例如，由于永乐店镇地处通州、河北交界，距离区级三甲医院较远、超过三十公里，造成村民就医不便、就医成本高，且由于前马坊村老龄化程度较高、就医需求较高，进一步降低了村民的幸福感。二是卫生室和医生数量不足。第三次全国农业普查数据显示，卫生室每个村平均不到1个，农村医生每个村平均不到2个；乡镇卫生院医生的水平不高、药品不全，村民不得不去找更高级的医院就诊。三是生活娱乐设施缺乏。现在京郊农村物质生活有一定改善，温饱问题已经解决，但老年人精神文化需求也随之提高。但受限于村内场地和规划制约，公共浴池、老年人文体活动中心等设施匮乏，电影、歌舞表演等村内娱乐活动少，村民生活单调，多数老年人聚在一起"晒太阳"。

表7-7 农村养老基础设施建设情况（2016年）

	体育健身场所个数（个）	图书室（馆）、文化站个数（个）	卫生室个数（个）	其中：村集体创办的卫生室个数（个）	农村医生数（人）	农村集体创办的互助型养老服务设施个数（个）
农村合计	4986	3581	3301	1024	4440	288
每个村平均数	1.29	0.93	0.86	0.26	1.16	0.075

资料来源：第三次全国农业普查，北京市统计局，2016年。

三、北京市农村养老模式探索

（一）居家养老

居家养老服务是指以家庭为基础，在政府主导下，以城乡社区为依托，以社会保障制度为支撑，由政府提供基本公共服务，企业、社会组织提供专业化服务,基层群众性自治组织和志愿者提供公益互助服务,满足居住在家老年人社会化服务需求的养老服务模式。

1. 居家养老"四进"服务

2018年,朝阳区针对低保、低收入等经济困难和计生困难家庭中失能、独居或80岁以上高龄有需求的老人,推出了居家养老"四进"服务,将助餐、助浴、医疗、助洁等服务制作成"菜单",老人按需"点单",服务商送服务上门。如今,该服务已推行半年,累计免费服务8207人次。"四进"服务针对的人群是朝阳区户籍且居住在朝阳区的低收入等经济困难和计生困难家庭中失能、独居或80岁以上高龄老人,对享受市级及以上劳动模范待遇人员、因公致残人员或见义勇为伤残人士等为社会做出突出贡献人员,以及计划生育特殊困难家庭老年人,给予优先保障。八里庄街道整合了地区2家医疗机构、1家养老机构、5家养老驿站和各类社会为老人服务资源,由服务商定时上门为老人送服务"外卖"。

2. 养老驿站

通州区西集镇耿楼村为提升村里老人的幸福生活指数,在各方的大力支持下,为老年人成立了"离家不离村,离亲不离情""日托夜归"式的养老驿站。养老服务驿站,500余平方米的驿站功能齐全,娱乐休息室、餐厅、洗浴室、保健康复室、图书室一应俱全,提供日间照料、呼叫服务、助餐服务、健康指导、文化娱乐、心理慰藉六大服务,切实解决"空巢"老人无人照顾、"留守"老人缺乏日常生活起居照料等现实困难。

3. 养老服务联合体

密云区通过政府购买服务项目,由"村级幸福晚年驿站与养老机构"共同组建居家养老服务联合体,即依托养老机构设置"外部功能区",实现村级幸福晚年驿站与养老机构的功能互补和有效衔接,真正将专业养老服务送到农村居家老年人身边;探索将驿站养老护理人员纳入公益性岗位,安排有意从事照料服务工作的本地农村富余劳动力免费参加基础护理培训,解决护理人员报酬偏低和人才流失问题,提高养老护理人员服务能力。同时,该区针对老年人对医疗需求较高的特点,尝试将现有为老人服务的网络与医疗、电信、银行等对接,让老年人在家用遥控器即可完成助餐助洁、看病挂号、紧急呼叫等服务,提高服务的针对性。

（二）集体养老

1. 村产融合养老

朝阳区何各庄村位于温榆河生态走廊北端，是北京市第二道绿化隔离带建设区，村域面积1.78平方公里（2700亩），民宅院落301户，常住人口1100余人（自住），外来人口4000人左右（租住），在村域内上班人数7000多人，属于三无村和人口倒挂村。2017年被确定为朝阳区保留村，并纳入2018年美丽农村建设规划。

何各庄村开展以民宅组织化经营为主要内容的"何各庄模式"，发展文化创意产业。大力引进、培育、扶持文化创意机构与人才，集聚形成了地区文化艺术生态。依靠集体经济能力，进一步提高了养老金、老人春节慰问金、困难群体慰问金等福利待遇，为小区老楼安装了外挂电梯。帮扶企业多次给受助家庭送去慰问金、慰问品，为农户改造房屋，为有70岁以上老人的家庭免费安装卫生间防滑扶手等。村集体还投资完善农村文化娱乐设施，丰富百姓文化生活。

2. 帮扶单位+村集体+特殊群体

延庆区前山村里年龄偏大、无劳动能力、因病因残的农户较多，除了该有的社会保障（如低保、五保、老人款等）外，这些人的日常生活无保障，儿女不在身边，本人生活不能自理。经镇政府同意，村委会决定在前山村建设温馨家园，解决65岁以上老人吃饭的问题。通过"帮扶单位+村集体+特殊群体"的模式，帮扶单位、残联和住建委负责投资建设，村集体负责日常管理，符合条件老人每天可以吃两顿饭（无法走动的送餐）。村内有22人在温馨家园用餐，每顿饭10元标准，自付3元，其余由帮扶单位和村集体补贴。温馨家园还为村内2个低收入户提供了日常管理的就业岗位。温馨家园为老人提供了日常生活保障，大大提升了老人的幸福感，同时也解决了子女们的后顾之忧。

（三）慈善+志愿+社会组织

在推进农村居家养老服务工作中，2016年起，延庆区启动"1+1"关爱空巢助老项目。制定了《延庆区慈善"1+1"关爱空巢助老项目管理办法》，提出服务目标、服务内容、服务管理等要求，建立区、乡镇、村三级助老服务工作网络；编制《延庆慈善"1+1"关爱空巢助老项目制度汇编》，将22

项相关制度汇编成册，让志愿者人手一册学习了解，规范服务行为；建立空巢老人和志愿者数据库，实行人员动态管理，准确掌握助老服务供需情况，实施精准服务；从志愿服务理念和服务规范制度、养老护理和家政保洁、理发等服务知识和专业技能等方面，对全区农村养老志愿者进行全员性轮训，打造一支有爱心、负责任、懂老人、专业化的农村居家养老服务队伍。两年来，该区15个乡镇助老服务实现全覆盖，119个村的876名志愿者为1137名农村空巢老人及时提供了上门服务。该项目还被评为2017年北京市民政系统十佳创新创优项目。

四、应对农村人口老龄化的几点建议

（一）营造"积极老龄化"社会氛围

1. 加强人口政策研究

人口老龄化是任何国家都不能回避和改变的人口发展过程。1999年世界卫生组织提出"积极老龄化"，以应对人力资源老龄化问题提出积极措施。北京农村老龄人口比重大，但总供养比较低，仍处于"人口红利"黄金时期，因此，需要采取科学态度，正视农村人口老龄化这一问题，并将其纳入整个社会经济发展、乡村振兴战略中统筹考虑，因此，需要加强人口政策研究，应依此从经济发展、社会政策、分配制度等方面做出战略性调整，将人口对经济发展不利影响降低到最低限度。

2. 开发农村老龄人力资源

增强农民农村建设主体意识，让农民更多地参与乡村振兴工程的实施，将老龄人力资源转化为人力资本。不断完善养老保险、医疗保险、社会救助、家庭赡养、社会服务、老年人福利等方面法律体系，以保障老年人健康生活和再就业权利。探索实施农村劳动力就业"银发工程"，选择适宜岗位向劳动年龄外的、有就业愿望的、有劳动能力的大龄农民倾斜。在产业带头人帮助下，引导和帮助鼓励低龄、健康老人从事种植、养殖、加工业、民宿接待等工作，通过自力更生、自主经营，增加财产性收入。推进农村农业与旅游、教育、文化、健康养老等产业深度融合，加快休闲旅游和创意农业发展，创造更多的、适合老龄人口的生活服务性就业岗位。根据农民的发展实际，有针对性地加强对老龄劳动力进行教育和培训，拓宽视野、开阔思路，提高老年人再发展再就业能力。发挥老龄人口对于农村传统敬孝文化传承作用，弘扬尊老敬老的中华传统美德。

(二) 培养农村发展高素质人才

1. 培养农村产业发展人才

采取树典型、加强培训和就业辅导等措施，积极改变农村劳动力的思想观念，加强对其择业观念、就业形势和就业能力的宣传教育，引导其认清现实、客观择业，激发其参加培训、学习技术、转移就业的主动性。整合政府各部门培训项目，加强对农村劳动力职业技能培训，优化劳动力的技能结构。促进"返乡主动创业"，在税收、保险等政策方面予以优惠，推动农村经济再繁荣。培养就业带头人和农村能人，对主动创业的能人，根据用工情况进行奖励。发挥亲戚朋友、转移就业人员"传帮带"作用，示范带动本村劳动力就业。加强农村人才队伍建设，使农村能够引进年轻人、留住年轻人，增强农村发展活力。在政策导向、体制机制上进行引导和倾斜，吸引和留住人才，尤其是在村任职的大学生村官。引进外来人才来带动本地人才成长。提倡老干部、退休人员到农村发挥余热。长远考虑，进行生育政策、户籍政策、住房政策等设计。

2. 培养农村治理的人才

重点培养基层组织干部综合素质，更好发挥带头人作用。加强村内"两委一社"相关工作人员市场经营知识、组织管理技能、创业理念等知识的培训，提升业务管理水平和制度执行力；制定村委会工作人员参加社会保险的相关政策，落实到村工作人员的补贴和待遇。加强农村党员干部教育培训，提升党员队伍的整体素质；用好农村打工回乡青年、科技能手、农村经纪人、大专院校毕业生、退伍军人、集体经济组织带头人、中青年党员、村民组长，这些相对优秀的人才，为推动干部年轻化做好人才储备。

(三) 完善农村养老保障体系

1. 完善农村居家养老服务

应对农村人口老龄化带来的挑战，完善农村养老及公共服务体系建设，实现"老有所养"。对于农村公共文体用地、村内医疗场所用地，加大审批力度，对农村环境的改造，特别是关系到民生的问题要优先解决，注重工程实效，切实满足村民的生活需要；加大对农村地区的文化教育软件投入，有组织、有计划地开展适应农村基层人群的专业技术培训和喜闻乐见、寓教于乐的文体活动。鉴于经济条件、传统观念、专业服务能力等因素限制，现阶段仍应以主推"居家养老"模式，重点围绕农村老年人吃饭、医疗、生活照料、心理慰藉等现实需求，加强农村养老服务工作。围绕老人身边建模式、给服务进行政策创设，不出村、不离乡解决农村养老服务设施供给、服务人员配置、专业服务提供等问题，最大限度实现多数农村老年人就近养老。

2. 建立村产融合的养老保障机制

通过发展壮大农村集体经济，走村产结合发展道路，增加农民财产性收入，让农民在村庄内部实现"老有所养"。镇、区政府可统一规划和管理等有效方式，将各村集体资产、闲置资源与产业发展有机整合，培育壮大农村主导产业，将农民身份由生产者转为资产经营者，增加租金、股金、薪金和其他经营收入，为养老提供保障。完善推动农村集体经济发展的相关文件，从农村集体建设用地指标、税收、资金等方面给予与便利，推动集体经济和产业发展。借助"疏解促"工作，集中梳理村内企业，引进高水准企业，寻求经济增长点，增加集体经济收入。探索社会资本进入农村，发展养老产业的有效路径。增加对农村财政资金投入力度，提高村级公益金补贴标准，切实降低农村治理方面的负担。

3. 完善农村社会养老保障制度

完善北京市新型农村合作医疗制度，建立全面覆盖老年人的医疗救助制度，在有条件地区探索开展商业医疗的保险模式，以提高广大农村老年人抗风险的能力。加快深化医疗卫生改革，建立和发展多种形式的医疗保障制度，以缓解老年人患病后对家庭和个人造成的经济压力，妥善解决看病就医的费用问题。增加农村公共服务设施投入，改善乡镇卫生院和村卫生室设施条件，为老年人提供方便、快捷的综合性卫生服务站。统筹乡镇规划前提下，重点强化医疗和养老服务水平，配套住家养老、社区养老等服务政策，实现社会保障的城乡统筹，提高针对农民的社会兜底服务能力。探索建立农村养老保障的应急处理机制，帮助老人应对山洪、泥石流等灾害性、突发性事件。

下 编

推进乡村振兴的国内外经验案例

北京篇
全国篇
其他国家篇

北京篇

一、产业兴旺

(一) 典型案例

1. 平谷区挂甲峪村：魅力乡村

(1) 基本情况。平谷区挂甲峪村，位于被吉尼斯世界纪录载有世界最大桃园平谷22万亩桃花海的核心地带。由30年前荒山野岭鸟不栖，有女不嫁挂甲峪的穷山沟，变成了山山环绕致富路，坡坡栽满摇钱树的魅力乡村，这是由于挂甲峪村走出了一条生态经济型、可持续发展的山区致富路。

(2) 主要做法。第一，资产变股权、农民当股东，创新利益分配链。从2001年10月，挂甲峪村开始探索农村产权制度改革，将村资产变股权，在稳定土地家庭承包基础上实行股份合作制，走出了一条资产变股权、农民当股东、土地科学种、交易靠市场、收益要分红的山村可持续发展道路。第二，二产深加工，延伸产业链。充分发挥挂甲峪村果品产业资源优势，开发农业产业资源，提高农产品附加值，增加农民收入，2014年以来挂甲峪村实施了果酒及果品饮料深加工项目。引进果酒及果汁饮料加工生产设备，开发生产了大桃、山楂、苹果、柿子、杏等果酒、果汁饮料等深加工产品。第三，三产观光旅游业，融合产业链和价值链。挂甲峪村大力发展民俗旅游业，充分利用本村自然和产业资源，建设旅游景点、服务设施。挂甲峪村发展成集餐饮、住宿、温泉洗浴、娱乐、休闲、体验为一体的民俗旅游专业村。

2. 延庆区千家店镇：百里山水画廊

(1) 基本情况。位于延庆区千家店镇的百里山水画廊沟域经济，距离县城40公里，总面积371平方公里，被评为北京市自驾游10条最佳线路之首。

景区因涉及滨河环线 112 华里，黑白河贯穿全镇，两岸生态景观依山带水，春季、夏季、秋季、冬季景色各有魅力，山水如画，百里山水画廊因此得名。

（2）主要做法。为提升山水景观，全镇集成生态搬迁、新农村建设五项工程、三起来工程、小流域治理工程等建设项目，按照点、线、面梯次推进，增设环线旅游导示系统，实现了旅游设施标准化和农村环境景观化。推动传统农业向一二三产深度融合转变，调整农业种植结构，营造大尺度大地景观，开发种植业的复合功能，实现三次产业的完美融合，有效推动了地区经济发展和农民增收致富。面向市民进行宣传推广，延伸技术推广服务，帮助农民实现多渠道创收，引导农民建立农产品营销理念，合理利用媒体，开展适当宣传推广。

3. 天安农业：互联网模式

（1）基本情况。北京天安农业发展有限公司始建于 1984 年，前身为北京市农业局组建的小汤山特菜基地，2006 年改制成立北京天安农业发展有限公司。主要进行蔬菜及其他特色农产品的生产、初级加工和销售，年生产销售蔬菜 700 万公斤。天安农业是首批专供 2008 年北京奥运会核心区的蔬菜生产配送企业，出色完成了奥运蔬菜供应。小汤山商标为北京市著名商标，向北京市 140 多家商场超市、政府机关及大型企事业单位供应小汤山牌蔬菜，是北京市商超覆盖率最大的蔬菜品牌。

（2）主要做法。公司在平谷、顺义、昌平、密云、延庆和外埠的河北、山东、云南、内蒙古等地区以公司+合作社+农户模式，采取订单生产方式，建立蔬菜生产基地。公司从 2005 年开始推进实施信息化管理，目前已从生产、加工、配送、销售形成的全程信息化管理，达到以需定产、全程追溯，形成了企业+协会+农户+消费者+互联网的天安模式。使用生产管理系统、温室管家系统，在整个过程中，合作社、农民作为操作系统的主体，亲身感受到互联网在蔬菜的智能排产、安全管控和采购管理中所发挥的重要作用。在安全管控方面，利用移动互联网技术，农户在田间记录定植档案、投入品使用情况，对蔬菜生长的全过程进行管理，建立了质量安全追溯系统，将生产管理系统的定植档案、投入品使用等数据通过二维码和互联网展现给消费者。在采购管理方面，信息系统通过互联网，将农户可采收量、农户合同量、市场需求量结合起来，远程制定农户订单，并通过系统在线验收，自动结算，将企业、合作社、农户串联起来。建立销售管理系统，利用互联网和移动智能设备，实现远程订货。自建天安农业电子商务运营系统，以移动互联网为主体，通过微信、手机等公众软件，为消费者提供更广泛、更方便的蔬菜购物体验。

4. 二商集团：产业集聚

（1）基本情况。北京二商集团以提升民生品质、引领健康生活为使命，抓源头、建体系、重标准、强管理，推动一二三产业融合发展，在服务三农、改善民生、提升城市生活运行保障能力等方面发挥着重要作用。

（2）主要做法。从原材料产地、种植养殖、生产制造加工、检验检测到储存运输、物流配送、零售网络，北京二商集团建立了完整的食品生产链条和标准化管理体系，实行从源头到终端的全程监控，对生产过程的所有细节进行实时动态调控。把行之有效的做法和经验上升到制度层面，用制度加以固定。在长期的食品生产、销售和保障服务工作中，北京二商集团建立了严、细、实的管理制度，通过创新管理流程、减少管理层级、缩短管理链条，确保内部运转高效、外部适应灵活。集团采用自己建立平台、集中提供服务的方式，先后实施了东方友谊、二商大红门、月盛斋、连锁配送中心、王致和、六必居、菜蔬公司等 11 个项目，项目覆盖了集团四大主导产业的主要业务。为确保整个供应链不发生问题，集团坚持 24 小时值班制度和请示制度，主要领导亲自带班，靠前指挥，在第一时间发现问题，保证对突发事件的果断决策和快速处置。

5. 平谷区：一区一品

（1）基本情况。平谷区位于北京市东部山区，是桃的优势种植区域。20 世纪 70 年代形成区域种植，80 年代开始步入规模发展，90 年代以后形成产业化发展格局。目前，平谷区桃种植面积稳定，全区以大桃产业为主的果品产业已成为我国农业产业结构调整的特色代表，产生了良好的经济、生态和社会效益。

（2）主要做法。平谷区依托桃种植、桃加工、桃文化，从桃子开花到结果，从果实食用到桃树废弃物利用，贯穿了桃产业发展的整个链条，成为消费者心中不可替代的、独特的平谷鲜桃区域农业品牌。平谷区提出了以有机果品为先导，绿色果品为主体，安全果品为基础的精品果生产战略。组建了区、乡镇、村三级果树技术推广和病虫害预测预报网络，促进加工产业发展。围绕桃花，相继开发出了桃花宴与桃花油、桃花酒、桃花茶和桃花胶囊等一系列产品。利用高新技术深度开发桃资源，北京平谷加快大桃产业链条由生产环节向加工、销售、储藏环节延伸。

6. 北京恒亿：合作社带动产业发展

（1）基本情况。北京恒亿金利吉蔬菜产销专业合作社是一家集种苗、农资、培训、检测、仓储、管理、运输、销售、深加工为一体的蔬菜产销专业合作社。合作社占地13000平方米，其中深加工车间8000平方米、新鲜蔬菜加工包装车间500平方米、保鲜库560平方米、低温冷库380平方米，带动了一万多户农民进行蔬菜种植。合作社拥有种植基地3600亩，其中平谷区800亩，河北唐山1200亩，河北围场600亩，河北丰宁1000亩，主要种植保护地、露地蔬菜品种。

（2）主要做法。北京恒亿金利吉蔬菜产销合作社能够提供产、供、销综合服务。在生产环节中，由合作社统一采购供应有机肥、蔬菜种苗等生产资料，统一引进新品种，统一建设蔬菜标准化基地200亩，定期举办培训技术讲课，推广新品种、新技术。在供应环节，根据市场需求，开发新产品，延伸产业链。合作社出资投股建设了冷库、蔬菜加工厂、标准化蔬菜大棚10座，休闲观光接待用床等设施。在销售环节统一销售产品，由合作社通过合同等形式与企业建立稳定的销售关系。在合作社的综合服务下，社员种蔬菜亩均比同类生产的非社员增加20%以上。

7. 密云区密农人家：农产品电子商务

（1）基本情况。密农人家成立于2012年1月，依托密云区优质农产品资源，在淘宝、京东、微信等平台进行销售。在网络市场上塑造了密云农产品优质、新鲜、放心的品牌形象，帮助农民走进网络市场，实现优质优价，带领本县农民创业，提高当地农民农业生产收入。

（2）主要做法。通过打造农产品品牌和特色农产品，让密云的农产品成为响当当的大品牌。因为密云水库及周边地区禁养，很多农民没有了收入来源，密农人家扶持他们种木耳，通过电商平台推出密云的扶贫木耳这一品牌。从以往的全靠从各处收菜来售卖，到现在为了保障产品品质，打造属于密云的品牌，建立了自己的基地，有了自己的品牌，全部系统化。在整合产、供、销产业链环节，通过基地+企业+市场的产业化经营模式，依托蓬勃发展的互联网电子商务渠道，使密云优质的农产品更多地实现其应有的价值。

(二)经验借鉴

通过分析上述案例基本情况和主要做法,可以得出以产业兴旺带动乡村产业高质量发展的几点经验:

第一,探索现代农业新模式。天安农业引导企业打造企业+协会+农户+消费者+互联网的新模式,做到每一个环节都可追溯,将现代科技与农业结合。二商集团积极发展现代农业,提高养殖、种植的规模及标准化水平。在确保食品安全的同时,有效拉动地方农业经济发展。

第二,专业合作社带动产业融合。北京恒亿金利吉蔬菜产销合作社能够提供产、供、销综合服务。合作社出资投股建设了冷库、蔬菜加工厂、标准化蔬菜大棚10座,休闲观光接待用床等设施。在销售环节统一销售产品,由合作社通过合同等形式与企业建立稳定的销售关系。在合作社的综合服务下,社员种蔬菜亩均比同类生产的非社员增加20%以上。

第三,打造区域品牌。平谷区依托桃产业发展的整个链条,打造平谷区的一区一品,成为消费者心中不可替代的独特平谷鲜桃区域农业品牌。密云人家通过大力生产品牌农产品带动农民收入的增长,打造出了专属于密云的农产品品牌。

表8-1 产业融合案例的主要做法

序号	名称	主要做法
1	平谷区挂甲峪村:魅力乡村	资产变股权、农民当股东,创新利益分配链;二产深加工,延伸产业链;三产观光旅游业,融合产业链和价值链。
2	延庆区千家店镇:百里山水画廊	全镇集成生态搬迁、新农村建设五项工程、三起来工程、小流域治理工程等建设项目,按照点、线、面梯次推进,增设环线旅游导示系统,实现了旅游设施标准化和农村环境景观化。
3	天安农业:互联网+模式	引导企业打造企业+协会+农户+消费者+互联网的新模式,做到每一个环节都可追溯,将现代科技与农业结合,实现生产管理、安全管控、采购管理、销售管理系统一体化。
4	二商集团:产业集聚	从原材料产地、种植养殖、生产制造加工、检验检测到储存运输、物流配送、零售网络,建立了完整的食品生产链条和标准化管理体系,实行从源头到终端的全程监控,对生产过程的所有细节进行实时动态调控。
5	平谷区:一区一品	平谷区依托桃种植、桃加工、桃文化,从桃子开花到结果,从果实食用到桃树废弃物利用,贯穿了桃产业发展的整个链条,成为消费者心中不可替代的独特的平谷鲜桃区域农业品牌。

续表

序号	名称	主要做法
6	北京恒亿：合作社带动产业发展	北京恒亿金利吉蔬菜产销合作社能够提供产、供、销综合服务。
7	密云区密农人家：农产品电子商务	借助互联网手段，打造密云特色农产品品牌。

二、文明乡风

（一）典型案例

1. 朝阳区豆各庄乡：乡情博物馆

（1）基本情况。朝阳区豆各庄乡，面积14.16平方公里，常住人口2.65万人，辖12个行政村以及8个社区。根据北京市"一绿试点乡"的要求，已完成整建制转居工作，村民搬迁上楼。

（2）具体做法。为了让村民看到搬迁之前的老物件、老朋友，乡里建造了乡情博物馆。博物馆于2016年6月正式对外开放，占地面积1700余平方米，由两个四合院组成。其中，1号院主要介绍豆各庄地区总体概况，其中包括面积、民族、地理环境、文化、配套设施、经济收入等信息；2号院以"孝文化"为中心，讲述地区的文化文明。在这里，可以看到地区的"孝星"家庭事迹，以及地区流传已久的"孝文化"。馆内还以多种形式，集中呈现了豆各庄本地独有的民俗文化。博物馆内容丰富，帮村民把过去所有的美好回忆都保存了起来，并能随时来看看。陈列室内容贴近村民生活，增强体验性，能唤起村民的共鸣，在设计和建设过程中可以更多地让村民自己参与进来，包括提供展品、设计展出形式、参加展示活动等。

2. 密云区巨各庄镇蔡家洼村：首都特色文化村

（1）基本情况。北京市密云区巨各庄镇蔡家洼村，全村共有800户，2460口人，村域总面积2万亩。自2003年以来，开展了社会主义新农村建设，使村容村貌、产业发展、公益事业等各项工作取得重大进展，成为北京市首批13个旧村改造试点村之一，被市政府评为京郊乡风文明管理先进村。拥有"北京最美乡村""中国最有魅力休闲乡村""中国美丽田园""全国新农村建设十大特色村""全国休闲农业与乡村旅游五星级园区"等一系列的光环和荣誉。2014年，北京市开展特色文化试点村活动，该村是3个试点村之一。

（2）主要做法。一是豆腐文化。蔡家洼村围绕豆腐制作传统工艺发展产业，把200多个家庭豆腐作坊汇集起来，成立了豆制品公司，注册了品牌，产品销售到北京超市和社区。该村还在工业园区里建立了两栋豆腐加工房、豆制品体验馆，吸引游客体验完整的手工制作豆腐的乐趣，感受传统乡村的豆腐文化。二是开发花文化。蔡家洼结合自然地形，依山就势种植面积1000多亩的"玫瑰情园"，以爱情为主题的花园，提供观光、休闲、体验、婚纱摄影、私人订制服务、农耕体验、香包香皂制作等各种体验活动，实现了花文化与花产业融合。三是文化演出。蔡家洼组建由村民及村域企业人员参加的文化艺术团，创作舞台剧、蔡家洼村歌、小品、诗歌、快板等系列作品，恢复和传承"五音大鼓"，讲述了新农村发展的历程，呈现出了美丽乡村的变化。

3. 怀柔汤河川地区：满族文化

（1）基本情况。汤河川地区位于北京市怀柔区北部深山，包括喇叭沟门、长哨营、汤河口三镇乡，是北京市满族人口主要聚居地，京郊著名的"满乡"。如今，依托浓郁的满族文化底蕴，通过复建八旗新村、复原满味美食、复兴满俗文化、复活满趣体育等兴文工程，重振皇家"满范儿"，传承和弘扬独具特色的汤河川满族文化。

（2）主要做法。一是复建八旗新村。按照八旗方位排列顺序，怀柔区对长哨营、遥岭、七道梁、项栅子、二道河、八道河、上孟营和老西沟8个村，进行新建或以旧整新，彻底改造建成正红旗、正黄旗、正蓝旗、正白旗、镶红旗、镶黄旗、镶蓝旗、镶白旗8个"满族八旗"文化新村，全面展现满族传统民居旗营古貌和生活习俗。七道梁村、西沟村、二道河村已于2017年入围第二批中国少数民族特色村寨。二是复兴满俗文化。在老艺人指导下，恢复和传承满族礼节、满族民间运动、满族"二八席"、宫廷歌舞等满族文化。三是复活满趣体育。挖掘整理赛威呼、双飞舞、踢球、押加等满族趣味体育活动，这些"满味儿"活动如今已开始成为怀柔全民健身的新内容。四是汤河川地区每年举办满族民俗风情节，成为宣传和推广满族文化及汤河川地区民俗旅游的重要节庆活动。

4. 密云区溪翁庄镇黑山寺村：禅味小村

（1）基本情况。密云区溪翁庄镇黑山寺村位于密云区城北18公里处，密云水库白河主坝西侧4公里。全村只有88户,191口人,村域面积2.07平方公里,属于精致小巧的村落。该村四面群山环抱,风光秀丽。黑山寺村山脚下,有一座大云峰禅寺,始建于唐代,历史悠久,是"北京最美的乡村"之一。

(2)主要做法。2008年,通过政府扶持、合作社管理,以"禅味小村"为主打品牌,发展独具禅味特色的乡村酒店。以复建后的云峰禅寺游览为主线,在民俗游中融入禅文化,推出了"五彩养生宴"等特色美食,吸引了不少游客。目前,全村已发展民俗户14户,以"禅味"为特色,以素食为主,原材料选用纯天然绿色蔬菜、杂粮等。每个民俗户都有一个"净台""了悟斋""梵思""净莲阁"等禅味十足的名字。该村还与泰美乡居全国连锁企业联手,建设养生度假民俗旅游基地,对全村特色民俗游统一包装和经营,实现村企双赢。

5. 门头沟区斋堂镇灵水村:举人文化

(1)基本情况。北京门头沟区斋堂镇灵水村,明清以来,据有姓名记载,曾出过2名进士,22名举人。民国时期,曾走出过6名燕京大学的学子。新中国成立后,历年都有学生考上大中专院校。小村落出现如此多的读书人,形成了独特的文化现象,素有"北京举人村"之称。灵水村自然风光秀美,文物古迹众多,明清时期乡村建筑原貌保存较好。2005年被建设部、国家文物局列为"中国历史文化名村"。

(2)主要做法。灵水村利用自身优势条件,积极发展特色文化旅游。为纪念灵水举人刘懋恒父子在荒年赈灾济民的善行,设立了"秋粥节"。节庆期间,游客能品秋粥、赏民间文化团体文艺演出、参观举人文化博物馆等。未来,该村还将恢复乡贤议事的历史传统,打造乡贤文化研学基地,围绕乡贤主题开发研学路线和发展特色民宿。指导村中德高望重的老人和外出创业的能人组建新时期的"乡贤"议事会或智囊团,协助村两委开展村庄建设。

6. 通州区于家务回族乡仇庄村:孝文化村

(1)基本情况。通州区于家务回族乡仇庄村,推行"用德管干部,用法管村庄,用孝管村民"的三管模式,探索出了一条"文化引领、法德共治、全面发展"的新路子。连续10年被评为"首都文明村",2010年被评为全国"'服务农村,服务基层'文化建设先进集体",2012年被评为"全国民主法治示范村",2016年荣获"中华孝心示范村""全国敬老文明号"等荣誉称号。

（2）主要做法。第一，家风家训。2014年，村里举办了"追寻家训家规，呼唤良好家风"主题活动，全村家家户户都订立了自己的家规家训，并涌现出一大批好人好事和"最美家庭"。家风挂墙上，时刻提醒村民注意自己的一言一行。如今，村里好多好人好事都被拍成微电影，在仇庄村孝道馆里播映。孝道馆里展厅两侧摆放的触摸屏可以阅览村中每家每户自己订制的"家训""家风"。第二，孝道文化。为普及孝道，仇庄村建起了孝道馆。村里每天晚上都组织村民学习孝道文化；家家户户立家训，挂在孝道馆、村史馆里。有老人的农户都跟村委会签署了《赡养协议书》。村委会有专门的养老管理服务中心，建立了老人档案、日托所、"老人节"、志愿者和义工服务队等，定期开展"孝顺公婆的好儿媳""孝顺父母的好儿女""和谐家庭"等评比活动，激励人们尊重爱戴老人、孝顺老人。

7. 顺义区马坡镇石家营村：婆媳澡堂

（1）基本情况。石家营村位于马坡镇西北。全村160户，户籍人口445人，228名劳动力，村域面积1580亩。自1996年以来，石家营村先后获得首都文明村、北京市卫生村、北京市生态文明村、全国民主法治示范村、全国创建学习型家庭示范社区、北京市民主管理先进村等百余项荣誉。

（2）主要做法。第一，婆媳澡堂让家庭和睦。村里开设公共浴室，规定年轻人到公共浴室要陪着自己的老人，自家的老人不在，也可以陪着邻家的老人。不陪老人不能进浴室。这一办法，解决了婆媳之间的矛盾，使家庭安宁了，年轻人才能把精气神放到工作上。第二，文明奖让文明成为自觉。设立了文明奖、操心费、节水奖、健身奖等精神文明建设名目，将敬老、垃圾分类、治安巡视等在内的所有涉及生活的大小问题都纳入了其中，从每个小家做起，一直扩大到村来进行乡村的治理工作，使村民生活水平、精神状态、村庄环境都有很大提升。

（二）经验借鉴

党的十九大提出乡村振兴战略，并将其列为决胜全面建成小康社会实施的七大战略之一，为未来乡村发展指明了新方向、新思路，是城乡发展的重大战略性转变。文化是一个国家、一个民族的灵魂，要建成农村的全面小康，离不开乡村文化的繁荣兴盛。文化兴国运兴，文化强乡村强，乡村振兴离不开文化的引领。通过分析上述案例基本情况和主要做法，可以得出培育文明乡风的几点经验：

第一,不断创新乡村文化挖掘、传承和开发路径。乡村传统民俗、民族特色、传统工艺、风土人情等都可以作为文化开发内容。例如,蔡家洼村将豆腐制作、鲜花景区分别作为豆腐文化、花文化来宣传和发扬,汤河川地区对少数民族特色文化进行充分挖掘和利用,不仅保护和传承传统文化,还带动了民俗旅游产业发展,将文化转化为经济收益。

第二,不断丰富乡村文化内涵。乡村文化可以是多元的、扩大的和再造的。多元文化可以延伸带动产业发展,蔡家洼村就将豆腐文化和花文化延伸发展形成豆腐制作产业、婚庆产业并带动休闲旅游业。村民自己组成的艺术团体是宣传文化的重要力量,由他们开展的文化演出更加贴近日常生活,更容易被百姓接受和认可。蔡家洼村花文化,并非村庄内在固有的传统文化,而是通过新建景区再造的文化。

第三,乡村文化开发要有承载主体和传承的动力。对于那些具有优秀传统文化资源(如孝道文化、举人文化)的地区,可以通过弘扬传统文化的精髓,并将其融入乡村旅游、特色民宿和文化产业中,一同完善乡村的治理工作。文明乡风建设需要获得全村支持,基层党组织发挥领导,党员发挥先锋模范作用,将会事半功倍。对于村民来说,与日常生活紧密相关的实实在在的奖励会对其行为形成较强的影响力,因此,相比高大上的政策来说,一些切实的激励措施反而能够形成更好的引导效果,如婆媳澡堂、文明奖、操心费等,需要治理者在实践中不断摸索、不断创新,根据实际情况提出恰到好处的举措。

表8-2 文明乡风典型案例的主要做法

序号	名称	主要做法
1	朝阳区豆各庄乡:乡情博物馆	为搬迁上楼农户,建立乡情博物馆,留住思念。
2	密云区巨各庄镇蔡家洼村:首都特色文化村	围绕乡村特色,围绕豆腐传统加工工艺,推动二三产融合发展;围绕花卉种植,发展旅游业;组建文化演出团队,丰富农村文化生活。
3	怀柔汤河川地区:满族文化	恢复传统民族文化,将其与村庄建设、产业发展和乡村治理进行有效融合,提升文化活力。
4	密云区溪翁庄镇黑山寺村:禅味小村	依托村域人文资源,推动文化与产业融合发展,形成特色品牌。

续表

序号	名称	主要做法
5	门头沟区斋堂镇灵水村：举人文化	依托村域文化传统、人文资源，开发休闲旅游产业，并将其与乡村治理融合，打造特色品牌。
6	通州区于家务回族乡仇庄村：孝文化村	用德管干部，用法管村庄，用孝管村民。村民建立自己的家风家训，普及孝道，推动了乡村文明。
7	顺义区马坡镇石家营村：婆媳澡堂	通过开设婆媳澡堂、老年人精神文明奖、利益导向节水补贴机制、垃圾定点回收奖励机制、文化示范村、四个服务志愿者服务队、村史陈列室建设留住乡情等活动来进行乡村的治理工作。

三、乡村治理

（一）典型案例

1. 顺义区高丽营镇一村：党员带头＋村民自治

（1）基本情况。顺义区高丽营镇一村，有398户、1200人，其中党员73人。通过加强基层党组织建设，创新实践了"党员带头＋村民自治"相结合的治理模式，使该村由一个"脏乱差村"变成了"北京最美的乡村"，基层"软弱涣散"党组织蜕变成点赞和热议的范例。

（2）主要做法。一是建立"村规民约"。借助着"一村党员户""村规民约星级户""村规民约'五个十佳'示范户——绿色生态之家"这三块牌子，并辅以适当物质奖励，促进村规民约的落地执行。"村规民约"被谱成评剧，村民在学唱中，将内容变成自觉行动。二是党员亮身份、做表率。全体党员都要佩戴党徽、党员户家门口悬挂"党员户"标牌，并与村委会签订《党员承诺书》，公开党员身份，时刻提醒党员职责，用自己的一言一行、一举一动传递正能量，真正发挥"一名党员一面旗帜"的作用。党员精神面貌改变后，村民所感受到的福利也多了起来。村里建立了村级便民工作室，可以咨询、代办民政、社保、新农合等相关手续29项，村民办事基本都不用出村。购置便民服务车，村民遇急事、麻烦事会免费接送；全村党员也组成了一支十多人的义务巡逻队，负责日常巡逻和维护村里治安。

2. 昌平区南口镇居庸关村：一根绳精神

（1）基本情况。居庸关村属于山区村，下辖七个自然村，户籍人口约1200人。其发展思路是用文化体育，凝民心聚民力；民俗产业，促进村民增收;中医养生,健康身心;引领发展,产业升级;志愿团队,温暖普及;党群连心,入户征求意见;居庸乐坊,提高文化素养。通过产业发展带领增收致富,通过文化活动丰富精神生活,增强村民的获得感和荣誉感,稳定才能长久。

(2) 主要做法。组建拔河队:该村有一支由同村的农民、出租车司机、公务员、企业白领等组成的 24 人业余拔河队。在村里支持和培养下,队员苦练基本功,用一根绳凝聚集体力量,在众多比赛中取得好成绩。目前,拔河队已经获得 8 项区级冠军、5 项市级冠军、1 项全国冠军和 1 项亚洲冠军。拔河这根绳成为居庸关村凝心聚力的一根绳精神,在这一精神鼓舞下,乡风文明、邻里和睦、村庄文化体育事业蓬勃发展。

3. 怀柔区桥梓镇北宅村:网格化管理

(1) 基本情况。北京市怀柔区北宅村,有 600 户、1800 口人,总面积 8.7 平方公里。作为网格化管理试点村,北宅村成立网格化管理中心,将村庄社会服务管理工作全部纳入网格化社会服务管理体系中,实现了网格化社会服务管理与村庄治理的有效对接。该村先后获得了"首都文明村""全国绿色小康村""全国民主与法治示范村""全国小康建设明星村""全国生态文化村""五星级党支部"等众多荣誉。

(2) 主要做法。北宅村网格化管理实施"三步走":一是细划网格,明确"边界线"。在北宅村一级网格基础上,由村党支部书记担任一级网格长,村两委干部成员担任二级网格长包片;在二级网格下,把各片的党员分为七组,由七名党小组组长负责,再由每名党员包户,每人负责五六户,使网格范围清晰,责任人明确。二是整合力量,确定"责任田"。将村干部纳入村网格化协调处置中心,成为网格的主要管理力量。设立网格化管理责任小组,划分法律服务站、驻村工作站、社会综合维稳工作站、党群工作站、农村社区服务站、产业发展工作站六大管理模块,由村两委会主要成员各自分工,构成村内网格化管理的中坚力量。三是把脉诊断,解决"疑难症"。结合村内管理和服务的需要,依托网格化平台,重新梳理并规范了违法建设管理、社区物业管理、社会稳定管理、流动人口管理等 11 项村级治理的内容,解决长久积压疑难杂症,并建立起问题发现和解决的长效机制。通过网格化"三步走",北宅村实现了村级管理和服务方式的转变,真正做到了村内事务全覆盖、全参与。

4. 延庆区康庄镇小丰营村：民生十二条

（1）基本情况。延庆区康庄镇小丰营村是京郊最早出口蔬菜的行政村，曾是京郊农村的一面旗帜，历史上接待过数十位国家领导人和20多个国家的贵宾，村党支部也曾多次获得市、县先进党支部。新一届村党支部就村里存在的问题进行深入研究，查找问题的根源，寻求解决问题的措施，最终推出了以送福、助学、慰医等为主要内容的民生十二条，管理在于服务、以服务得人心，在促进村全面发展上取得一定成效，合作社被农业农村部评为全国农民专业合作社示范社。

（2）主要做法。民生十二条的主要做法，主要有4个方面：第一，发扬人文传统，把握服务的立足点。小丰营村党支部从乡土风俗入手，推出送福、贺喜、祝寿民生服务项目，通过富有人文关怀情结密切干群联系。第二，关注弱势群体，把握扶助的着力点。小丰营村党支部以帮助弱势群体为目标，推出慰医、助学、优抚、恤民民生服务项目。第三，谋划产业蓝图，把握发展的关键点。村党支部制定近期发展规划目标是做大做强蔬菜产业，对八达岭蔬菜市场升级改造，使其成为京西北重要的农副产品的集散地。第四，夯实队伍建设，把握群众的信任点。村党支部将规范党员干部行为、提高素质形象、强化村内和谐环境建设作为重要内容，推出思廉、结贫、巡治民生服务项目。

5. 门头沟区妙峰山镇水峪嘴村：诚信台账

（1）基本情况。北京市门头沟区妙峰山镇水峪嘴村，有农户262户，约560口人，是北京市新型农村社区试点村。水峪嘴村建立了村规民约制度，促进了农民自我教育、自我管理、自我约束，打开了一条绿色新农村建设的新途径。

（2）主要做法。该村建立了村规民约，也称诚信台账，原则就是奖优罚劣，定期对遵规守约、诚信务实的村民予以表扬奖励，对违反约定、造谣欺诈、寻衅滋事、损害村庄形象的村民予以通报批评，以此激励、引导村民牢固树立诚信立身、诚信立家、诚信立业的意识。为保障诚信台账的贯彻落实，水峪嘴村推选了17名村民代表进行日常台账记录，每周汇总一次。根据群众反映和村委会的查访记录，对当周予以表扬和批评的人选提出初步意见，并提交到村民代表大会进行表决，最后通过公告栏和村报进行公示。

6. 平谷区峪口镇：法律服务走进香椿文化节

（1）基本情况。在北京市平谷区峪口镇第四届香椿文化节期间，平谷区峪口司法充分发挥职能作用，在峪口广场开展以疏解整治促提升，律十进七五行为主题的法律宣传活动，为香椿文化节护航。

（2）主要做法。第一，开展矛盾纠纷排查活动。组织各村调解员，深入各村开展矛盾纠纷排查，重点排查不稳定因素，将矛盾纠纷处置在萌芽状态，防止纠纷激化。第二，到饭店、农家院普法。针对峪口镇域内饭店、农家院较多的特点，司法所专门组织人员到各饭店、农家院进行走访，向他们普及法律知识，让他们合法经营，从源头上减少矛盾。第三，开展法律宣传活动。在开幕仪式当天，司法所在现场向群众普及《消费者权益保障法》《食品安全法》等相关法律知识，并设置咨询台、纠纷调解台，现场解答群众疑问、化解矛盾。

7. 房山区韩村河镇：党委领导的村民自治

（1）基本情况。房山区韩村河镇，辖1个社区、27个村委会。经济结构中，工业和建筑业一直居于主导地位。以韩建集团为代表的建筑业，发展十分迅速，拥有23个工程分公司，25个直属公司，业务范围包括建筑设计、房地产开发、装饰装潢、市政工程、水利水电等10多个门类，是复合型的大型企业集团。

（2）主要做法。一是韩村河镇采取企管村形式，也就是韩建集团党委领导下的集团和韩村河镇的基层党组织。韩建集团党委下设北京总部、河山管业和韩村河镇3个党总支，共41个党支部、538名党员，成为韩村河镇新农村建设的核心和中坚力量。二是韩村河镇重视精神文明的建设。制定了诸多条款的村规民约并大力宣传，还每年集体出资为每户村民订阅《农民日报》《京郊日报》，并开展读报用报活动。村委会办公楼建立了图书室、活动中心，并举办礼仪、编织等培训班，吸引村民参加。村里9条路和14条大街两侧立着宣传牌，图文并茂。图片是村里各个景点的剪影，文字是眼下热门的宣传口号。正确的思想、有益的活动构成了乡风文明的基础，促进了家庭、社会的和谐。

8. 通州区西集镇吕家湾村：党员志愿服务

（1）基本情况。通州区西集镇吕家湾村，村域面积约2000亩，有耕地1229.7亩，以林果业生产种植为主。由于产业调整、老龄人口较多、年轻劳动力流失等原因，村集体经济比较薄弱，长期属于入不敷出的状态，低收入农户比例较高，属于北京市确定的234个低收入村之一。

（2）主要做法。一是建立五单一体式党建服务模式。采取群众点单、支部列单、党员接单、组织清单、代表晒单方式，全方位、多角度听民声、集民意、解民需、暖民心，力求党建服务功能的最大化，为群众兑现幸福账单。二是在西集镇的统领下，为给村民提供更加完善的服务，营造村内良好氛围，吕家湾村党支部结合本村情况，团结引领全体党员充分发挥党员的先锋模范作用，统筹村内党员代表、治保积极分子、文艺骨干等多种力量，成立了党员红星志愿服务团，并下设红白理事会、环境维护巡防队、众心文艺演出队等分支机构，为百姓提供全方位、全覆盖的志愿服务活动，渗透到百姓生活的每一个细节，已经成为百姓用得上、靠得住、离不开的群众性志愿服务组织。

表8-3 乡村治理典型案例的主要做法

序号	名称	主要做法
1	顺义区高丽营镇一村：党员带头+村民自治	建立"村规民约"，并辅以适当物质奖励，促进村规民约的落地执行。党员亮身份、做表率，发挥"一名党员一面旗帜"的作用。
2	昌平区南口镇居庸关村：一根绳精神	拔河这根绳成为居庸关村凝心聚力的"一根绳"精神。文化活动丰富精神生活，增强村民的获得感和荣誉感，稳定才能长久。
3	怀柔区桥梓镇北宅村：网格化管理	成立网格化管理中心，将村庄社会服务管理工作全部纳入网格化社会服务管理体系中，实现了网格化社会服务管理与村庄治理的有效对接。
4	延庆区康庄镇小丰营村：民生十二条	发扬人文传统，把握服务的立足点；关注弱势群体，把握扶助的着力点；谋划产业蓝图，把握发展的关键点；夯实队伍建设，把握群众的信任点。
5	门头沟区妙峰山镇水峪嘴村：诚信台账	水峪嘴村通过自己的新闻产业来保证诚信台账的顺利实现。
6	平谷区峪口镇：法律服务走进香椿文化节	开展矛盾纠纷排查活动；到饭店、农家院普法；开展法律宣传活动。
7	房山区韩村河镇：党委领导的村民自治	企管村形式，加强村规民约并大力宣传。
8	通州区西集镇吕家湾村：党员志愿服务	建立"五单一体式"党建服务模式。采取"群众点单、支部列单、党员接单、组织清单、代表晒单"方式，志愿为村民提供服务。

四、农民增收

(一) 典型案例

1. 密云集体企业将带领全村致富

(1) 基本情况。政府出资为低收入户搬迁、发展特色民俗旅游产业、发展农村合作企业,密云区利用多种形式帮扶低收入户。密云区尖岩村和张泉村两个低收入村,村民通过政府的搬迁帮扶、社会力量帮扶等措施,像尖岩村一样依靠搬迁和改造进行帮扶的村落,密云区还有不少。按照政府的要求,受洪水威胁地区、泥石流易发区等可以享受搬迁政策,符合条件的村,只要村民有愿望都可以列入搬迁计划。

(2) 主要做法。从密云城区向西20多公里,再向北走过一段蜿蜒的盘山路就是大城子镇北部的张泉村。去年,村里集体创办了北京张泉达康科技发展有限公司,推出张泉达康品牌系列绿色深加工产品,包括蜂蜜、蜂蜜润唇膏、板栗仁、山楂养身茶、无添加山楂汁等。村里利用社会力量帮扶,将出产的绿色食品售卖至北京城区。

2. 丰台花乡草桥村:集体经济支撑

(1) 基本情况。草桥村地处丰台区花乡东北部,北临南三环,西靠玉泉营立交桥,南到南四环马家楼立交桥,总面积3.98平方公里。全村绿化覆盖率达60%。现有村民9300多人,属地居住人口3万人以上。2001年,该村完成农村集体产权制度改革,成立了集体股份合作制企业北京草桥实业总公司,注册资金1.45亿元,集体股占比43.22%,个人股占比56.78%,现有村民股东3396人。

(2) 主要做法。该村提供公共服务的主要做法是以集体经济为支撑,面向全村人口提供全面的民生保障。该村充分发挥集体经济优势,全面落实上管老,下管小,一个都不能少的服务宗旨,加大集体投入提升公共服务水平,各项福利政策受到村民广泛赞扬。2017年用于村民的各项福利基金总额达1.2亿元。目前,该村65岁以上老人住院100%报销,75岁以上老人每年领取1万~10万元不等的长寿奖。开设了免费班车,解决了村民出行最后一公里的难题。建设了保障性住房,一期已经入住,二期即将完工,进一步提升了居民的住房质量。对社区卫生服务中心进行了改造,可为居民提供更便捷的医疗服务。兴建了高标准的幼儿园、小学，解决了农村子女受教育问题。村内建有文化中心、羽毛球场、门球场等，能为社区内的居民提供更多休闲娱乐的场所。

3. 怀柔区桥梓镇前辛庄村

（1）基本情况。怀柔区桥梓镇前辛庄村，曾被确定为区级低收入村，去年底这个村彻底摘了低收入的帽子，全村低收入农户51户82人全部实现低达标，人均可支配收入达到17000余元。前辛庄村位于怀柔水库西侧，水库一级保护圈内。为了保护水源，该村产业发展受到严格限制，本地劳动力就近就业机会少，因此被确定为区级低收入村。村内按照低收入农户认定标准，认定低收入农户51户82人。

（2）主要做法。去年，六个一批项目落实到村里，让低收入户的腰包鼓了起来。去年村里与北京林业大学合作，探索在百万亩平原造林地块发展林下经济产业，安置前辛庄村劳动力就业50余人，其中优先考虑村中的低收入户。主要负责园区的花卉种植、剪枝、浇灌。每天工作8小时，月薪2700元。加上家里一亩六分地租给园区，每年还能拿到3600元租金。2016年，镇级成立300万慈善基金，积极引导社会帮扶重心下移。这笔基金用于新农合报销之后依然困难的家庭，属于六个一批里的社会力量帮扶一批。

4. 旧县镇一村一策助农脱低

（1）基本情况。白河堡村利用农户+合作社+运营公司营销模式，开始打造高端民宿，发展旅游产业。对于家庭脱低，村民可以把房子委托给合作社了，每年有6000多元的收入，加上果园打工的收入，实现脱贫。

（2）主要做法。旧县镇党委政府精准识别、精准帮扶，对全镇22个村796户低收入农户进行一村一策、一户一策的精准帮扶，让721户低收入农户实现脱低。旧县镇还以冬奥会世园会筹办为契机，积极开展招商引资，推进产业帮扶，爱菩瑞德、华海田园、妫州牡丹园、白羊玉果园、绿富隆、丰森源6大世园会园外园，依托产业发展，助力低收入农户持续稳定脱低。在常家营村村南的爱菩瑞德（北京）种植有限公司，公司自2015年在常家营村落地以来，发展势头良好，每年用工期长达10个月，吸纳常家营村及周边村庄的7户低收入农户到园区打工，每人每月最低2000元。同时，园区的发展也带动了常家营村的乡村旅游发展，为持续有效解决低收入户增收奠定了良好基础。在旧县镇白草洼村，自北京丰森源林业科技公司在该村租地种植苗木以来，一下子解决了14户低收入农户的劳动力就业。米粮屯村、旧县村、闫庄村等5个村分别与丰森源、松山佳卉等4家公司合作，流转村集体土地共12000余亩，每年增加村集体和村民财产性收入共计1200万元。其中涉及低收入农户197户，每年户均增加财产性收入3000元。

5. 延庆区四海镇：对口帮扶

（1）基本情况。前山村村域总面积1952亩，其中，耕地面积201亩，园地201亩，林地1247.6亩。全村共有101户，191人，其中，农户71户，160人。在农户中，低收入户有40户，81人，占全村农户总数56%，属于北京市"十三五"期间认定的低收入村。2017年，全村经济总收入494.2万元，人均可支配收入15000元。村内种植玉米、板栗、菊花、小杂粮等农作物，无优势主导产业。村内共有劳动力75人，17人外出打工，其余在村内务农或公益岗位就业。

（2）主要做法。该村在公共服务方面的主要做法是借力对口帮扶，建设温馨家园助老敬老，以解决本村特殊群体生活保障难题。前山村年龄偏大、无劳动能力、因病因残的农户较多，除了该有的社会保障（如低保、五保、老人款等）外，这些人的日常生活无保障，儿女不在身边，本人生活不能自理。针对上述问题，经镇政府同意，村委会决定在前山村建设温馨家园，解决65岁以上老人吃饭的问题。该项目通过帮扶单位+村集体+特殊群体的模式实施，由对口帮扶单位市残联、市住建委帮助建设，村集体负责日常管理，符合条件老人每天可以提供两餐（无法走动的送餐）。村内有22人在温馨家园用餐，每顿饭10元标准，其中，自付3元，其余由帮扶单位和村集体补贴。温馨家园为老人提供了日常生活保障，大大提升了老人的幸福感，同时，也解决了子女们的后顾之忧。此外，通过温馨家园建设，还为村内2个低收入户提供了日常管理的就业岗位，有效带动了低收入户增收。

（二）经验借鉴

通过分析密云集体企业带领全村致富、丰台集体经济支撑、怀柔桥梓镇、旧县镇一村一策助农脱低、延庆区的对口帮扶，得到农民增收对于提高农民民生保障水平的几点经验：

第一，结合实际。密云结合实际情况修新房做民俗，使村民的收入翻倍,通过引进类似于鹿栖书苑大地乡居等高端民宿,为村民提供就业岗位,妥善地安排了低收入人群的就业问题,带动村内民宿和林果业的销售。

第二,城镇公共服务均等化。要引导集体经济发展水平较高的村设立福利基金或民生保障基金,专门用于发展村里的公共服务事业,力争率先实现与城镇公共服务均等化。

第三,对口帮扶。可以从市级层面,对未来对口帮扶工作提出明确要求,安排具备条件的单位结合对口帮扶村的实际需要,支援建设公共服务设施,指导对口帮扶村负责开展日常管理,并提供一定的运行维护和日常管理补贴。

表8-4 农民增收典型案例的主要做法

序号	名称	主要做法
1	密云集体企业将带领全村致富	集体创办了北京张泉达康科技发展有限公司,推出张泉达康品牌系列绿色深加工产品,包括蜂蜜、蜂蜜润唇膏、板栗仁、山楂养身茶、无添加山楂汁等。
2	丰台花乡草桥村:集体经济支撑	以集体经济为支撑,面向全村人口提供全面的民生保障。该村充分发挥集体经济优势,全面落实上管老,下管小,一个都不能少的服务宗旨,加大集体投入提升公共服务水平。
3	怀柔区桥梓镇前辛庄村	村里与北京林业大学合作,探索在百万亩平原造林地块发展林下经济产业,安置前辛庄村劳动力就业50余人,其中优先考虑村中的低收入户。
4	旧县镇一村一策助农脱低	旧县镇党委政府精准识别、精准帮扶,对全镇22个村796户低收入农户进行一村一策、一户一策的精准帮扶,让721户低收入农户实现脱低。
5	延庆区四海镇:对口帮扶	借力对口帮扶,建设温馨家园助老敬老,以解决本村特殊群体生活保障难题。

五、农村体制机制改革

(一)典型案例

1. 密云区北庄镇干峪沟村:盘活闲置农宅

(1)基本情况。山里寒舍乡村酒店位于密云区北庄镇干峪沟村。该村深处山谷、生态环境好、风貌古朴、人迹罕至。全村在册户籍41户、71

人,平均年龄超过60岁,常住人口不足20人。项目由北庄旅游发展有限公司投资、政府协调、村民参与,依托干峪沟村旅游专业合作社组织农房流转入股,在不改变房屋权属的前提下,由企业对闲置民房进行统一设计改造、统一管理和统一营销,建成集居住、休闲、会议、餐饮、农耕体验于一体的会员制高端乡村旅游民宿项目。合作社根据每家的房源土地数量按年支付给农民租金。

(2)主要做法。全村43户宅院出租了33处,平均每个宅院年租金6000元,5年一递增;出租了120亩耕地,每亩租金1000元,5年一递增。作为旅游项目的副产品,果树等农产品的农场经营权也承包给合作社,农民也相应从中获益。合作社还将拿出经营收益为入社村民分红。农民的收入主要包括房屋租金和企业务工收入以及社员分红。该项目于2013年1月启动,分二期改造。一期已经完成民宿院10处,中餐厅1处,实现全村覆盖和24小时摄像监控。二期改造20处民宿院和西餐厅。2014年进入全面运行阶段,接待游客2万人次,实现旅游综合收入2000万元,合作社社员年均增收2万元,在企业就业的社员,年均收入超过5万元。

2. 怀柔区田仙峪村:盘活闲置农宅

(1)基本情况。田仙峪村位于北京市怀柔区渤海镇东北部,村域面积9.5平方公里,属于怀柔浅山区。田仙峪村坐落于箭扣长城脚下,东侧3000米是慕田峪长城景区;怀沙河从村中流过,龙潭泉和珍珠泉水为该村水产养殖业提供了天然优势,田仙峪村是北京最早、规模最大的虹鳟鱼养殖基地。田仙峪村有山场4400亩,主要种植板栗、核桃等果品,种植面积3400亩。村内现有农户297户,680余人,其中,乡村旅游专业户31户,虹鳟鱼养殖专业户19户。该村有长期整院落闲置农宅35处,平均每套闲置院落200平方米左右。

(2)主要做法。2014年6月,北京市新型城镇化体制改革专项小组将田仙峪村确定为盘活农村闲置房屋,发展乡村休闲养老社区试点,各级政府协力推进落实试点工作。在政策方面,集成了市发展改革委、市农委、市民政局的相关政策,为村庄煤改电、农宅节能保温改造、医疗卫生、基础设施提升、养老设施运营等提供资金支持。2014年8月,田仙峪村成立田仙峪休闲养老农宅专业合作社,35处闲置农宅所有人与农宅专业合作社签订房屋租赁合同,将闲置农宅的使用权流转到农宅专业合作社,租期20年;田仙峪村将村集体的房屋、土地的承包权和使用权等进行股份制改造,成立田仙峪村社区股份合作社;此外,在政府部门的牵头下,引进国奥(北京)文化产业投资有限公司。股权为农宅专业合作社+村集体占10%,公司占90%,并由国奥公司负责养老社区的建设和运营。经营方向主要是发展休闲养老服务业,重点面向城市55~75岁的中高端收入的健康老人。农民将来的收入主要包括房屋租金和经营收益分红。

3. 大兴区:农民股份合作

(1)基本情况。清产核资和成员界定是推进股权权能改革最重要的基础性工作。大兴区清产核资的范围为全部明确权属的集体经营性、非经营性和资源性资产,包括账内的、账外的,流动的、固定的,资金的、资源的,有形的、无形的资产。

(2)主要做法。第一,分类明确资产占有、收益权。对于集体经营性和非经营性资产,俗称集体的账面资产,发展集体经济组织成员股份合作以股份形式折股量化到成员,作为参与集体收益分配的依据;对于土地等资源性资产,重点推进土地承包经营权确权登记颁证工作,对于一家一户分得的承包土地,实行物权保护;对于集体经营性建设用地入市增值收益再投资产生的收益,按照联营公司章程分配到各村后一律纳入村级集体资产统一管理。各村社再按照产权制度改革章程对成员股东进行分配。第二,探索出发放股权证和股东登记双重占有权体现形式。村集体经济组织将集体账面资产以股份或者份额形式量化到集体经济组织成员,并发放股权证书作为其参加集体收益分配的基本依据。同时利用全市集体三资监管平台,建立股东备案制度,健全集体资产股东股权管理台账,推进股权台账登记信息化、动态化管理。第三,理顺分配关系,严格执行按股分配。按照市级关于规范新型集体经济组织收益分配工作要求,各村社应遵照合作社章程规定,由董事会提出分配方案,经股东(代表)大会2/3以上通过后方可实施,并且及时进行公示,接受股东监督,同时报镇经管站备案。目前,大兴区集体经济组织分配方式已实现由实物福利分配为主向按股份分配为主、实物分配为辅转变,集体收益分配逐步趋向公平与效率兼顾,成员股东财产性收入得到有效增加。第四,处理好积累和分配的关系。根据集体经济组织发展需要和章程规定,制定每年的具体分配方案,合理确定股份分红比例,设置分配水平上限,提取一定的公积金和公益金,确保集体可持续发展,同时严格禁止跨空分配和举债分配。

4. 昌平区木厂村：产权林权改革联动

（1）基本情况。木厂村按照昌平区和兴寿镇的工作部署，结合当地改革发展实际，因地制宜，改革创新，通过把产权制度改革和集体林权制度改革结合起来，探索实践了产权+林权联动的农村集体经济产权制度改革模式，取得了很好的成效。

（2）主要做法。第一，清产核资和资产量化，清产核资小组按照改革工作方案完成了对林地勘界、补充完善承包合同和林权登记等主体改革任务，通过清产核资和资产量化，实现了林权改革融入产权改革。第二，股权设置，坚持公开、公正、公平的原则，将集体可量化资产全部配置到集体和村民个人，通过这样的股权设置，形成了科学的分配方式。第三，维持原有合同关系不变，木厂村坚持改制后，维持原有租赁合同不变，保证原有经营秩序稳定。对集体统一管理的生态公益林，继续由集体统一经营管理。第四，建立了新型的村级管理体制，通过产权制度改革，成立了村股份合作社，建立了相应的法人治理结构，形成了村党支部统一领导、股份合作社依法自主经营、董事会和监事会民主决策的新型村级管理体制，为保护村民的合法权益提供了制度保障。

5. 朝阳区崔各庄乡：土地股份合作制

（1）基本情况。崔各庄乡党委创造性地打破行政村限制，按照明晰产权、统一开发、整合资源、专业管理的思路，各村以土地入股成立合作联社，并根据持股比例获取相应收益分配，走出一条全乡土地股份合作的改革新路。

（2）主要做法。第一，推动村级产权制度改革，在股权配置过程中，不设集体股，将基本股直接转化为普通股。基本股由农村土地承包经营权转化成，由参与土地确权的现有集体经济组织成员平均按份分配。第二，组建资源资产股份合作联社，组成联社不改变农村集体土地所有权，联社使用土地与该地块所在村集体经济组织签订土地承包合同，取得该地块使用权，并按不低于该地块原来的租金标准和递增幅度向该集体经济组织支付租金，以确保各村的既有收益。第三，统一管理运营与制度建设双轮驱动，联社统筹运营分别属于各团体社员所有的集体土地，统一协调补偿事宜，统筹管理土地补偿费，并协调乡集体下属各相关经营单位争取土地一级开发、房地产开发等经营项目。第四，统筹分配与定向分配有机结合，联社坚持公平、效率兼顾的原则，在收益分配过程中，采取统筹分配和定向分配相结合的方式。

6. 海淀区东升镇：新型城镇化

（1）基本情况。东升镇位于海淀区东北部，是典型的城乡接合部。近年来，东升镇党委带领全镇党员干部大力发展集体经济，积极探索新型城镇化道路。东升镇是著名的鱼米之乡，全镇农业用地面积近6万亩，以水产、花卉苗木、蔬菜、生猪为主导的效益农业已初具规模，农产品流通遍及全国近20多个省市及港澳等地区。

（2）主要做法。第一，以股份合作制为导向，率先整体完成集体产权制度改革。第二，以高科技园区建设为龙头，探索集体产业升级新路。镇党委抓住国务院批复建设中关村国家自主创新示范区的机遇，结合区域实际提出把产业留给农民的思路，先后关停了一批定位低端、效益不佳、缺乏前景的老工业企业，积极探索在集体土地上自主开发、自主建设、自主经营管理的模式，建成中关村东升科技园。第三，以顶层制度设计重点，打造高素质执政骨干队伍，镇党委适时出台了一系列规章制度，加强股份社领导班子建设。健全和完善了董事会、监事会和经理办公会工作制度，完善人事制度。

（二）经验借鉴

根据上述典型案例的主要做法，得到的主要经验借鉴有：

第一，处理好农民与土地的关系。探索农民闲置房的过程中，围绕正确处理农民和土地关系这一改革主线，不断探索农村土地集体所有的有效实现形式。盘活乡村资产离不开农民，所以应该考虑到农民的利益。

第二，加强组织领导，完善政策支撑。农村集体经济组织一方面承担着大量农村公共服务职能，另一方面还要缴纳各种经营税费。经营开支居高不下，导致经营收益难以大幅提高。因此，在税收优惠政策等方面，应加大对集体经济的扶持力度，通过给予税费优惠待遇，按照税负贡献，进行税源返还奖励等措施，减轻集体经济的税费负担。

表 8-5　农村改革典型案例的主要做法

序号	名称	主要做法
1	密云区北庄镇干峪沟村：盘活闲置农宅	依托干峪沟村旅游专业合作社，组织农房流转入股，由企业对闲置民房进行设计改造、管理和营销，发展高端乡村旅游民宿产业。
2	怀柔区田仙峪村：盘活闲置农宅	盘活农村闲置房屋，发展乡村休闲养老社区试点。成立田仙峪休闲养老农宅专业合作社、田仙峪村社区股份合作社，引进企业负责养老社区的建设和运营，确立股权，建立分红机制。
3	大兴区：农民股份合作	分类明确资产占有、收益权。探索出发放股权证和股东登记双重占有权体现形式。理顺分配关系，严格执行按股分配。处理好积累和分配的关系。
4	昌平区木厂村：产权林权改革联动	清产核资和资产量化。股权设置，坚持公开、公正、公平的原则。维持原有合同关系不变。建立了新型的村级管理体制。
5	朝阳区崔各庄乡：土地股份合作制	推动村级产权制度改革，组建资源资产股份合作联社，组成联社不改变农村集体土地所有权；统一管理运营与制度建设双轮驱动；统筹分配与定向分配有机结合。
6	海淀区东升镇：新型城镇化	以股份合作制为导向，率先整体完成集体产权制度改革；以高科技园区建设为龙头，推动集体产业升级。

全国篇

一、产业融合发展

为加快推动农业产业化高质量发展，发挥农业产业化在构建乡村产业体系、促进乡村经济多元化发展、带动农户就业增收等方面的重要作用，为农业供给侧结构性改革和乡村振兴做出新的贡献，乡村旅游、产业融合、供给侧改革、田园综合体正为推进乡村产业高质量发展发挥着不可或缺的作用。

（一）典型案例

1. 武汉：休闲农业与乡村旅游模式

（1）基本情况。近年来，武汉乡村旅游与休闲农业产业经历了从无到有，从小到大，由自发走向规范的发展历程。武汉市乡村旅游与休闲农业主要有农家乐、休闲农庄（山庄）、农业旅游点、生态旅游点四大类型，共有1112个景点和经营户。

（2）主要做法。目前武汉乡村休闲游已经取得了一些喜人的成绩，得益于武汉市农业局、武汉市旅游局联手大力推行的四种发展模式：第一，农旅结合模式。主要是将现代都市农业特色产业与发展旅游业相结合，通过完善旅游服务功能，展示现代农业科技成果，为市民提供农事体验休闲的旅游产品。第二，扶贫开发结合模式。主要是通过开发边远贫困地区山水资源来发展乡村旅游产业，引导社会资本投资建设农业旅游景区、景点。第三，新农村建设模式。主要是将休闲农业与乡村旅游产业发展纳入新农村建设总体规划，以特色专业村建设推动新农村建设。第四，特色农产品开发模式。主要是将农村土特产品开发为旅游商品，通过延长产业链来提升农产品附加值。

2. 上海：金山区田园综合体

（1）基本情况。在金山区，"田园"一词已不再指代过去单一的农作物种植、农产品销售的模式，取而代之的则是赏花游、瓜果采摘、农耕运动会、草地音乐会、田园马拉松、徒步、骑行农业等越来越多地与旅游、文化、体育相结合，休闲观光农业蓬勃兴起。金山区已涌现出廊下郊野公园、金山嘴渔村、吕巷水果公园、朱泾镇花开海上生态园等一批休闲农业集聚区，逐步形成了具有多重功能、独特魅力的田园综合体群落。

（2）主要做法。第一，靠海吃海，金山嘴渔村里最早开出的天桥饭店，如今已是天天排队吃海鲜的局面。而另一家永乐大酒店，2016年接待人数也超过了15万人次。第二，围绕渔字发展文旅，到2016年底，金山嘴渔村累计接待游客达320万人次。现在，即使到了夜里11时，还能看到咖吧、酒吧的灯火和闲坐其中聊天的年轻人，而一家家民宿里更留住了不少舍不得走的市民游客等，围绕一个渔字做足文章，让金山嘴渔村渐渐成了不夜小镇。第三，发展渔村特色民宿，全村已有100多户村民的农宅租了出去，被用来开民宿、饭店、咖啡店等，租金已比前两年翻了不止一番。整个渔村的特色民宿出现了12个品牌，客房数达到了120间，每到节假日必须提前预订才能入住。

3. 安徽：肥西县官亭林海

（1）基本情况。官亭林海在规划之初，就按照多功能、多业态运营去设计，涵盖了生态农业、休闲旅游、田园居住等复合功能，将新型产业与农村发展进行有机结合。

（2）主要做法。第一，保留原生态，官亭林海田园综合体的核心产业是农业。为了改善乡村旅游硬件和提升服务水平，肥西县对地产和基础设施建设进行了改造甚至重建，但本身仍是乡村，特别保留了乡村的原生态，融合循环农业、创意农业、农事体验等创新形式，真正展现农民生活、农村风情和农业特色。第二，让农民享受权益，肥西县利用农民合作社这一载体，通过土地流转，对土地经营进行中长期产业规划，发展现代化、规模化的农业产业园区，以此作为建设田园综合体的基础。而加入合作社的农民，既可以在其中就业，还可以通过股权、租金等方式获得收益，做到充分参与和受益。第三，实现城市和乡村文明融合，在官亭林海的周边，肥西县正在对农村进行改造，以官亭林海为中心，逐步向外围拓展，改造的思路就是，让城市和乡村实现文明融合。

4. 黑龙江：富锦市稻梦空间

（1）基本情况。2017年，富锦市依托独特的地理、生态优势，以大地艺术、空中观赏、体验互动、科普拓展、休闲娱乐为构成板块，通过各产业的相互渗透和融合，以田园综合体为载体，把休闲农业、养生度假、文化艺术、农耕活动等有机结合起来，被誉为华夏东极旅游的稻梦空间。

（2）主要做法。第一，种出彩色稻田画，在位于富锦市长安镇永胜村的万亩高标准水稻示范基地，观光亭的主体架构已建完。这片大地块有4万亩，核心区有1850亩，景观区有819亩。在规划中，景区中心将建一座观光塔、12座观光亭、20个观光平台，其中玻璃平台将延展到稻田里，让游人有站在稻田里的感觉。在观光塔四周，利用6种不同颜色的水稻苗种出中国梦、美丽乡村、祖国大粮仓、海稻船4幅巨型彩色稻田画。此外，还将打造稻田水世界、稻草人王国、黑土泥塘、植物迷宫、热气球等景观。第二，发展全域旅游，富锦利用大地块周边附近的森林公园和湿地公园，在附近村屯重点打造了湿地共邻洪州村、低碳养生工农新村、满族风情六合村、朝阳民宿文化村、赫哲故里噶尔当村以及农家美食村6个农家乐，依托田园综合体发展吃、住、行、游、购、娱全域旅游。第三，以农业生产为基础，富锦万亩地块共4万亩连片水稻，富锦东北水田现代农机合作社今年流转了其中的1万亩水稻，合作社农户种植水稻都是订单种植，每公斤水稻收购价格较之市面价格高0.54元。合作社有38栋育秧大棚，其中8栋将种植蘑菇、木耳，其他大棚种植瓜果蔬菜供游人采摘。

5. 四川：成都市郫都区红光镇多利农庄

（1）基本情况。2013年入驻郫都区红光镇的多利农庄，围绕打造国际乡村旅游度假目的地，在郫都区红光镇、三道堰镇等6村连片规划建设多利有机小镇。预计总投资150亿元，总规划面积约2万亩，将建设52万平方米农村新型社区、63万平方米家庭农庄和打造万亩有机生态农业示范基地。

（2）主要做法。第一，高端农业综合体，该项目已建成600亩有机生态农业示范区、12000平方米温室大棚和分拣包装中心的有机农业发展规模。同时，作为依托于高端有机农业发展的农业综合体，这里还是成都市为数不多的农业双创园区之一。第二，农业双创载体平台，农庄内，2000平方米文创空间的农业双创载体平台，通过设立都市农业双创基金，提供涵盖人才培养、技术创新、投资对接、市场开发等全程双创孵化服务等支持政策，相继引入了创客咖啡吧、有机蔬菜沙拉吧、私房菜、园区合作社和家庭农场等30多家市场主体，28个农业创业项目相继入驻园区开展农业发展上的创业创新。第三，国际化乡村度假新体验，作为第一个入驻中国乡村的全球性度假酒店，法国酒店管理集团以运营管理乡村酒店方式，打造乡村旅游度假新体验，带动休闲农业与乡村旅游转型升级。目前，已启动一期4000平方米主题酒店建设，酒店配套的咖啡吧已对外开放。

6. 内蒙古：鄂尔多斯市乌审旗无定河镇

（1）基本情况。从2012年开始，乌审旗无定河镇审时度势，依托位于塞外小江南无定河镇无定河村的地缘优势，规划土地总面积约20000亩。采用企业化运作的模式，以乌审旗无定河农牧业开发有限责任公司为载体，将农牧民现有的零散土地进行整合流转、集中开发，打造集农事体验、观光旅游、休闲养生等功能于一体的农业综合循环发展经济平台，实现企业与农牧民互惠共赢。

（2）主要做法。第一，发展良好生态的绿色产业，实现地区均衡发展，资源有效整合利用，是田园综合体发展的基础，无定河镇制定立体生态循环农业发展规划，在萨拉乌苏河两岸，紧抓绿色农产品有机认证的契机，完成多种农产品的有机食品认证，并且启动全国有机食品示范镇申报，发展良好生态的绿色产业，提高农业综合效益和竞争力。第二，乡村旅游实现景区联动，无定河镇依托中国最美乡镇的名片，与萨拉乌苏考古遗址公园、巴图湾4A级旅游景区、1949年秋后乌审旗委办公旧址、鄂尔多斯地区第一个党小组旧址等景区形成联动效应，在感受自然景观、红色文化的同时，还能体验浓郁的乡土气息。田园综合体已成为无定河镇乡村休闲游的新亮点。第三，打造现代休闲养生农庄，推动全域乡村旅游发展，实现旅游与农牧业有机融合，农业景观化、村庄景区化和农庄景点化。借助无定河独特地形地貌、良好环境资源，利用无定河村窑洞、四合院等各式各样的民居优势，打造集休闲垂钓、地方民俗民情、特色农家乐、渔家乐、果蔬采摘等为一体的现代休闲养生农业庄园，发展休闲养生、观光度假旅游和庄园经济。

7. 江苏：无锡阳山田园东方项目

（1）基本情况。2012年，在中国水蜜桃之乡无锡市惠山区阳山镇的大力支持下，内地首个田园综合体项目无锡田园东方落地实践。田园东方项目集现代农业、休闲旅游、田园社区等产业为一体，倡导人与自然和谐共融与可持续发展，通过三生（生产、生活、生态）、三产（农业、加工业、服务业）的有机结合与关联共生，实现生态农业、休闲旅游、田园居住等复合功能。

（2）主要做法。第一，农业商业化，田园东方的农业是以现代农业、休闲旅游、田园社区为辅助，把农业进行商业化，定位是企业化服务型的农业平台。阳山本身有优质的水蜜桃资源，而该项目通过公司化、规范化、科技化的运作，使形成的产业园能作为当地社会的基础性产业。第二，文旅产业多样化，文旅是以生态自然型和多样的旅游产品和度假产品的组合，以此作为产业的根本。比如主题乐园、不同的度假产品和度假村、精品酒店、民宿集群和营地等。第三，居住方式创新化，田园社区属于居住的一部分，服务于原住民和新移民，以及旅居的客群，最终形成新的社区和新的小镇。社区分两类：一是结合宅改、土改的政策和试点，用集体建设用地的方式进行开发；二是利用国有建设用地为基础的开发，这两种社区混合进行。

8. 浙江：田园综合体推动乡村绿色发展

（1）基本情况。浙江省湖州市安吉县的田园鲁家村田园综合体入围首批国家田园综合体试点项目，将获得国家三年内 1.5 亿元，地方政府配套 1.5 亿元的资金补助。鲁家村仅用 6 年时间，通过田园综合体建设从脏乱差的浙北小山村成为村域大景区，其田园综合体建设经验非常值得借鉴学习。

（2）主要做法。2011 年，鲁家村筹集资金、引入旅游公司，共同组建经营公司，共同投资建设旅游配套基础设施，实行统一规划、统一包装、统一经营。从 2013 年起，鲁家村把家庭农场作为村里的支柱产业，通过推行集体土地流转，因地制宜建设家庭农场，形成家庭农场聚集区，带动休闲观光业发展。农场建设起来之后，采用公司 + 村 + 农场的组织运营模式。2015 年，鲁家村初步形成了全域景区化。2017 年，当地提出区域性经营概念——田园鲁家综合体，以鲁家村为中心，辐射带动周边 3 个村，项目规划范围总计 50 多平方公里。2017 年 8 月，这个项目被列入全国首批国家田园综合体试点项目。

（二）经验借鉴

第一，立足乡村资源。针对乡村旅游的发展，应该结合本地资源优势，合理地选址，运用文化创意理念，引导实施旅游设施标准化和农业环境景观化，并以乡村旅游开发带动其他相关产业的发展。金山区田园综合体围绕渔字发展文旅，通过先天靠海的地理优势，发展渔产业。

第二，农民主体。通过给予农民实实在在的利益，让农民发挥自己的主体作用，调动农民参加乡村发展的积极性。

第三，乡村旅游产业与新农村建设有机结合。武汉通过发展乡村休闲旅游,来推进农业转变发展方式、优化调整农业和农村产业结构,进而带动农民就业、促进农民增收,帮助农民脱贫致富,从而建设社会主义新农村。

表 8-6 产业融合发展案例的主要做法

序号	名称	主要做法
1	武汉：休闲农业与乡村旅游模式	武汉市农业局、武汉市旅游局联手大力推行农旅结合、扶贫开发结合、新农村建设、特色农产品开发四种发展模式。
2	上海：金山区田园综合体	靠海吃海；围绕渔字发展文旅；发展渔村特色民宿。
3	安徽：肥西县官亭林海	保留原生态；让农民享受权益；城市和乡村实现文明融合。
4	黑龙江：富锦市稻梦空间	种出彩色稻田画；发展全域旅游；以农业生产为基础。
5	四川：成都市郫都区红光镇多利农庄	高端农业综合体；农业双创载体平台；国际化乡村度假新体验。
6	内蒙古：鄂尔多斯市乌审旗无定河镇	发展生态绿色产业，实现地区均衡发展；乡村旅游实现景区联动；打造现代休闲养生农庄，推动全域乡村旅游发展。
7	江苏：无锡阳山田园东方项目	农业商业化；文旅产业多样化；居住方式创新化。
8	浙江安吉鲁家：田园综合体推动乡村绿色发展	鲁家村由过去传统的农业村，到引入旅游公司、打造特色家庭农场、吸引社会资本、打造全域景区化、建设上整村规划、产业上整村发展，并实行农村集体股份合作制等一系列举措，实现了跨越式发展。

二、美丽宜居乡村建设

(一) 典型案例

1. 浦东航头镇：三导、三同步

(1) 基本情况。浦东航头镇的发展,一方面要管住农村违建,补齐环境综合治理的短板;另一方面要还原乡土风貌,筑起美丽乡村建设的样板。航头镇在兼顾管住农村违建和还原乡村风貌发展的情况下,提出了三导三同步模式。

(2) 主要做法。主要做法是三导三同步模式,三导服务模式即样板倡导、导师倡导、政策引导。以保留乡村风貌为原则,兼顾安全、美观、经济、适用等要素,委托第三方统一设计 20 套凸显江南水乡、具有航头特色的农民样板自建房。用农居设计导师取代传统意义上的包工头。为农民建房提供专业化、系统性的设计服务,包括房屋设计、内装设计等,使农民自建房既合规、又合理，更切合农民审美和农村风貌。在坚持便民利民的前提下，鼓励商户自主自治管理，进一步提高城市精细化管理水平。依托高科技、信息化的手段，航头已逐步形成农民建房的事前—事中—事后全周期闭环管理，强调三同步的监管模式：受理审批与方案设计同步。村民申请农民建房后，由相关职能部门排摸应拆未拆、一户多宅的情况，将结果作为农民建房的前置条件。然后引导村民自愿选择导师设计或自主设计。待农民建房、危房修缮经相关部门批准后，施工建设均在全方位监管范围内。社会监督与技术监管并行。最后，从合规验收与美观验收两方面评定，使农民建房更加有序、更加规范，也能融入美丽乡村建设，还原提升江南农村的乡土风貌。

2. 嘉定：微更新

（1）基本情况。地处嘉定安亭镇区西侧的向阳村，这里的村庄风貌布局，主要是沿河特色，河岸人家，周围有小小竹林和广大水田，这也是江南水乡的独特风貌。嘉定华亭镇毛桥村，把恢复和重塑乡村集市作为推进乡村振兴的主要工作。

（2）主要做法。作为全国35个社会主义新农村建设示范点之一，华亭镇经过前期精心的准备，在毛桥自然村落的基础上打造成了一座集美食美景、鲜蔬鲜果、民居民宿、乡风乡愁为一体的上海乡村旅游综合体。嘉定区为推进乡村振兴塑造城市后花园，将划定红线保留保护近40个有年头的行政村。因村施策探索研究出更加精细、有效的农村振兴实施方案。在嘉定更新用了一个谨慎的词：微更新。之所以谨慎，是因为这样能够更精心地将保留和保护乡村的原有风貌和良好民风民俗。在乡村更新中，向阳村并没有更掉这些古风古貌，而是在保留保护好乡村特色风貌的前提下，融入了现代生活的元素。

3. 浙江安吉：运用经营乡村理念整治乡村环境

（1）基本情况。美丽乡村建设是浙江省安吉县社会主义新农村建设的成功探索，安吉县美丽乡村建设的最大特点是以经营乡村的理念，推进美丽乡村建设。安吉立足本地生态环境的资源优势，大力发展竹茶产业、生态乡村休闲旅游业和生物医药、绿色食品、新能源新材料等新兴产业。

（2）主要做法。安吉县是一个典型山区县，经历了工业污染之痛以后，1998年安吉县放弃工业立县之路，2001年提出生态立县发展战略。2003年，安吉县结合浙江省委千村示范、万村整治的千万工程，在全县实施以双十村示范、双百村整治为内容的两双工程，以多种形式推进农村环境整治，集中攻坚工业污染、违章建筑、生活垃圾、污水处理等突出问题，着重实施畜禽养殖污染治理、生活污水处理、垃圾固废处理、化肥农药污染治理、河沟池塘污染治理，提高农村生态文明创建水平，极大地改善了农村人居环境。在此基础上，安吉县于2008年在全省率先提出中国美丽乡村建设，并将其作为新一轮发展的重要载体。计划用10年时间，通过产业提升、环境提升、素质提升、服务提升，把全县建制村建成村村优美、家家创业、处处和谐、人人幸福的美丽乡村。

4. *浙江永嘉：重视人文资源开发*

（1）基本情况。浙江省永嘉县以环境综合整治、村落保护利用、生态旅游开发、城乡统筹改革为主要内容开展美丽乡村建设。永嘉县美丽乡村建设的主要特点是通过人文资源开发，促进城乡要素自由流动，实现城乡资源、人口和土地的最优化配置和利用。

（2）主要做法。第一，以千万工程为抓手，进行环境综合整治。全县通过推进垃圾处理、污水处理、卫生改厕、村道硬化、村庄绿化等基础设施建设，大力实施立面改造、广告牌治理、田园风光打造、高速路口景观提升等重点工程，着力改善农村人居环境。第二，以古村落保护利用为重点，优化乡村空间布局。对境内200多个历史文化、自然生态、民俗风情村落进行梳理、保护和利用。对分散农村居民进行农房集聚、新社区建设，推进中心村培育建设，从而实现乡村空间的优化布局。第三，以生态旅游开发为主线，推进农村产业发展。积极挖掘本地人文自然资源，精心打造美丽乡村生态旅游；大力发展现代农业、养生保健产业，加快农村产业发展。第四，以城乡统筹改革为途径，促进城乡一体发展。通过三分三改（政经分开、资地分开、户产分开和股改、地改、户改），积极推进农村产权制度改革，着力破除城乡二元结构，加快推进新型城镇化建设以及农村公共服务体系建设，促进城乡一体化发展，让农民过上市民一样的生活。

5. *江苏江宁："三化五美"建设美丽乡村*

（1）基本情况。江宁区作为南京市的近郊区，提出农民生活方式城市化、农业生产方式现代化、农村生态环境田园化和山清水碧生态美、科学规划形态美、乡风文明素质美、村强民富生活美、管理民主和谐美的三化五美的美丽乡村建设目标。

（2）主要做法。为了推进美丽乡村建设，江宁区政府着力抓好以下七大工程：第一，生态环境改善巩固工程，强化自然环境的生态保护、村庄环境整治和农村生态治理，实现永续发展。第二，土地综合整治利用工程，通过土地整治和集约高效利用，实现资源高效配置，显化农村土地价值。第三，基础设施优化提升工程，以路网、水利、供水供气和农村信息化为重点，全面建立城乡一体的基础设施系统。第四，公共服务完善并轨工程，全面提升农村教育、文化、卫生、社会保障等公共服务领域的发展水平，推进城乡缩差并轨，增强农民幸福感和归属感。第五，核心产业集聚发展工程，通过现代农业和都市生态休闲农业的培育，推动生态优势向竞争优势转化，实现农业接二连三发展，为农民增收提供有力支撑。第六，农村综合改革深化工程，创新农业经营机制，深化农村产权管理机制改革，激发农村活力。第七，农村社会管理创新工程，进一步优化社区管理体制机制，提升社区公共服务能力，加强治安综合治理，推进精神文明和乡土文化融合发展，夯实农村基层党组织建设。

6. 江苏高淳模式：打造都市美丽乡村

（1）基本情况。江苏省南京市高淳区以村容整洁环境美、村强民富生活美、村风文明和谐美为内容建设美丽乡村。高淳区从本地实际出发，围绕打造都市美丽乡村、建设居民幸福家园为主轴，积极探索生态与产业、环境与民生互动并进的绿色崛起、幸福赶超之路，实现环境保护与生态文明相得益彰、与转变方式相互促进、与建设幸福城市相互融合的美丽乡村建设。

（2）主要做法。第一，改善农村环境面貌，达成村容整洁环境美。按照绿色、生态、人文、宜居的基调，结合美丽乡村建设，扎实开展动迁拆违治乱整破专项行动。第二，发展农村特色产业，达成村强民富生活美。以一村一品、一村一业、一村一景的思路对村庄产业和生活环境进行个性化塑造和特色化提升，因地制宜形成山水风光型、生态田园型、古村保护型、休闲旅游型等多形态、多特色的美丽乡村建设，基本实现村庄公园化。第三，健全农村公共服务，达成村风文明和谐美。着力完善公共服务体系建设，深入推进集党员活动、就业社保、卫生计生、教育文体、综合管理、民政事务于一体的农村社区服务中心和综合用房建设，健全以公共服务设施为主体、以专项服务设施为配套、以服务站点为补充的服务设施网络，加快农村通信、宽带覆盖和信息综合服务平台建设,不断提高公共服务水平。采取切合农村实际、贴近农民群众和群众喜闻乐见的形式。

7. 河南省郝堂:中国美丽宜居乡村

(1) 基本情况。河南省信阳市郝堂村,四面环山,是信阳市农村可持续发展项目试点村,郝堂村坚持用最自然、最环保的方式来建设和改造村庄。因地制宜,突出自然生态、和谐宜居,依托原址原貌,不搞大拆大建。一个溪水绿树环绕、青砖民居错落、楼台亭榭点缀的豫南民居群已初具规模,成为豫南乡村休闲观光的热点之一。

(2) 主要做法。第一,建立一个以村委会为核心的自治体系,无论发生什么,村庄基本稳定。郝堂村没有大资本的介入,让郝堂回避了动荡不停的市场风险。第二,乡村内置金融,通过乡村共同体、金地融托、资金互助来促进发展。第三,建原生态豫南民居,在农村,建房子、娶媳妇、生孩子,是农民的三件大事儿。第四,在郝堂,与改变环境卫生同时进行的,是农民旧房改造和新居建设。第五,尊重民意不可添乱、尊重农民传统建原生态民居、要转变观念回归本源。第六,修复生态,提出杜绝乱砍滥伐,禁止伐木烧炭。

8. 吉林桦甸:引领"垃圾革命"建设美丽乡村

(1) 基本情况。近年来,桦甸市创新农村垃圾收集清运处理模式,走出了一条化解垃圾处理难题、改善农村人居环境的新路,为推进美丽乡村建设提供了宝贵经验。地处吉林省东部重点生态功能区、三湖保护区的桦甸市,把改善农村人居环境作为全市最大的民生工程来抓。吉林桦甸规划建设城乡一体化垃圾收运处理体系,做好政企合作、市场运作、建管并作、统筹协作四篇文章,有效解决了农村垃圾治理中设施建设缺资金、垃圾运营缺队伍、环境管护缺制度等难题。

(2) 主要做法。第一,通过政企合作,解决项目融资难题。建立户分类、村收集、镇转运、县处理的垃圾收运体系,需要大量的基础建设投入,地方财力有限,必须借助外力破解筹资难题。第二,采用特许经营这种运营方式,让专业的人做专业的事。桦甸市城乡一体化垃圾收运项目采取政府购买服务、特许经营的方式开展运营。第三,采用集中处理的处理模式,实现垃圾利用资源化、无害化。第四,通过企业管理,政府负责日常监督。第五,城乡统筹保障发展,实现公共服务均等化。桦甸市将农村环境保洁费用、垃圾转运费用、垃圾处理费用和企业投资返还资金统一列入财政预算,真正体现了城乡统筹、公共服务均等化,为城乡垃圾收运一体化的健康持续发展提供了长效资金保障。

(二) 经验借鉴

通过分析美丽宜居乡村建设中的主要做法,发现以下几点共同的经验可供学习借鉴:一是政府主导,社会参与。政府主导主要体现在组织发动、部门协调、规划引领、财政引导上,形成整体联动、资源整合、社会共同参与的建设格局。安吉县建立齐抓共管、各负其责的责任机制。高淳区整合各类资金,如财政部门的一事一议奖补资金、农业开发资金,环保部门的农村环境连片整治资金,住建部门的村庄环境整治资金和省级康居乡村建设资金,水利部门的村庄河塘清淤及其他专项资金等各项专项资金,集中用于美丽乡村建设,发挥资金合力。二是因地制宜,保留特色。浙江安吉、永嘉,上海嘉定和河南郝堂在美丽乡村建设中都竭力保留住了乡村的原有风貌,并将现代建设融入乡村的建设之中。三是环境秩序,重点突破。对于农村环境整治问题,应逐个击破,推进垃圾处理、污水处理、卫生改厕、村道硬化、村庄绿化等基础设施建设,大力实施立面改造、广告牌治理、田园风光打造、高速路口景观提升,通过提高农村的生态文明创建水平,改善农民的居住环境。四是规划引领,项目推进。从实践来看,注重规划引领,并通过项目形式进行推进,是美丽乡村建设的一条重要经验。五是产业支撑,乡村经营。美丽乡村建设必须有产业支撑,浙江的永嘉县、安吉县在美丽乡村建设的产业发展中都体现了乡村经营的理念,通过空间改造、资源整合、人文开发,达到美丽乡村的永续发展。

表8-7 美丽宜居乡村建设案例的主要做法

序号	名称	主要做法
1	浦东航头镇:三导、三同步	航头镇将农民建房纳入城市精细化的管理范畴,强调管理与服务的有机统一,实施农民建房"三导三同步"管理,规范农民建房。
2	嘉定:微更新	通过踏勘道路沿线,寻找道路可延伸空间,并列出微更新清单,再通过艺术设计创新,在反映嘉定文化底蕴的同时,又充分考虑体现原址特点。
3	浙江安吉:运用经营乡村理念整治乡村环境	在全县实施以"双十村示范、双百村整治"为内容的"两双工程",以多种形式推进农村环境整治,集中攻坚工业污染、违章建筑、生活垃圾、污水处理等突出问题。

续表

序号	名称	主要做法
4	浙江永嘉：重视人文资源开发	以千万工程为抓手，进行环境综合整治。以古村落保护利用为重点，优化乡村空间布局。以生态旅游开发为主线，推进农村产业发展。以城乡统筹改革为途径，促进城乡一体发展。
5	江苏江宁："三化五美"建设美丽乡村	生态环境改善巩固工程；土地综合整治利用工程；基础设施优化提升工程；公共服务完善并轨工程；核心产业集聚发展工程；农村综合改革深化工程；农村社会管理创新工程。
6	江苏高淳模式：打造都市美丽乡村	改善农村环境面貌，达成村容整洁环境美；发展农村特色产业，达成村强民富生活美；健全农村公共服务，达成村风文明和谐美。
7	河南省郝堂：中国美丽宜居乡村	建立一个以村委会为核心的自治体系；乡村内置金融；建原生态豫南民居；农民旧房改造和新居建设；尊重民意。
8	吉林桦甸：引领垃圾革命建设美丽乡村	通过政企合作，解决项目融资难题；让专业的人做专业的事；采用集中处理的处理模式；通过企业管理，政府负责日常监督；城乡统筹保障发展，实现公共服务均等化。

三、乡风文明

（一）典型案例

1. 泥河沟村文化干预

（1）基本情况。在陕西佳县泥河沟的发展中，存在追求快速脱贫致富的要求与古枣园增加经济效益相对缓慢的现实矛盾，所以把枣卖出去是村民眼前最急迫的问题。在村庄未来的产业孵化中，文化干预能发挥作用，农业文化遗产与传统意义上的古村落保护不同，其本质区别在于村民的生活和生产状态与其农业景观自成一体，如果村落荒芜，农民告别土地，不在其中耕种，那么这个农业文化遗产保护也就失去了存在的价值。

（2）主要做法。文化干预的主要做法：第一，在条件有限的情况下，在村子里办了一台晚会，让村民们自己组织、排演节目，引导更多的村民参与本次活动，最终目的是使村民重新获得集体荣誉感和方向感，重新形成一种凝聚力和共同情感。第二，对每一户村民进行入户调查，让村民们愿意将记忆中的故事讲出来，让他们感到家乡是一个让别人羡慕的地方，通过记录不同年代流传出的村民的经历，能看到中国农民所经历的极为剧烈的心理变化，这是一个时代农民的缩影。

2. 浙江丽水：月山春晚

（1）基本情况。月山，位于浙江丽水县城东南57公里，历史上又名金乡、东庄、举溪、举水，海拔820米，是举水乡政府的所在地。1981年，吴绍利等几个村民相聚在一起，敲起锣鼓，拉响弦琴，唱起民歌，这就是最初的月山春晚。此后数十年，春晚场地不断变化，从最初的村民家中到公路边、操场上、会堂里，直至县城的舞台，月山人始终热情不减，每年春节都坚持这种自娱自乐的形式。

（2）主要做法。随着月山春晚的名声越来越大，慕名而来的客人一年比一年多，于是月山人的春晚从一场增加到了两场。腊月小年专为外地客人演一场。那天的月山热闹非凡，贴对联、挂灯笼、杀年猪、打黄粿、做麻糍、烙社饼、蒸年糕、炸粿片，家家户户开门迎客。热情的月山人在逢源街上开起百家宴，用最隆重的方式招待远方来客。这一天，游月山、尝美食、吃年饭、看春晚，年味就在客人们的笑脸中绽放开来。而大年初一晚上的那一场表演，才是月山人真正意义上的属于他们自己的春晚。月山春晚是"一个村庄的集体记忆"。只要是月山人，都曾经以不同的方式参与过这个春晚，都会为此而感到自豪。这种自豪来自于对家乡的热爱，对家乡文化的自信。在月山春晚上，上至90多岁的耄耋老人，下至四五岁的幼稚孩童，村民们自编自演、自娱自乐，节目土色土香，题材来自田间地头，道具是日常使用的农具，甚至鸡、狗都来助阵。在这里，没有台上台下之分，演员与观众早已融为一体，演的人可以看，看的人可以演，笑声掌声喝彩声不断。都说创作源于生活，"月山春晚"所展示的节目正是如此。它以传统的农耕劳作为题材，以生产生活中的一些人和物为素材，充分体现了创作源于生活、反映生活的真实准则。反映月山人民生活变迁的《农活秀》成为"月山春晚"的保留节目。和最初相比，这个节目不再是单纯表现祖辈脸朝黄土背朝天的农耕生活，而是在新时代里被赋予了更多新的内容，父辈们繁重的农活里多了吹拉弹唱的欢乐，孩子们五彩斑斓的衣秀更是新时代新农村新生活唱响的欢乐音符。春晚上还会推出具有时代特征的特色节目，2018年第38届月山春晚节目中就有宣传十九大精神的《月山四大娘》《农村三老汉》的情景剧和反映美丽乡村整治的《舍小家顾大家》。

3. 陕西榆林：外部文化干预

（1）基本情况。泥河沟，一个黄河岸边的古村落，距离陕西省榆林市佳县县城 20 公里处。这个与黄河一路之隔的古老乡村,有 3000 多年的枣树种植历史,村中生长着 1000 多株老枣树,树龄最长的有 1400 多年。随着城市化进程的不断加快,村里大量的青壮年劳力开始外出打工,基本只剩老人和孩子留守,村庄一度衰落。"全村总共 174 户 806 个村民,但是平时常住人口仅 200 人左右,只有过年的时候才会显得热闹一些。"

(2) 主要做法。2014 年 4 月 29 日,泥河沟村古枣园被联合国粮农组织列为"全球重要农业文化遗产",这是中国西北地区唯一入选"全球重要农业文化遗产"的农业系统。同年,泥河沟村因保存了完整的旱作农业景观和山地传统聚落形态,入选第三批中国传统村落名录。2014 年 6 月开始,中国农业大学农业文化遗产研究团队开始进驻泥河沟村,帮助泥河沟村的村民重新发现家乡之美。千年枣园成功"申遗",让泥河沟吸引了更多的社会关注。从全国各地赶来的志愿者开始进村驻庄,帮助村民规划设计村子未来的发展。从搜集老照片、老物件入手,采访了百余位村民和县镇村干部,为古枣园、传统村落存留了 2000 余幅珍贵的影像图片和 100 多万字的口述资料,为这个没有文字历史的千年古村完成了一部属于村民自己的口述史。当地政府除了在古枣园外围用石头围成墙栏对枣树进行积极保护,还帮助村民们围绕红枣做旅游文章,将泥河沟村打造集枣乡文化、乡村体验、黄河风光为一体的旅游村。村庄环境的改善,也吸引许多在外"游子"回归,带头搞农家乐,进而带动了更多的村民,推动了泥河沟村发展。

4. 浙江:文化礼堂

(1) 基本情况。2013 年浙江在全省启动建设以"农村文化礼堂"命名的乡村文化服务综合体,唤醒了沉潜于乡野民间的文化自觉意识,接续起绵延于历史时空的千年优秀文脉,凝聚起沉淀于乡民意识深处的家国故园情怀,激发出蕴藏在百姓心中的文化创造热情。各具特色的农村文化礼堂,已成为浙江乡村的标志性建筑。截至 2017 年底,全省已建成农村文化礼堂 7916 个。

(2) 主要做法。浙江各地的农村文化礼堂,建筑风格不一,内部功能结构也不完全一致,但大多都设有展览厅、图书阅览室、"春泥计划"活动室、便民服务中心、文化长廊等场所,各地依托乡村自然和人文资源禀赋,开展不同主题、不同内容的展示和文化活动,红色文化、农耕文化、孝德文化、戏曲文化、运河文化、渔俗文化，不一而足。比如临安上田村于2012年建立了浙江第一个综合型村级文化礼堂，村文化礼堂内设立有励志廊、村史廊、荣誉廊、武术廊、书法廊，创设了开蒙礼、孝老礼等礼仪活动，并成立了锣鼓队、武术队等村民兴趣表演队伍。安吉县余村文化礼堂，敞亮的礼堂内，有"两山"重要思想宣传区，还有数字电影院、村级服务中心等。

5. 江苏徐州：马庄"三宝"

（1）基本情况。位于江苏省北部的徐州市贾汪区马庄村曾是一个典型的采煤村。因过度开采，该村周边一度是徐州最大的采煤塌陷区。近年来，当地下决心治理生态环境，将村旁的潘安采煤塌陷区改造为潘安湖国家湿地公园。得益于此，马庄旅游产业快速兴起。但除了经济建设，马庄村的文化建设和精神风貌也有突出的特色。"乐团、香包、婆媳好"，如今被总结为马庄的"三宝"。

（2）主要做法。为了给大家鼓劲，同时改掉坏风气，1988年成立了这支管乐团。当时一共投资了37000元，在30年前这是个很大的数目。成立乐团遭到一些非议，但是马庄村人认准的事情是要干到底的。尽管大多数人都没有乐理知识，甚至连这些洋乐器摸都没摸过。但是通过专业人士手把手教。没想到，大家一下子上瘾了。马庄香包代表了乡土文化的传承和弘扬。手工香包曾是在徐州地区农村广为流传的民俗工艺，每逢春节、端午、中秋等传统节日，村民都会缝制香包，内装中药随身佩带，以驱避蚊虫、御邪防病，寄托对美好生活的向往。马庄的王秀英老人从十几岁起便开始制作香包。原本只是小规模生产的香包，如今一再扩大规模，仍然供不应求。香包成了村里的第二个宝贝，产品供不应求。

1986年起，马庄村对全村农户实行"家庭档案"管理，村民组长对每个家庭遵守村规民约、完成集体任务、参与村内事务和公益活动等方面情况进行打分并记录在档，每月一公布、年底亮总分，作为评选"五好家庭"的依据。除了五好家庭，20多年前马庄村也开始每年年底评选十佳媳妇、十佳婆婆。有人曾开玩笑说，婆媳关系是世界难题，但在马庄村这个问题却得到了较好的解决。获奖的家庭就像火种一样，成为越来越多人的榜样，最终在马庄村形成户户争当文明户、人人看齐光荣榜的生动局面。婆媳好也和乐团、香包一起成为马庄村的三宝，成为当地的文化名片。

6. 浙江天台：涂鸦艺术文化村

（1）基本情况。"破墙而出"的飞机、挂在月牙上悠然摇晃的秋千、一扇永远向你"打开"的朱漆大门……穿行在浙江天台县街头镇金满坑村，绘制在农房墙壁上的一幅幅墙绘，让人恍若走进了一个涂鸦艺术区。曾经，坐落在唐代诗僧寒山隐居地附近的金满坑村有些"名不副实"——虽然村子周边青山环绕，环境宜人，村子里却道路坑洼、杂草丛生，旱厕随处可见，只有上了年纪的老人留守。

（2）主要做法。天台县文联有关人士来到村里，看到错落排列的房屋，联想起寒山曾经在岩壁上信手题诗，便提议将涂鸦艺术和乡村旅游相结合。抱着试一试的心态，2014年末村两委干部开始策划，邀请天台当地艺术家到村里就地取材进行创作，并于2015年2月举办了首届涂鸦大赛。艺术家进行涂鸦创作的同时，村民们在村干部的带领下，全村按照浙江省"千村示范、万村整治"等工程部署，对村容村貌进行了大整治，旱厕改建成洁净亮堂的公厕、乱堆放的杂物被一一清理、村里的道路重新进行了修整，全村面貌焕然一新。第一届涂鸦大赛举办后，原来的"空心村"忽然间恢复了生机，全国各地的艺术家和游客都来了！2015年下半年，金满坑村先后吸引了25个国家的艺术家前来创作。人气旺了，原本在外的村民也逐渐回来了。大大小小500多幅涂鸦作品，彰显着金满坑村的开放包容，而现代与传统的完美交融也让这个小山村重获新生。

（二）经验借鉴

上述案例显示，作为全球重要农业文化遗产地，不应停留在简单地追求产量上，农业文化遗产的价值在于充分利用好这一品牌，为其从生产到销售的各个环节增加文化附加值。让村民有一种对自我价值、合作创新和解决问题能力的认知，重新激活他们的自治能力，外界的帮助和扶持是有限的，最终还要依靠村庄的内生能力。

表8-8 乡风文明案例的主要做法

序号	名称	主要做法
1	泥河沟村文化干预	办晚会，让村民们自己组织、排演节目，引导更多的村民参与本次活动；对每一户村民进行入户调查，让村民们愿意将记忆中的故事讲出来。
2	浙江丽水：月山春晚	贴对联、挂灯笼、杀年猪、打黄粿、做麻糍、烙社饼、蒸年糕、炸粿片，家家户户开门迎客。热情的月山人在逢源街上开起百家宴，用最隆重的方式招待远方来客。

续表

序号	名称	主要做法
3	陕西榆林：外部文化干预	当地政府也在积极行动，除了在古枣园外围用石头围成墙栏对枣树进行积极保护，还帮助村民围绕红枣做旅游文章；村庄环境的改善，开始吸引许多在外的"游子"回归。
4	浙江：文化礼堂	浙江各地的农村文化礼堂大多设有展览厅、图书阅览室、"春泥计划"活动室、便民服务中心、文化长廊等场所，各地依托乡村自然和人文资源禀赋，开展不同主题、不同内容的展示和文化活动，红色文化、农耕文化、孝德文化、戏曲文化、运河文化、渔俗文化，不一而足。
5	江苏徐州：马庄"三宝"	文化是乡村的重要名片，能够为村庄带来更多经济发展等多种机遇，马庄村管乐团出名后，为村庄带来了投资和获得贷款的机会；乡村传统特色手工艺品是对传统文化的活化和利用，能够带动本地村民特别是妇女等弱势群体就业增收。
6	浙江天台：涂鸦艺术文化村	2015年，举办涂鸦大赛，吸引艺术家前来创作。借此机会，对村容村貌进行了大整治，全村面貌焕然一新。大赛使村里人气旺了，村民逐渐回来了。现代与传统的完美交融也让这个小山村重获新生。

四、乡村治理

创新社会治理要打造共建共治共享的社会治理格局，这就需要我们坚持系统治理，完善乡村治理体系，在党委领导、政府主导下，鼓励和支持社会各方面参与，实现政府治理和社会自我调节、居民自治良性互动。

（一）典型案例

1. 三涧溪村：五个一工程

（1）基本情况。农村富不富，关键看支部。过去济南市章丘区双山街道三涧溪村是有名的乱村，三个自然村各村有各心。为让党员群众拧成一股绳，三涧溪村党总支从三会一课、主题党日入手，建立五个一为民服务体系，对党员实行家庭捆绑式考核。通过抓班子带队伍，三涧溪村短时间内实现了由乱到治。

（2）主要做法。三涧溪村实施五个一工程：一面旗帜带动群众、一线通连接群众、一张卡便利群众、一支队伍服务群众、一个职介所致富群众，在联系服务群众中使党支部的组织力大幅提升。坚持党建引领进家庭，建立家字型平安建设管理体系，以党风带家风促民风。组织开展平安家庭创建和十星级文明户评选,推进乡村文明建设,设立善行义举四德榜,开展形式多样的文体活动和志愿服务,形成爱国爱家、相亲相爱、向上向善、共建共享的社会主义家庭文明新风尚。三涧溪村的党员活动室有一块展板,全村每个党员的名字、要发挥的作用都标注在展板上,向村民公开。同时,他们创造性地实行捆绑式、积分制考评办法,把每个党员家属的表现也列入党员个人积分,每半年组织街坊四邻对党员家庭进行民主评议,让党员家属参加党员点评活动,起到了一人带全家、全家带四邻的效果。

2. 江西婺源:微家训

(1) 基本情况。在婺源,172个行政村的8万余户群众相继晒出微家训,以言明志,以训促行。这是婺源县用好地方优秀传统文化资源,不断传承好家风、淳化好乡风的鲜活实践。俞志标创作这个微家训,灵感来自祖宅中悬挂的"孝友初心诗书夙好,春秋佳日山水清音"这副对联。这是祖辈流传百年的家训,提醒后人谨记孝老爱亲,像俞志标一样,婺源县很多家庭传承祖训,古为今用,制作成微家训,让乡土传统文化成为文明乡风活教材。

(2) 主要做法。婺源自古崇文尚礼,家训文化源远流长。该县还打好非遗文化和徽商文化两张牌,将非遗文化融入乡村旅游、特色民宿、文化产业中,采取旧戏唱新曲的形式,实施文化三下乡、非遗进农村、民俗文化进农村等工程,以百姓喜闻乐见的方式弘扬社会主义核心价值观,营造出干部创事业、能人创企业、百姓创家业、老师创教业、全民创好业的浓厚氛围。

3. 浙江:枫桥经验社情民意一网打尽

(1) 基本情况。小事不出村,大事不出镇,矛盾不上交,就地化解。枫桥经验创造于1963年,其要旨是怎样妥善处理社会治安综合治理的问题,经验的主要内容是发动和依靠群众,坚持矛盾不上交,就地解决;实现捕人少,治安好。而毛主席当年在了解到枫桥经验之后非常重视,亲笔批示:要各地仿效,经过试点,推广去做。如今,枫桥经验为枫桥镇、浙江省,乃至全国相关工作提供了宝贵的借鉴和参考。

(2) 主要做法。枫桥镇在开展标准化创建时,重点突出以乡镇为实施领域、以枫桥经验为亮点,以基层社会治理为内容,构建一套有基层特色的社会治理标准体系。枫桥镇全面梳理了多年积淀下来的基层社会治理经验,又结合近年来新探索的治理做法,并依据现行法律法规和借鉴国内外成功做法,最终从社会矛盾化解、公共安全、违法监管、公共服务、基层自治五方面搭建标准体系，形成一套富有操作性、时代性的枫桥标准体系。

4. 浙江德清模式：乡贤参事会乡村治理

（1）基本情况。在浙江省德清县，乡贤参事会很受欢迎，成为当地依法治村、以德治村、自我治村的重要力量。2011年，村级组织换届选举后，有116名党员、70多名村民代表的东衡村新一届村两委班子成员只有6人。在征求村民和小组长意见建议的基础上，经党员大会通过，由两委会成员、老干部、党员、组长代表等19人组成的新农村建设推进委员会（乡贤参事会前身）成立了。2015年后，乡贤参事会的每位成员获权列席村两委会和村民代表会议，先后参与完成中心村天然气站建设、废弃矿坑填埋等重大事项决议20多项，并全程参与监督。

（2）主要做法。德清以章程制度形式明确参事会的功能定位，为协调农户与龙头企业、合作组织、村委会之间的关系，协助党委、政府开展农村公益事业建设，协同参与农村社会建设和管理。千余名乡贤，以乡音开路，用乡愁牵线，带乡情进村，活跃在村两委与村民之间，有效缓解了社会矛盾，受到好评。德清的乡贤参事会是创新和完善乡村治理机制方面的一次有效创新，打通了乡土社会与现代社会的有效衔接，推动了政府治理与村民自治的良性互动，构建了社区协商、共建共享的良好格局。

5. 浙江湖州：树贤、用贤、学贤

（1）基本情况。在城镇化浪潮中，农村优秀人才大量向城市流动，正所谓秀才都挤进城里。从内容看，新乡贤的贤，不仅是物质发展方面的贤，更是道德上的登高望远、崇德向善，是思想道德的高地。新乡贤既要扎根本土，对农村情况比较熟悉，又要具有新知识、新眼界，熟悉现代社会价值观念和知识技能，能够成为农村经济、社会、文化建设的重要带动力量。湖州市采取找出来、请回来、用起来的办法，实施新乡贤培育与成长工程。

（2）主要做法。新乡贤是有形的正能量，是鲜活的价值观，对村民具有极大的感染力，能够起到潜移默化的引领作用。在农村培育造就一批具备高尚道德、突出能力及强烈社会责任感的新乡贤群体，整合各个领域中活跃着的新乡贤的经验、学识、专长、技艺、财富以及文化修养和道德力量，对坚持正确的价值取向、舆论导向，弘扬真善美、贬斥假恶丑，推动形成知荣辱、讲正气、做奉献、促和谐的社会风尚，具有深远意义。湖州市采取多种措施，努力提升广大民众对新乡贤文化的认同感,致力于营造人人学习乡贤、人人争当乡贤的良好氛围。

6. 江西广昌：用道德促进移风易俗

(1) 基本情况。江西省广昌县深入推进扶贫扶志工程,针对农村因子女不赡养老人致贫游手好闲正向激励和反向约束机制,强化教育引导和道德惩戒力度。广昌全县 129 个村成立移风易俗理事会,制定出村规民约和道德红黑榜评选标准。围绕着社会主义核心价值观、社会公德、家庭美德、个人品德等方面,村移风易俗理事会成员、村小组长、老党员、老干部等按季度开展评议,对村里家庭和睦、孝老敬亲、勤劳致富、诚实守信等先进模范,通过晒红榜、颁发光荣证等进行宣传弘扬,在全县开展晒"道德红黑榜"移风易俗活动,积极探索建立崇德向善的社会正气；对于不孝敬老人、铺张浪费、破坏公共财物等不文明行为,则贴出黑榜公开曝光警示。

(2) 主要做法。第一,提前做好谋划,统筹安排。按照项目化、时间表、责任人的要求,将目标和责任层层分解落实,做到任务明确实施。集中整治空心村现象,建立有偿退出机制和有偿拆除补偿制度。确保项目按年度按时按质按量完成。第二,进行科学的县环境整治、土坯房改造、移民搬迁、扶贫攻坚、企业改制等工作,对腾出的宅基地、历史遗留工矿弃地实施增减挂项目,通过复垦工程新增耕地。第三,全面部署,重点推进。为确保项目顺利实施,坚持抓点带面,高位推进,同时,建立党委领导、政府负责、部门协同、公众参与、上下联动的共同责任机制。第四,强化奖惩,严格考核。为充分调动工作积极性和主动性,县政府对土地开发工作分别给予县国土局、村委会、国土所工作经费,并给予乡（镇）、村委会经济奖励,占补平衡指标实行一定比例分成。此外,对因工作不力、任务完成较差的给予通报,并将任务完成情况纳入乡（镇）年终目标考评。

7. 宁夏：倡导文明祭祀、破除陋习

(1) 基本情况。银川市利用社区、楼宇、商圈 LED 大屏投放文明祭祀公益宣传,通过电台播放文明祭祀倡议书。石嘴山市组织开展我们的节日·清明节系列活动,发挥贺兰山烈士陵园等爱国主义教育基地作用,组织广大党员和青少年为革命先烈扫墓,开展公祭活动。吴忠市组织开展殡葬优质服务月,在涝河桥烈士陵园等地设置观察点,确保安全、文明、有序祭扫。固原市开展以文明祭祀为主题的森林防火宣传活动,引导群众用植树、送花等环保方式祭奠先人。中卫市组织中小学生登录自治区和中卫文明网，向先贤先烈鞠躬献花、签名寄语；利用微博、微信宣传革命文化、红色文化、英烈精神，扩大网上活动覆盖面。自治区民政厅通过多种形式向群众发出文明祭祀倡议，加大对文明祭扫、节地生态葬等方面的宣传报道。

（2）主要做法。宁夏各地周密部署、采取措施，引导广大群众合理安排祭扫时间，尽量避开祭扫高峰期。各地组织警力对车辆禁行合理分流，缓解交通压力，对生态旅游区域，农村野外烧纸祭祀重点区域、森林火灾多发地段加大巡查监控力度。自治区民政厅在全区设置29个观测点，及时深入殡葬服务单位对安全保障工作进行随机督查，针对存在的问题立即整改。各县区开展了一束鲜花送亲人、文明祭祀在心中、祭祀用品市场专项检查等活动，让广大群众过一个安全有序、文明绿色的清明节。

8. 广州南海：政经分离破解乡村治理难题

（1）基本情况。为了革除管理体制弊端，探索适应新形势的现代管理之路，推动经济社会和谐发展，2010年12月，广东省佛山市南海区制定实施《关于深化农村体制综合改革的若干意见》，拉开了南海农村政经分离改革的序幕。南海政经分离的改革兼顾了效率、公平与社会稳定，使破解城乡二元制难题成为可能，对新时期深化农村改革和推进城乡一体化进程提供了宝贵经验，对北京市统筹城乡发展与农村社会管理服务创新也具有重要的借鉴意义。

（2）主要做法。南海政经分离改革即把村（居）基层的自治职能与集体经济管理职能相分离，具体表现为五分离——选民资格分离、组织功能分离、干部管理分离、账目资产分离、议事决策分离。具体做法如下：强化制度建设，理顺自治组织与经济组织关系；结合换届选举，创新集体经济组织选举方式；完善制度设计，保障三资公开透明；实行村改居，创新社会管理服务；南海改革以政经分离为核心，同时对基层自治组织进行全面村改居。

9. 浙江瑞安经验：三治融合

（1）基本情况。近年来，陈岙村以自治、法治、德治为核心，积极探索基层治理新模式，并对三治治理手段实行标准化，提供新时代三治融合的瑞安经验。

（2）主要做法。自治：凝聚整村奋进的强大合力。2002年以来，瑞安陈岙村以党组织为主心骨，团结全村村民，将贯彻村庄总体发展规划作为共同奋斗目标，实行村务公开，推进拆违、治水、移墓，实施整村改造，逐步把蓝图转为现实，实现了破茧成蝶、凤凰涅槃的华丽转变。法治：推动现代文明落地生根。2012年以来，瑞安陈岙村以党建引领基层综合治理，全面深化平安陈岙建设，实现封闭式小区的安全目标，打造平安示范村，获得全国文明村、全国卫生村、首届浙江魅力新农村、先进党组织、平安示范村、民主法治村等荣誉称号。德治：弘扬精神富有的时代新风。村级组织正常运转、村内建设发展都需要解决资金问题。陈岙村建起蓄水堤坝，给附近企业、村庄卖水挣得第一桶金；逐步淘汰现有临时厂房，购买工业飞地；开发山水资源打造多处景点，创成AAA级景区。制定负面清单，对违反村规民约的村民，按规定扣罚福利，用经济手段保障了村规民约的执行。集体富了，村庄美了，乡风好了。在陈岙村，越来越多的村民成为支持村集体经济发展的坚实力量，形成村集体经济发展强大合力。

10. 山东：村民自治的"乐和模式"

（1）基本情况。山东省曲阜市书院街道宫家村积极探索加强农村基层基础工作，健全自治、法治、德治相结合的乡村治理体系，创新出乡村治理"乐和模式"，以乐和节庆、乐和义工、乐和调解、乐和基金、乐和剧场、乐和微家、乐和赛事、乐和代办等为内容，用丰富的村民集体活动和新型的为民服务办法，将自治、法治和德治的内涵诠释出来。"乐和模式"实现了村民联系村民、村民管理村民、村民帮带村民的高度自治，村级管理因而更高效，村两委能够抽出精力为村子谋发展、为村民谋福利，使得宫家村从集体经济空壳村蝶变成为先进村，产业兴旺，生态宜居，乡风文明。

（2）主要做法。2006年新当选村党支部书记决心彻底改变宫家村落后的面貌。针对村里纠纷不断的情况，村里组建了"乐和"调解室，让矛盾双方坐下来，心平气和地解决问题。2017年，宫家村"乐和"调解室被司法部授予"全国模范人民调解委员会"。宫家村的变化，源自曲阜市乡村治理模式创新的一项试点。该市选择宫家村等20个试点村，推行以村民居民为主体、以传统文化为主脉、以社工服务为主力的"乐和家园"文明创建模式。在村居中推行"一站（社工站）两会（联席会、互助会）三院（文化大院、乐和书院、百姓庭院）六艺（耕读居养礼乐）"，让村民形成自立、互助、公益的道德观念，构建起"邻里守望是一家"的村居关系。"乐和家园"工作经验入选全国宣传思想文化工作示范社区100例。此外，曲阜市还在每个行政村建立了"和为贵"调解室，调处成功率达到98.1%。"和为贵"化解群众矛盾的做法，获评全国社会治理创新最佳案例。"乐和节庆"强调的是用老风俗重树优秀传统文化，深化传统文化的影响和村民之间的情感。在宫家村过传统节日已经成了一种新风尚。端午节全村齐包粽子、腊八节挨家送甜粥、重阳节给父母敬茶，再加上隔三岔五的老人过寿、娃娃过节，乐和节庆携着浓浓的中国情怀，促使好的德行和习惯慢慢使村民们心化于心。

（二）经验借鉴

通过昌平区阳坊镇，延庆区康庄镇，海淀区四季青镇、三涧溪村对农村基层党组织建设的主要做法，得到的主要经验借鉴有：

第一，党基层的带领作用。扎实地推进基层的组织建设，党基层组织要团结一致，首先要起到带头作用，真正地做到以身作则、真抓实干，让群众感到满意，维护好的形象。

第二，全面发展。促进村镇的全面发展工作，要发扬人文传统，确认好立足点，另外还要关注弱势群体，将产业发展放在重要的位置，加强队伍的建设，提升在农民心中的地位。

第三，结合实际。农村基层党组织建设发展，要结合城郊村这个实际，围绕着城市发展做文章。三涧溪村"两委"班子反复调研，抓住章丘区征用村里土地发展经济园区的有利契机，借势借力，吸引72家绿色企业进驻。

表8-9 乡村治理案例的主要做法

序号	名称	主要做法
1	三涧溪村：五个一工程	做优三产服务，承接企业及高校院所的家政服务、物业管理等；以美丽乡村建设为抓手，推动产业转型；培育乡村人才队伍，盘活乡村资源；建立家庭型平安社区管理体系，以党风带家风促民风。
2	江西婺源：微家训	将非遗文化融入乡村旅游、特色民宿、文化产业中，采取旧戏唱新曲的形式，实施文化三下乡、非遗进农村、民俗文化进农村等工程。
3	浙江：枫桥经验，社情民意一网打尽	从社会矛盾化解、公共安全、违法监管、公共服务、基层自治五方面搭建标准体系，形成一套富有操作性、时代性的"枫桥标准体系"。

续表

序号	名称	主要做法
4	浙江德清模式：乡贤参事会乡村治理	德清以章程制度形式明确参事会的功能定位，协调农户与龙头企业、合作组织、村委会之间的关系，协助党委、政府开展农村公益事业建设，协同参与农村社会建设和管理。
5	浙江湖州：树贤、用贤、学贤	努力提升广大民众对新乡贤文化的认同感，致力于营造人人学习乡贤、人人争当乡贤的良好氛围。
6	江西广昌：用道德促进移风易俗	提前做好谋划，统筹安排；进行科学的实施；全面部署，重点推进；强化奖惩，严格考核。
7	宁夏：倡导文明祭祀、破除陋习	引导广大群众合理安排祭扫时间，尽量避开祭扫高峰期；对生态旅游区域、农村野外烧纸祭祀重点区域、森林火灾多发地段加大巡查监控力度。
8	广州南海：政经分离破解乡村治理难题	南海政经分离改革即把村（居）基层的自治职能与集体经济管理职能相分离，具体表现为五分离。
9	浙江瑞安经验：三治融合	以"自治、法治、德治"为核心，积极探索基层治理新模式，并对"三治"治理手段实行标准化，提供新时代"三治融合"的瑞安经验。
10	山东：村民自治的"乐和模式"	充分发挥村民主动性、推动村民自治是乡村治理成功的重要路径；从村民中间选拔社工实现村民自治；通过网格化的组织架构落实乡村治理；通过传统节庆体现乡村传统文化，增强村庄内部凝聚力、内化传统文化和美德。

五、民生保障

提高农村民生保障水平，塑造美丽乡村新风貌。乡村振兴，生活富裕是根本。要坚持人人尽责、人人享有，按照抓重点、补短板、强弱项的要求，围绕农民群众最关心最直接最现实的利益问题，一件事情接着一件事情办，一年接着一年干，把乡村建设成为幸福美丽新家园。

（一）典型案例

1. 内蒙古：十个全覆盖

（1）基本情况。内蒙古自治区党委、政府提出用三年时间，投资800亿元人民币，在全区农村牧区实施十个全覆盖工程，把公共服务建设的重点放到农村牧区，促进城乡基本公共服务均等化。十个全覆盖内容包括：危房改造工程、安全饮水工程、街巷硬化工程、电力村村通和农网改造工程、村村通广播电视和通信工程、校舍建设及安全改造工程、标准化卫生室建设工程、文化室建设工程、便民连锁超市工程、农村牧区常住人口养老医疗低保等社会保障工程。

（2）主要做法。内蒙古农村牧区基础设施薄弱和公共服务水平低下，是制约和影响广大农牧民公平共享改革发展成果的主要因素。十个全覆盖民生工程是通过政府的二次分配来发挥促进共同富裕的职能，通过在广大发展能力不足的农村牧区实施危房改造、安全饮水、村街巷硬化、电力村村通和农网改造、村村通广播电视通信、校舍建设及安全改造、村标准化卫生室建设、标准化文化室建设、便民连锁超市、农村牧区常住人口养老医疗低保的十大民生保障工程，发挥社会主义制度集中力量办大事的优势，在具体的实践路径上则侧重解决农村牧区发展能力贫困问题。一是加大资金投入；二是大力发展农村牧区的教育、文化、卫生和社会保障等公共事业；三是在工程实施过程中，除了强调政府作用外，还坚持共享必须共建的原则。

2. 陕西泾阳："社会组织基层老年协会"模式

（1）基本情况。陕西省泾阳县农村养老服务试点项目，是陕西助老汇社会工作发展中心（简称助老汇）主导实施的以解决农村社区失能及部分失能老年人养老照料服务需求，加强养老服务队伍建设，探索农村养老服务体系建设的公益类项目。

（2）主要做法。为了解决农村地区失能和部分失能老人的养老照料问题，探索农村养老服务体系建设，助老汇自2016年以来，通过深入调研，提出了开展农村养老服务试点的想法，并联合泾阳县老6村，推行邻里互助居家养老服务项目。项目主要依托村级老年协会，发挥邻里互助的传统美德，动员社区志愿者成为社区养老协管员。助老汇通过与泾阳县老龄办共同合作，依托试点的6个村的基层老年协会开展项目。主要从搭建团队，制订计划；深度调研，明确标准；技能培训，精准帮扶三个方面开展工作。取得了老年人生活便利程度增强、老年人精神需求得到满足、养老协管员队伍逐步稳定、老年人子女后顾之忧消除、社区对老年人关注程度提高的效果。

3. 桐冲口村：千年瑶寨脱贫

（1）基本情况。随着瑶韵广场、风雨长廊等13个项目的全面完工，昔日贫困的千年瑶寨已成为小有名气的美丽村庄，桐冲口村也顺利通过省级扶贫部门的验收，正式脱贫摘帽。江华县旅游部门已接过对口扶贫工作的接力棒，助力桐冲口村这个千年瑶寨通过发展乡村旅游实现振兴。

（2）主要做法。桐冲口村是个千年瑶寨，瑶文化特色浓郁。通过谋划发展特色旅游业，并将其作为全村重点产业全力推进。修路、架桥、盖新房，新建文化广场和民俗长廊，扶贫工作队结合桐冲口村特有的国家级非物质文化遗产盘王大歌瑶族长鼓舞，制定了旅游发展规划，并先后投入1300万余元资金实施易地搬迁，建成了30多套具有瑶族特色的民俗建筑，打造省级最美乡村和少数民族特色村寨。

4. 河南省邓州："4+N"模式

（1）基本情况。河南省邓州市立足实际，因地制宜，把产业就业扶贫作为贫困户长远稳定脱贫的核心举措，构建了"4+N"模式，为全市脱贫攻坚工作提质增效。"4+N"模式，即实施到户增收、金融扶贫、就业培训、劳动力转移就业四个全覆盖，通过多项措施促进增收。

（2）主要做法。到户增收项目是指用财政扶贫资金对建档立卡贫困户进行直接扶持，以达到发展产业增收致富的项目。今年，邓州市将采取专业合作组织、龙头企业带动、带资入股分红或农户自主实施等多种经营模式，使到户增收项目达到对贫困户全覆盖。在金融扶贫上，该市进一步规范完善市乡村三级金融服务、风险防控、信用评价、产业支撑四大体系，实现除五保户外小额贷款全覆盖。在就业培训方面，该市以职业技术教育学院（筹建）为依托，积极整合培训资源，由人社局牵头，扶贫办、教体局、农业局、工会、共青团、妇联等部门联合开展劳动技能培训，达到就业培训全覆盖。同时，邓州市加大劳动力转移就业力度，通过组织引导有劳动能力的贫困人员到该市产业集聚区、农民专业合作社、扶贫基地、车间务工，促进就业；依托农业保险、乡镇保洁公司、生态林建设等，增加保险员、保洁员、护林员等公益岗位，促进就业；大力开展百企帮百村活动，组织工业企业到乡镇开展产业扶贫送岗位活动，促进就业，达到有劳动能力的贫困人口就业全覆盖。除了在产业就业方面实施四个全覆盖外，邓州市还通过多项措施，帮助贫困户实现稳定增收。依托该市纺织服装和汽车零部件两大主导产业，延长产业链条，在贫困人口较多的乡村建立扶贫基地、扶贫车间，吸纳贫困人口就业，增加收入。

（二）经验借鉴

通过分析内蒙古促进城乡基本公共服务均等化、吕家湾村群众性志愿服

务组织,可以得出公共服务对于提高农民民生保障水平的几点经验:

第一,补短板。"十个全覆盖"工程是内蒙古第一次最系统、全面地补齐农村牧区发展短板、解决农牧民生产生活问题的民生工程,时间力量双集中来建设"十个全覆盖"工程,大幅度缩小了城乡发展差距,为农村牧区全面建成小康社会奠定了扎实的物质基础和精神基础。将基础设施向农村牧区延伸,公共服务向农村牧区覆盖,补齐了农村牧区社会保障的短板,转变了农牧业发展方式。

第二,党员引领。完善乡村治理体系需充分发挥党员的引领作用,为老百姓提供实实在在的志愿活动,结合村镇的具体实际,打造一支群众性志愿服务组织。

表8-10 民生保障案例的主要做法

序号	名称	主要做法
1	内蒙古:十个全覆盖	加大资金投入;大力发展农村牧区的教育、文化、卫生和社会保障等公共事业;在工程实施过程中,除了强调政府作用外,还坚持共享必须共建的原则。
2	陕西泾阳:"社会组织基层老年协会"模式	主要依托村级老年协会,发挥邻里互助的传统美德,动员社区志愿者成为社区养老协管员。主要从搭建团队,制订计划;深度调研,明确标准;技能培训,精准帮扶三个方面开展工作。
3	桐冲口村:千年瑶寨脱贫	通过谋划发展特色旅游业,并将其作为全村重点产业全力推进。
4	河南省邓州:"4+N"模式	实施到户增收、金融扶贫、就业培训、劳动力转移就业四个全覆盖,通过多项措施促进增收。

六、盘活乡村资产

(一)典型案例

1. 宁夏平罗:土地制度改革释放农村发展活力

(1)基本情况。由于农村综合改革起步早、基础好,宁夏回族自治区平罗县2011年被确定为全国农村改革试验区,先后承担了全国农村土地经营管理制度改革试点、全国农村产权流转交易市场建设试点、全国宅基地制度改革试点等多项试点工作,2016年又承担了全国新型城镇化综合试点和农村承包土地经营权、农民住房财产权抵押贷款试点。抓住成为国家农村综合改革7

项试点之一的机遇，近几年，平罗从三权分置到三权抵押，逐渐步入土地制度改革的深水区，为全国提供了可复制可推广的改革试点样本。

（2）主要做法。随着城镇化发展进程加快，一方面，进城务工的农民越来越多，农村大量房屋、宅基地被闲置；另一方面，进城农民又无法享受城市的福利房、保障房、廉租房待遇，因此农民两头跑两头吃亏问题严重。对此，2015年平罗县探索出台《农村集体土地和房屋产权自愿退出收储暂行办法》，制定了3种退出方式供农民自愿选择：一是农民承包经营权在二轮承包期内退出；二是农民承包经营权、宅基地使用权、房屋所有权全部永久退出；三是农民宅基地使用权、房屋所有权同时退出和部分承包地退出。其中，农民自愿产权退出的，必须符合如下5个硬性条件：一是退出的土地承包经营权等产权必须经过确权；二是必须在城镇有固定住所并有稳定收入；三是老年人必须参加职工养老保险；四是必须经村集体一事一议同意；五是永久退出全部产权的农户，必须放弃村集体经济组织成员身份。

2. 上海市：镇级集体产权制度改革

（1）基本情况。上海近年来按照中央对农村产权制度改革的总体部署，重点对农村集体经营性资产进行股份合作制改革，明晰产权归属，将资产折股量化到本集体经济组织成员，发展多种形式的股份合作。据统计，2017年全市已实行产权制度改革的村已达1636个，占总村数的98%左右，完成改制的镇有62个，超过总镇数的50%。

（2）主要做法。因条件限制，在实际操作中采用两种回购方式，第一种是城市化地区的街镇，由镇级集体经济组织出资回购村、队集体资产，量化兑现给村、队集体经济组织成员，然后成立统一的镇级集体经济联合社，产权归全体社员所有，以份额形式持有；第二种则是针对农业地区、未完成撤村撤队地区或村级资产较大一时难以回购的地区，分别成立镇级联合社和村级合作社，社员同时持有镇级和村级份额，队级则一概撤销，由村级回购，但村级经营性资产要委托镇级联合社管理。改制后的乡镇级集体经济组织成立成员代表大会、理事会和监事会，成员代表大会是最高权力机构，理事会理事和理事长由成员代表提名，经成员代表大会选举产生。监事会监事长由乡镇集体资产监督委员会委派。乡镇党委书记和镇长不得兼任集体经济组织法人代表。

3. 苏州市：深化农村集体产权制度改革

（1）基本情况。近年来，苏州市不断探索集体经济在市场经济条件下的有效实现形式，积极发展合作经济和股份经济，推进社区股份合作制改革，集体经济焕发了新的生机和活力，有力促进了农民增收致富，提升了城乡一体化发展水平。苏州市农村集体产权制度改革起步较早，工作推动力度大，亮点纷呈，成效显著，形成了很多值得学习借鉴的经验和做法。特别是近年来，苏州在深化农村集体产权制度改革和发展壮大新型集体经济等方面不断进行探索，在农村社区股权固化改革、实行政经分开等方面，积累了丰富经验，创出了新的发展路径。

（2）主要做法。随着城乡发展一体化的快速发展，原有的集体土地、集体厂房逐步被征用或动迁，资源、资产转化为货币资金，农民逐渐转为城市社区居民，加之外来人口迁入量增加，原来以行政村为单位的农村居住格局被打破，政经合一的管理模式已难以满足社会管理的需要，也不利于社区股份合作社向市场化、企业化转型发展。在此背景下，苏州市率先在枫桥街道按照社会职能划归社区、经济职能留在合作社的原则，探索实施政经分开管理模式，并着力完善三业（就业、创业、物业）致富、八金（薪金、股金、租金、敬老金、养老保险金、医疗保险金、助残金、大病医疗再救助金）保障体系。一是合理分流村级人员，解决人往哪里去的问题。为促进农民持续增收，让农民共享集体经济发展的成果，苏州市还探索搭建了投资平台——富民合作社，积极引导农民投资。与村股份合作联社不同，富民合作社将农民手中闲散资金聚集起来，采取农民自愿出资、合作社统一运作的模式，开发投资风险较小、收益持久的项目。

4. 鲁家村三方合作

（1）基本情况。为改善农村发展现状，新一轮鲁家村美丽乡村规划，提出"公司+村+家庭农场"三方合作乡村建设模式，从空间优化、产业升级、监管运营三方面入手探究可持续发展的鲁家村美丽乡村建设。

（2）主要做法。第一，村庄格局优化策略。在村庄整体布局上，结合鲁家村传统的乡土风俗和居住模式，参考村庄自身经济的发展方向，重点对其中心村进行空间布局优化。在居住环境上，梳理路网与村庄自然山水环境的格局关系，营造一个舒适宜人的村落环境。在公共服务设施上，考虑未来乡村旅游发展的需求，除了满足鲁家村当地村民日常活动也要兼顾外来游客的需求，新增综合服务中心。第二，村庄产业升级策略。鲁家现状产业主要以白茶为主，有少量的工业存在，主要以转椅加工为主，村庄产业发展薄弱，农事收入已无法满足村民基本生活所需。结合当下乡愁意识的不断觉醒以及乡村旅游的持续升温，依托特色民居、田园风光、乡土活动等特色乡村景观，从传统农业升级和乡村旅游拓展两方面入手对鲁家村进行产业发展规划。第三，正常运营监管策略。鲁家村原有的政府主导的村落监管机制，由于主导群体单一，其监管力度及监管效率会受到一定的影响。因此在新一轮度假村美丽乡村建设中，应结合三方合作发展模式，构建由村集体、公司、家庭农场等多元主题组成的村落监管机制，并强化村集体作为村民代表的角色，积极开展村民自治，调动村民建设热情，及时反馈工作意见，让更多来自基层的村民参与到乡村规划的制定及实施中去。同时构建完善高效的监管反馈系统，如专门设置监管反馈网站或监管咨询热线等，保证监管平台的开放与公正。

5. 贵州省塘约村七权同确

（1）基本情况。塘约村，贵州省安顺市平坝区乐平镇的一个普通村庄。2014 年之前，塘约村还是一个省级二类贫困村，农民人均可支配收入不足 4000 元，村集体经济不到 4 万元，全村 138 户贫困户贫困人口 645 人，全村 30% 的土地撂荒。2014 年，塘约村遭遇特大洪灾。为了重建家园，改变昔日村穷、民弱、土地撂荒的现象，塘约村探索出以党建引领、改革推动、合股联营、村民自治为主线的发展思路，使村容村貌和村民生活发生了巨大变化。2016 年，村民人均可支配收入达到 10030 元，村集体收入达 202.45 万元，塘约村实现了从省级贫困村到小康村的巨变。塘约村化茧成蝶的历程为我国实施乡村振兴战略提供了可资借鉴的经验。

（2）主要做法。塘约村主要做法是落实集体所有权，发展壮大村级集体经济。集体所有制是我国社会主义经济制度的重要组成部分。在当前以家庭承包经营为基础、统分结合的双层经营体制为内容的农业基本经营制度下，不断探索农村集体所有制的有效实现形式，有效地落实和巩固集体所有权，不断发展、壮大村级集体经济，是一个时代课题。在七权同确过程中，塘约把被农户侵占多年的公房、河滩、荒坡、荒地等集体资产全部收回，有效地维护了集体经济。通过确权、颁证、土地流转等合法程序，使村庄资源变资产、资金变股金、村民变股民，落实了集体所有权，稳定了土地承包权，放活了土地经营权，成功实现三权分置，同时使集体与村民个人各类产权关系更加清晰、权益归属更加明确，为实现集体统一经营和集体经济的发展壮大奠定了良好的基础。

6. 六盘水市三变改革

（1）基本情况。六盘水市从产权制度改革工作入手，有效整合了农村土地资源、森林资源、劳动力资源、旅游文化资源等多种资源。通过开展确权颁证，使农村集体和农民个人财产在权属上更加清晰、在权能上更加明确、在管理上更加规范、在保障上更加充分。

（2）主要做法。六盘水市通过资金变股金来激活和放大资金使用效益，强化财政经营性资产进行量化，通过协议的方式，将农村资源转变为企业、合作社或其他经济组织的股权，探索出了土地承包经营权股权化、集体资产股份化、农村资源资本化的发展模式，有效盘活了农村闲置资源，多渠道增加了农民收入；通过搭建产权交易平台，建立流转服务体系，搭建起社会资本进入农村、农村资源向资本转变的制度性平台，逐步形成城乡一体、开放规范的农村产权流转市场，有效促进了城乡要素自由流动，推动了城乡社会的统筹发展。推进资金变股金，整合分散资金入股经营。同时，明确村委会及村集体领办、创办或控股的企业、农民合作社作为各级财政投入到村的发展类资金承接主体，承接主体可以独立发展，也可以将资金投入到企业、合作社或其他经济组织，实行市场化运作，撬动更多社会资本投入农村经济发展。推进农民变股东，帮助农民群众增收致富。为了让三变改革惠及更多贫困户，他们注重分类指导、因户施策、一人一法。对于深山区、石山区、不具备脱贫条件的两无人员，主要是帮助他们将土地经营权入股，或者将扶贫开发类资金等量化为他们持有的股金入股；对于有资金、有技术的两有人员，鼓励和引导他们以土地、资金、技术等多种方式入股。农民入股各类经营主体后，不仅可以通过流转土地经营权获取租金，通过参与企业分红获取股金，政府还通过农业园区、龙头企业、农民专业合作社为农民群众、返乡大学生、外出务工人员等提供创业就业平台，组织农民及返乡人员就近就地务工，参与农业经营管理，按实际工作量支付工资报酬，增加农民工资性收入。

（二）经验借鉴

根据其他地区盘活乡村资产的主要做法，得到的主要经验借鉴有：

第一，处理好农民与土地的关系。在探索农民闲置房的过程中，围绕正确处理农民和土地关系这一改革主线，不断探索农村土地集体所有的有效实现形式。盘活乡村资产离不开农民，所以应该考虑到农民的利益。

第二，改革创新，因地制宜。改革创新要因地制宜、结合实际，对乡村资产进行强有力的盘活。比如鲁家村就打造出了"公司+村+家庭农场"三方合作建设模式，在改善鲁家村自然及居住环境的同时，发展乡村旅游，三方和谐共建、共赢，摆脱以往单一的初级农业收入，促成三农联动，增强鲁家村在美丽乡村建设过程中的自我可持续发展能力。

表 8-11 盘活乡村资产案例的主要做法

序号	名称	主要做法
1	宁夏平罗：土地制度改革释放农村发展活力	一是农民承包经营权在二轮承包期内退出；二是农民承包经营权、宅基地使用权、房屋所有权全部永久退出；三是农民宅基地使用权、房屋所有权同时退出和部分承包地退出。
2	上海市：镇级集体产权制度改革	上海近年来按照中央对农村产权制度改革的总体部署，重点对农村集体经营性资产进行股份合作制改革，明晰产权归属，将资产折股量化到本集体经济组织成员，发展多种形式的股份合作。
3	苏州市：深化农村集体产权制度改革	按照社会职能划归社区、经济职能留在合作社的原则，探索实施政经分开管理模式，并着力完善三业（就业、创业、物业）致富、八金（薪金、股金、租金、敬老金、养老保险金、医疗保险金、助残金、大病医疗再救助金）保障体系。
4	鲁家村三方合作	提出村庄格局优化、村庄产业升级、正常运营监管策略，采用"公司+村+家庭农场"三方合作乡村建设模式，从空间优化、产业升级、监管运营三方面入手探究可持续发展的鲁家村美丽乡村建设。
5	贵州省塘约村七权同确	落实集体所有权，发展壮大村级集体经济。
6	六盘水市三变改革	通过资金变股金来激活和放大资金使用效益，通过协议的方式，将农村资源转变为企业、合作社或其他经济组织的股权，探索出了土地承包经营股权化、集体资产股份化、农村资源资本化的发展模式，通过搭建产权交易平台，建立流转服务体系。

七、引育乡村人才

（一）典型案例

1. 大学老师进村当书记，扩大乡村人才范围

（1）基本情况。2015 年 8 月，天津大学科学技术发展研究院教师、30 岁

的宋鹏远赴 1800 公里外秦巴山区腹地的大寨村担任党支部第一书记；2016 年 8 月，他兼任大寨村驻村帮扶工作队队长；2017 年 8 月，宋鹏主动申请延期驻村工作 1 年。

（2）主要做法。针对农村电商人才、经营型人才匮乏的问题，组织开展农村电商培训，针对农民专业合作社规范化建设知识不足、制约贫困村富民产业发展的问题，举办农村电子商务能力提升暨农民专业合作社规范化建设培训班；成立电商工作室，开展农村青年电商创业项目培育、孵化、推广；发起成立宕昌县青年电商荟，整合资源、聚合资讯、搭建平台，在市场、技术、人才、渠道等方面助力农村青年电商创业。此外，还带领村民积极探索构建 1+X 帮 1 的扶贫工作模式，第一个 1 指第一书记、驻村帮扶工作队，第二个 1 指大寨村，X 指社会力量，也就是充分发挥第一书记、帮扶工作队的资源优势，广泛团结社会力量，助力大寨村扶贫开发及集体经济发展。联系天津大学校友企业与村里签署结对帮扶合作协议，建设季莳鲜梅花椒基地、季莳鲜中华蜂蜜基地，惠及贫困村 7 个、贫困户 200 余户；与甘肃省轻工研究院等 5 家单位签署合作协议，在天津大学、山东省济南市举办年货会、推介会，并发起成立沙湾大寨产业扶贫发展基金，首期募集社会资金 11 万元。

2. 乡贤趟出文化经济新路子

（1）基本情况。东良乡乡贤文化实现三化，即乡贤调解制度化、乡贤调解阵地化、乡贤调解专业化。他们把民间有威望、会管事的老党员吸收到乡贤调解队伍中，制定调解制度，定期培训，戴牌上岗。成立东良乡贤调解中心，全乡 26 个行政村，每个村都选出了本村的村级乡贤，26 名村级乡贤依托村委会和便民服务站开辟村级乡贤调解阵地，把村级乡贤调解室作为化解矛盾纠纷的主战场。邀请县司法局调解专家给全体乡贤授课培训，丰富了乡贤的专业知识，提高了乡贤调解的工作效率。

（2）主要做法。乡贤+文化为维护东良社会和谐稳定起到了至关重要的作用，同时也推动了该乡的经济发展。新一代乡贤李孟秋就是带领群众致富的典型。东良乡积极发挥新乡贤引领作用，带领周边 15 个村的 52 户农民发展大棚葡萄、露天葡萄种植 600 亩，实现经济效益数百万元，直接提供就业岗位 200 多个，培养葡萄专业技术人才 60 余名。反映东良乡贤调解中心故事的微电影《乡贤的故事》斩获微电影大赛最佳影片奖，乡贤+民间经济体成功典型安中隆佳农场被评为全国绿色农业特产示范单位、河北省诚信经营示范单位。

(二) 经验借鉴

通过分析大学生进村当书记、乡贤趟出文化经济新路子、青年回乡创业的主要做法，可以得出乡村人才对于创新城乡融合发展的几点经验：

第一，培养专业的农民。乡贤能够用自己的专业知识和能力发挥很好的带头和领导作用，能够有效地推进乡村的经济发展。在乡村人才的带领下，农民收入显著提高，人民生活不断改善，实现了从贫困村向美丽乡村的华丽转变。

第二，"互联网＋农业"模式。区域农产品只有做大做强，参与其中的个体才能有更广阔的发展空间。在发展自身的同时，可通过农业科技服务的方式，开展"互联网＋区域优势农业资源"的服务模式，通过实际教授电商业务，带动更多农户成为"互联网＋农业"的新农民，从而带动农业更好地发展。

表8-12 引育乡村人才案例的主要做法

序号	名称	主要做法
1	大学老师进村当书记，扩大乡村人才范围	针对农村电商人才、经营型人才匮乏的问题，组织开展"农村电商培训"，针对农民专业合作社规范化建设知识不足、制约贫困村富民产业发展的问题，举办"农村电子商务能力提升暨农民专业合作社规范化建设培训班"。
2	乡贤趟出文化经济新路子	吸收民间有威望、会管事的老党员到乡贤调解队伍中，成立东良乡贤调解中心，每个村选出了村级乡贤，并建立村级乡贤调解室作为化解矛盾纠纷的主战场。

八、城乡融合发展

(一) 典型案例

1. 浙江创建特色小镇促进城乡融合发展

(1) 基本情况。浙江省政府出台了《浙江省人民政府关于加快特色小镇规划建设的指导意见》，对特色小镇的创建程序、政策措施等做出了规划。与我国其他地方相比，浙江特色小镇更加系统化和规模化，在引领大众创业万众创新，促进创新要素集聚，推动生产、生活、生态融合发展等方面成效突出。

（2）主要做法。特色小镇的主要做法，主要有4个方面：第一，明确产业定位，浙江省特色小镇聚焦信息经济、环保、健康、旅游、时尚、金融、高端装备制造等支撑该省未来发展的七大产业，坚持产业、文化、旅游三位一体和生产、生活、生态融合发展。每个历史经典产业原则上只规划建设一个特色小镇。根据每个特色小镇功能定位实行分类指导。第二，实施规划引领，特色小镇规划面积一般控制在3平方公里左右，建设面积一般控制在1平方公里左右。所有特色小镇要建设成为3A级以上景区，旅游产业类特色小镇要按5A级景区标准建设。支持各地以特色小镇理念改造提升产业集聚区和各类开发区（园区）的特色产业。第三，创新体制机制，特色小镇坚持政府引导、企业主体、市场化运作，既凸显企业主体地位，充分发挥市场在资源配置中的决定性作用，又加强政府引导和服务保障。第四，强化土地保障，特色小镇确需新增建设用地的，由各地先行办理农用地转用及供地手续，对如期完成年度规划目标任务的，该省按实际使用指标的50%给予配套奖励，其中信息经济、环保、高端装备制造等产业类特色小镇按60%给予配套奖励；对3年内未达到规划目标任务的，加倍倒扣该省奖励的用地指标。

2. 四川省三激活

（1）基本情况。四川是全国的农业大省和人口大省，与发达地区相比乡村发展不平衡不充分的问题更为突出，主要有以下几个方面：农村空心化更为突出；农民老龄化更为突出；农业副业化更为突出；农村社会发展滞后；教育、科技、文化、卫生等公共事业发展滞后；农村区域之间不均衡；农村生态环境退化。中低产田地占耕地比重大，不少地方土壤退化，水土流失现象突出，农膜、农药、化肥超量使用，农村面源污染较为严重。因此，四川实施乡村振兴战略既有全国一般性特征，又有自身的特殊性道路选择。

（2）主要做法。第一，激活人才要素，人才是乡村振兴的关键，要通过制定多层次、多形式的新型职业农民教育体系，改革农民培训制度，建立技术培训、学校教育等多种培训形式，健全以政府购买服务为主要形式的新型职业培训服务，大力激发更多的农民成为新型职业农民。第二，激活土地要素,土地资源是乡村最大的资源,关键是盘活三块地。对于农用地,重点是在确权颁证的基础上健全农村土地产权流转市场体系,以放活土地经营权为核心积极探索形式更加多样、利益联结模式更加多元的农村土地三权分置实现形式,形成适合四川特点的多种适度规模经营,提高土地生产率和劳动生产率。第三,激活资本要素,资本是乡村振兴的血液。要继续把农业农村作为财政优先保障领域,建立支农资金稳定投入机制,建立财政涉农资金整合的长效机制,将不同层面、不同渠道的支农资金整合后统筹使用,瞄准乡村发展关键环节整体投入。

(二)经验借鉴

通过分析浙江创建特色小镇促进城乡融合发展、四川省三激活的主要做法,可以得出城乡融合发展的几点经验:

第一,特色小镇与融合发展相结合。浙江的特色小镇建设,是资本和社会力量占据主导地位的,发展特色小镇要坚持融合发展,正确的规划也是必不可少的,另外还需要创新和强化土地的保障。

第二,统筹分配与定向分配相结合。对于走全乡土地股份合作的改革的地区,可以通过推动村级产权制度改革,组建资源资产股份合作联社,统一管理运营与制度建设双轮驱动。

第三,乡村振兴。在区域选择上,以深度贫困和衰退重点地区作为乡村振兴的重点区域。在任务选择上,以村庄整治、建设生态宜居村庄为突破口。在路径选择上,以推进城乡融合发展为根本路径。在措施选择上,以激活要素作为乡村振兴的关键。在手段选择上,以壮大乡村集体经济为重要抓手。

表8-13 城乡融合发展案例的主要做法

序号	名称	主要做法
1	浙江创建特色小镇促进城乡融合发展	明确产业定位、实施规划引领、创新体制机制、强化土地保障。
2	四川省三激活	激活人才要素、激活土地要素、激活资本要素。

其他国家篇

世界主要发达国家从传统社会向现代社会转型过程中,乡村振兴是其必经阶段。北京整体发展水平较高,发达国家和地区在推进和实现乡村振兴进程中,遇到的诸多农村问题与北京有相似之处。梳理德国、日本、韩国、荷兰等典型国家乡村振兴做法,全面总结经验和深入剖析教训,对于推进北京乡村振兴战略实施提供有益借鉴。

一、主要做法

(一)日本

1. "一村一品"

(1)基本情况。日本的乡村振兴起源于20世纪70年代末的造町运动。当时的日本正处于快速工业化、城市化的过程中,农村一度陷入人才外流、农业萎缩的凋敝状态。造町(村)运动的目的是以振兴产业为手段,促进地方经济的发展,振兴逐渐衰败的农村。造村运动的内容不断扩展到整个生活层面,包括景观与环境的改善、历史建筑的保存、基础设施的建设、健康与福利事业的发展等。

(2)主要做法。"一村一品"是在日本农民在造村运动中发明创造的,其实质是在政府引导和扶持下,以行政区和地方特色产品为基础形成的区域经济发展模式。具体讲"一村一品",就是按照区域化布局、专业化生产和规模化经营的要求,因地制宜地发展具有鲜明地域特色的主导产品和产业,进而形成产业集群,最大限度地实现农村劳动力的就地转移,促进农民增收,建设新农村。

上述做法突出特点:以地方(县、乡、村)自身的条件和优势为依托,以市场为导向,提高农产品的自身特色、地域特色,形成以村为单位的具有地区优势和销量的拳头产品。对农产品进行初加工,提高产品附加值,并通过差异化、多样化来适应消费者需求。大力发展"1.5 次产业",在农村不只发展农产品和农产品初加工,还大力推广特色旅游项目及文化资产项目,如文化设施、地方庆典活动等。重视人才培训,日本不少县依托政府农业改良普及机构和各级农协,开办各个领域、各种类型的人才培训讲习班,培育了不少"一村一品"运动的带头人,解决了人才匮乏的问题。

2. 东京都市农业

东京的耕地面积 1960 年为 31447 公顷,受经济高速增长的影响,1960—1975 年的 15 年间东京耕地减少了 16890 公顷,相当于 1960 年耕地面积的 53.7%。此后,耕地减少的幅度虽有减缓,但 1975—2010 年耕地减少总数仍达 6887 公顷。2010 年东京的耕地数仅是 1960 年的 24.4%。

东京的农作物(除果树之外)栽培面积共计 55065 亩,主要以露天栽培为主,占 94.6%。其中,蔬菜类最多,占 56.6%;其次是花卉,占 20.7%。设施栽培总面积占 5.4%,其中,设施蔬菜占 66.4%、设施花卉占 31.6%、其他作物占 2.0%。

自 1960 年以来,在耕地全面减少的情况下,水田、旱地及果园地的利用结构发生了变化,水田所占比例迅速减少,由 1960 年的 21.1% 降至 2004 年的 4.0%;旱地所占比例略有提高,同期由 71.2% 升至 74.2%;果园所占比例提高最多,由 7.7% 上升为 21.8%。

上述变化的产生及东京以蔬菜为主的农业生产结构的形成,大致可归结为如下几方面的原因:其一是在东京都城市巨大化过程中,城镇开发、住宅区建设对倾斜度低的平坦土地的需求量大,受到东京都自身地理环境条件的限制,水田往往比其他地形的土地更容易被占用。其二是东京都集中了全日本约十分之一的人口,在经济条件较为富裕的情况下,人们饮食结构的变化必然是以大米为代表的主食减少,而以蔬菜、水果及肉类等为代表的副食的增加,这就使东京都成为一个对蔬菜有巨大需求的市场。其三是受蔬菜中绿叶、鲜嫩蔬菜含水量多,体积大,不适合远距离生产供应等自身特点的限制。其四是随着环保型农业、有机农产品、无公害蔬菜等概念为人们所接受,现在的农产品流通,除委托农协经中央或地方批发市场上市后再经超市、蔬菜店销售外,出现了由农户直接销售的方式。直销通常是农协自办农产品直销所,或农协在农协经营的超市中设立农产品直销角,超市将直销业务列为自身业务的一部分。农户则将自己的农产品置于该角内陈列，并亮出自己的姓名和联系方法。由于提供了消费者与生产者直接见面的机会，消费者食之安心、安全，生产者则能获得更多市场需求信息。目前，这一销售方式正成为日本受欢迎的销售方式之一。东京都就有18个农产品直销所，其中大部分为农协所办。直销方式一定程度上需要生产者与消费者间保持较小的空间距离。

由于耕地减少，东京都主要农产品的自给率都在下降，但相比其他作物，蔬菜的自给率始终处于相对较高的水平。2006年，东京都蔬菜的自给率是5.2%，而牛奶、鸡蛋的自给率分别是3.0%、1.2%，肉类的自给率则只有0.2%。

为促进有机蔬菜生产，东京都也保留一定规模的畜禽生产。出于对环境保护与污染减排的考虑，养殖场通常均建有相应的处理设施。都市畜产农户是有机蔬菜生产农户的重要的优质堆肥供给源。

东京都重视城市森林的生态作用。东京都的森林面积，据2004年统计，共有78648公顷，占东京都总面积的36.0%。东京都的森林中，人工林所占比重很高，2003年为48.3%，而占东京都森林面积约70%的西部多摩地区，人工林比率更是达到了60%。根据日本林业厅公布的森林具有的公益功能换算，东京都森林所提供的效益为2046亿日元。其中，涵养水源所产生的效益约为131亿日元，防止水土流失所产生的效益约为1176亿日元，作为保健休闲场所所产生的效益约为255亿日元，提供氧气、净化空气所产生的效益约为457亿日元等。森林成为东京都重要的生态屏障。

东京都市民农园设置及利用。东京都在对农业的功能作多样化评价时，很重要的一点就是将农地视为环境财产。除一般农地能丰富大都市景观外，市民农园更是都市居民亲近大自然、体验农作物种植乐趣的好场所。

东京都市民农园的设置主体以政府为主。2002年，东京都市民农园共计468个。其中，96.1%为政府所办，农协和农户所办的分别仅占2.4%和1.5%。

政府设置市民农园的土地来源有二：一是对无力继续经营的农户土地予以收买；二是农地作为遗产继承时，继承者有可能以实物税形式交出部分农地。

3. 日本应对乡村人口老龄化

日本是严重的老龄化社会。2015年日本的城镇化率达到93%，65岁以上老人占全国总人口比重达到26%。为应对老龄化问题，减轻社会资源、经济财政面临的压力及增加劳动力，日本政府、地方自治体和社会组织开始探讨解决之策。

（1）制度上保障。作为中长期应对老龄化问题的对策，日本政府有关部门开始着手修订"高龄社会对策大纲"，主要内容包括促进老年人再就业、鼓励延期领取养老金、提高生活品质、增强健康寿命等内容，并提出具体数值目标。将60岁至64岁的就业率从2017年的63.6%提高到2021年的67%以上，鼓励老年人从事更多的兼职、副业等，对有创业意愿的老年人，要求日本政策金融公库等提供融资支援。鼓励老年人延期领取公共养老金，并允许延迟到70岁以后。目前的制度规定65岁开始支取的养老金可以延期到70岁，每延期一个月领取额增加0.7%，即如果66岁开始领取，养老金额将提高8.4%，如果延迟到70岁，每月领取额将提高42%。新制度将允许这一期限延迟到70岁以后，并进一步提高加权比例，以此鼓励老年人就业，并减轻国库的养老金负担。为解决医疗费财源不足问题并抑制过度医疗，日本政府从20世纪80年代中期开始取消老年人免费医疗制度，逐步提高自付比例。如今，年收入超过370万日元的高收入老年人甚至不能享受老年人医药费优惠，须与一般社会人员一样支付医药费的30%。为弥补养老服务人手的不足，正在探讨提高护理人员的工资标准，加快研发普及护理机器人。

（2）鼓励生育。随着日本老龄化现象的不断加剧，日本政府提供了不少福利政策，譬如每月国家给每个儿童1万~1.5万日元的生活补助，孩子看病时也基本免费；为了鼓励生育，减轻年轻人的负担，政府规定在多子女家庭中，第一个孩子的托儿费用大概是每月5万日元左右（相当于3000人民币），而第二个为"半价"2.5万日元，第三个以后则是全免。

（3）体现价值。日本农村的老人体现了老有所为，老有所乐，且重视自己仍对社会有所贡献的价值体现。日本老人基本上都会有自己喜欢的技能，有的人虽然已经达到了退休的年龄，但依旧会通过自己爱好的手艺来挣钱。日本老人和儿女的生活各自独立，互不干扰，老人用余生去维系、精进自己的爱好，有创业的激情和快乐。

4. "发展驱动型"基本公共服务均等化

日本主要通过推动农业和农村经济发展来提升农村公共服务水平，进而依托再分配手段来促进公共服务均等化，具体措施包括：一是调整工业布局，转变农村产业结构；二是加强农村公共服务供给，改善农村生产生活条件；三是实施有效的均等化转移支付制度；四是健全和完善城乡均等的社会保障制度；五是推行收入再分配政策，缩小农户与非农户的收入差距。这些政策的实施都有助于实现城乡均等化的目标。

（二）韩国

1."新村运动"

（1）基本情况。20世纪70年代，韩国政府为了改善城乡关系，推动农村发展，增加农民收入，决定在全国实行"勤勉、自主、协同"的新村运动，类似我国的新农村发展。

（2）主要做法。"新村运动"初期，政府设计了20多种改善农村生活环境的工程，如桥梁、公共浴池、饮水工程、洗衣池、修筑河堤、乡村公路、新村会馆等，让各地农民根据自己的实际情况，选择适合当地需求的项目，政府免费向各村发放一定数目的水泥和钢筋支持这些项目。政府还筛选出1.6万个村庄作为"新村运动"样板，带动全国农民创造美好家园。

"新村运动"第二阶段，政府实行分类指导的方针。将全国的乡村分为三类，一类是基础村，新村运动的内容是继续改善生活环境，培养自主精神；二类是自助村，运动的内容是改良土壤，疏通河道，改善村镇结构，发展多种经营，扩大农业收入；三类是自力村，运动的内容是发展乡村工业、畜牧业和农副业，鼓励和指导农民采用机械化、电气化、良种化等先进技术，制定生产标准，组织集体耕作，建立标准住宅，修建简易供水、通信和沼气等生活福利设施。

21世纪后，韩国的"新村运动"进入了第三个阶段，由政府主导、提倡的有很强官办性质的运动，变成了一个全民参与的民间社会运动，并开始致力于促进民主法制建设、社会道德建设、集体艺术教育等方面。

上述做法突出特点：根据当地情况、当时国情，采取分阶段、分类实施推进乡村振兴。第一，不直接投资，而是将过剩产能转移过来，用于农村基础设施建设。第二，不同地区发展程度不一样，对于不同的村庄采取分类指导。第三，典型示范，从众多村庄中，选出样板村带动周边村庄发展。第四，根据发展阶段，乡村振兴的重点从支援基础设施建设，到扩大农业收入，再到民主法治和社会建设。

2. 韩国应对老龄化

韩国农村在 20 世纪 80 年代便进入了老龄化社会。随着韩国工业化的发展，农业人口大量流入城市，农业人口急剧萎缩。在 2000 年后韩国农村便进入了老龄化社会，也就是老龄人口占农村人口一半以上。2015 年，韩国 70% 农业经营主在 60 岁以上，是典型的老人农业。韩国通过实施老年农业来改善老龄化的问题。

（1）提高农业机械化和社会化服务水平。韩国农业机械化和社会化服务的发展完善，使老龄人不仅在农业生产过程中可突破体力限制，扩展其生产能力，延长其务农时间，还扩展了老龄农户的家庭经营能力，使其能顺利完成农业经营活动中的购销问题。亦即如果说农业机械化主要是扩展、延长了老龄农户的生产能力的话，农业社会化服务则主要是拓展了老龄农户的经营能力，这些外在条件的发展使老龄农户实现了农业经营的能力。

（2）提高老龄农户经营收入。在农地产出和农业收入方面，老龄农户经营并不低于年轻组，即老人农业的效率并不低，这是老人农业可以维系的重要内在因素，这也从社会层面和经济层面为老人农业的持续提供了支撑。

（3）以农养老。以农养老对韩国并不完善的农村养老制度和不充分的农村养老供给提供了重要补充，也是韩国政府可以这样做的前提条件。同时，因机械化的发展和社会化服务的完善，农业正脱离其传统的"艰苦"性，而成为一种生活方式、精神归宿来源，农业以其多功能性为老龄者提供精神满足，而成为一项老后生活方式的重要选择。

（三）德国

1."村庄更新"

（1）基本情况。20 世纪 50 年代，战后德国面临着设施修复、传统村落风貌被破坏、农村生活水平待提高等问题，德国"村庄更新"是以"农村—结构—更新"为重点，倡导乡村居民积极参与，注重乡村的整体发展和可持续建设，注重保护和塑造乡村特色形象，从下而上地开展乡村振兴。在"村庄更新"的实施过程中，针对经济社会发展变化而适时调整。一方面，为适应农业经济结构调整的要求，德国改变了失去功能的农业经济房屋用途，同时重新调整了剩余建筑物的形状、规模和开发状态。另一方面，为适应农村社会和人口发展情况，德国对农村基础设施做出相对调整，减少没有经济收益的土地利用，改善农村生活和生产条件。

(2) 主要做法。第一,"城乡等值化"发展道路。德国在城镇化过程中,选择了小城镇与城市的"等值"发展,而非"同质"化道路。第二,用法律来保障、规划乡村振兴的道路出台并动态更新《联邦土地整理法》《联邦建筑法》《联邦空间秩序法》《联邦自然保护法》等,从法律制度建设方面,为村庄更新具体实践提供了明确的边界和保障。第三,整合资金为乡村更新发展提供动力。政府对公共事业给予高额补贴,自然和文化景观保护的补贴比例可达 90%,对于有保护历史价值的私人建筑部分也会给予补贴。第四,自下而上,鼓励农民参与。"乡村更新"中的任何一个项目,每一步决策都必须由政府决策、规划部门和农村三方共同协商,整个更新不再是政府主导,村民真正发挥了主动性,更加积极地参与到村庄更新建设中。

上述做法突出特点:鼓励乡村居民积极参与,注重乡村的整体发展和可持续建设,注重保护和塑造乡村特色形象,从下而上地开展乡村振兴。

2. "财政均等型"基本公共服务均等化

德国的均等化政策包含两个层面,即国家层面上的均等化和区域层面上的均等化,其宗旨是保证全国居民享有相同生活条件的权利,主要是通过财政均等化的形式来实现。在具体操作上细分为三个步骤:第一,16 个州人均均等分配四分之三的增值税收入,剩下的四分之一作为对弱势州的财政补贴;第二,建立均等化项目,富裕州通过累进税向均等化项目提供资金,弱势州则从均等化项目获得补贴;第三,建立联邦补助资金,并作为无力自助和无法获得资助者的社会救济金。

(四) 荷兰

(1) 基本情况。荷兰"土地整理",强调统一规划土地整理、土地复垦和水资源管理,扩大农地面积,优化产业结构。在荷兰,土地整理很少属于孤立的行为,从其产生时,就是与土地复垦以及水资源管理这些活动紧密相连的。第二次世界大战以后,特别是 20 世纪 60 年代和 70 年代早期,荷兰的土地整理作为农业结构调整和扩大农用地面积的一种手段,被政府所重视和推广。"二战"刚结束时期,土地整理作为一项劳动密集型的活动为失业者提供了许多的就业机会。但是,由于失业问题在 20 世纪 50 年代中期基本得到解决,国家对土地整理的投入开始持谨慎的态度,逐渐把其对国家经济的回报率作为是否投资的一个标准。对 1958 年以来进行的土地整理项目以及相关工作计划的分析表明,国家逐步开始以经济回报率作为一个主要的衡量标准,对一个地区优先开展的项目进行排序，政府首先实施经济回报率较高的项目。

尽管土地整理在这一时期显示了它的成功，但是在20世纪60年代后期，许多人就对其实施目的的单一性表示了怀疑，特别是对传统乡村的土地景观所造成的负面影响更成为人们非议的焦点，即便国家在1954年的土地整理法中，已经明确土地景观规划必须作为土地整理规划的一个组成部分。20世纪70年代以后，人们对此进行了更深入的思考，开始寻求土地整理项目新的发展方向。

（2）主要做法。在1975年颁布的"关系备忘录"中，规定了农村地区相关利益部门的关系；1981年由农业与渔业部颁布的"农村发展的布局安排"。特别是后一个法案与"户外娱乐法""自然和景观保护法"成了1980年到1990年之间有关农村发展的主要法律。除了上述提及的法案，1985年颁布实施的并且至今仍然使用的"农村地区开发法"也是在土地整理过程中应用较为广泛的法案。它的意义在于减少了土地整理在空间上的限制，使土地整理的地区延伸到了城市化的地区，特别是在一些大城市的周边。

上述做法突出特点：从荷兰的土地整理项目的发展趋势来看，它的重心已经从以前的单纯以调整农业为目的的项目本身演化为一种去实现农村地区更加有效的土地多重利用的手段。预计在2004年，国家新的法案即将出台，这种思想将会在其中得到进一步的体现，并且将对土地整理在农村发展进程中的范围做更加广泛的描述。

（五）法国

1."乡村复兴"

（1）基本情况。"二战"以后法国针对不同阶段乡村发展存在的突出矛盾，出台了相应的政策，逐步消除了城乡差别，实现了乡村振兴。乡村人口回流、乡村功能复兴、乡村文化复兴，共同构成了法国现代化乡村振兴的基本特征。

（2）主要做法。法国根据乡村的区位条件、人口构成、功能产业、居住条件等指标，将乡村分为三类："城市的乡村""薄弱乡村"和"新乡村"。在乡村振兴中注重对乡村特色的保护与发展，主要通过保护乡村景观、建设特色村镇、发展特色产业等途径来实现，分别对应实施了"区域自然公园""建筑、城市与景观遗产保护区"和"卓越乡村"项目。政府出台优惠政策刺激乡村旅游发展。如由政府投入资金，将闲置农宅或农业用房（如马厩和仓库等）改造为家庭旅馆，发展乡村旅游。

上述做法突出特点：第一，要确立合理的乡村角色认知：以农业为基础的多样化的生产功能、品质居住功能、生态涵养功能、自然与人文景观、乡村文化传承功能等。第二，理性认识乡村的振兴与衰败，法国政府在推动乡村复兴时，根据乡村的区位条件、人口构成、功能产业、居住条件等指标，将乡村分为"城市的乡村""薄弱乡村"和"新乡村"三类，并分别制定了复兴目标和复兴路径。第三，合理而有效的政策工具和干预方式，政策工具主要针对乡村特色景观、特色村镇及特色产业的保护与发展。法国政府对乡村发展的全局把握能更好地引导不同地区、不同资源条件的乡村选择不同的政策工具和切合实际的复兴方式。

2. 巴黎大区"世界现代田园城市"

巴黎注重农业生产功能的实现，将农田作为绿地引入城内及城市周围，利用农田作为城市与城市之间的隔离带，这种新城的建设思想体现了城乡一体、协调发展的原则，有效保护了农业的发展。法国巴黎 11963 平方公里的都市近郊和远郊土地，农业用地依然占 50%，而且在农业用地中，各类农作物用地占 97%，草地、果园和花卉用地占 3%。巴黎的农业生产规模普遍大于法国平均水平，巴黎大区的农业生产是以私人农场为主。在近 7000 个农场中，种植大田作物的农场占 70%，园艺蔬菜农场占 11%，畜禽农场占 6%。

巴黎作为"世界现代田园城市"，农业在城市已经成为改善城市的生态环境的重要因素。20 世纪 90 年代末期以来，法国巴黎的农业，特别强调农业调节城市气候、净化空气、营造自然景观等生态功能。强调巴黎区域社会经济发展与生态环境保护之间的平衡，提高生活质量与减少环境污染之间的平衡，新城市化布局与农业用地和自然空间保护之间的平衡，等等。尽管城市建设需要大量土地，但巴黎政府极力保证农业用地、公共绿地面积的稳步增长。

巴黎政府提出，将田园与地上建筑物有机融合，不搞大规模的公园，也不搞"摊大饼"式城市建设；要通过适度规模田园组团与适度规模地上建筑组团的科学排列组合，让市民能经常进入田园体验，以和谐地同享现代城市文明与现代田园文明；要将农田、河谷、森林、公园等绿色空间联结起来，形成贯穿整个大区的绿色脉络。法国巴黎城郊建有许多观光果园，专供游客观光、尝鲜、品酒休闲。巴黎用绿篱带将住区与工厂、高速公路及污染区隔离开，以营造宁静、清洁的人居环境。一些新城还刻意保留部分农业用地，在城内种植蔬菜和花卉，制造农业景观。巴黎大区在城市规划中制定了自然保护区和农业保护区，保护区的功能除保护环境和文化遗产之外，还开辟旅游观光场所。保护区内的农业主要是大田生产和园艺农业。

（六）美国

1. 纽约生态景观建设

纽约将发展农业作为城市生态景观建设的一项重要内容，纳入城市发展规划。重要举措是将城区内和城区间的闲置地块及废弃的足球场、棒球场逐步开发为可耕种的土地。纽约拥有大约600个小型农场，以社区支持农业（CSA）为主要经营模式，使城市社区生活与农业生产建立直接联系，城市居民与农场生产者共同分担生产成本、风险及盈利；农场为市民提供安全、新鲜、高品质且低于市场零售价的农产品，社区为农场提供了固定的销售渠道，做到双方互利。

2. "市场主导型"基本公共服务均等化

美国注重市场竞争机制在基本公共服务领域的运用，强调以市场为主导，引进竞争和激励机制。例如，美国的社会保障所遵循的是"帮助自助者"原则，而不是全面的"福利国家"原则，社会保障基金的收入来源于全国性的社会保障税和所得税的征收，国家只用于社会救助方面的支出，以最低的支出保障社会成员的基本需要及社会的稳定，这节省了国家社会保障资金的开支，并激励社会成员自我保障，避免依赖社保。逐渐形成了由政府、企业和社会团体共同提供农村公共服务的多元化供给模式。

（七）英国

1. 伦敦城市农场

英国伦敦城市食品依赖外埠供给的格局自工业革命时期就已经形成，由此，农业虽不是满足城市居民食品大宗消费的来源，却成为城市生态涵养、安全食品生产，满足居民休闲、教育等多功能的体现。伦敦拥有17处城市农场，规模在3.75~37.5亩。有大约3万名小块地生产者。这些农场以动物饲养为主，也有一些农场从事园艺生产。城市农场主要服务于社区和发挥教育作用。伦敦有77个社区公园，分布于城市的各个角落，屋顶、临时用地、社区中心等。社区花园主要种植花卉和观赏植物，也种植一些粮食作物。伦敦政府鼓励对农业残余物的综合利用，农业废弃物甚至城市生活垃圾通过回收和制作堆肥减少废物的产生，通过地产农产品减少运输消耗，经处理后的污水用于农业灌溉。伦敦将农业融入了城市环境管理系统，在市政府的废物处理战略中发挥关键作用。

2."公平至上型"基本公共服务均等化

英国强调国家在基本公共服务供给中承担的巨大责任和义务。以社会保障为例，英国实行对全民的普遍保障，保障范围几乎无所不包，并将各种保障待遇用法律的形式固定下来，强调社会保障的普遍性和公平理念，国家承担着较重的保障责任。确保提供高质量的公共服务，所有的公共服务行为都纳入立法体系，出台了《国民补助法》《国民医疗保健法》《国民保险法》《公共服务法》等法律。

二、经验借鉴

主要发达国家通常在经历了工业化和城镇化快速发展阶段后，工业反哺农业、城市支持农村，最终实现经济社会均衡协调发展。在起步阶段，各种资源要素密集流向工业城镇，农业农村发展受到抑制，城乡差异扩大，二元结构问题突出。一些国家正是因为没有解决好农业农村发展问题而没能跨越中等收入陷阱，阿根廷对城乡关系处理不妥、农业和农民发展受到抑制，乡村凋敝致使整体经济社会发展低迷，阿根廷的政策偏差则为我国避免迷局、误入陷阱提供了教训和启迪。而德日韩等国家在步入中等收入阶段后，及时准确实施了促进乡村发展的政策措施，有效激发出乡村活力，提升了文化魅力和生态优势，成功实现经济社会现代化。他们乡村发展理念先进、政府引导有力有方、农民勤勉自信积极，为我国推进乡村振兴战略提供了富有价值的经验和启示。

（一）加强顶层设计

先进的理念引导乡村振兴进程。纵观主要国家乡村振兴的发展历程，都有先进的理念引导不同主体积极参与乡村复兴、发展进程，最终推动该国乡村振兴战略或运动取得预期效果。战略设计统领乡村振兴进程。乡村发展取得成功效果的国家，政府在乡村振兴战略中，设置战略目标、确定战略要求和指导方针、制定战略步骤和战略举措。乡村振兴战略需要良好的战术支持。落实乡村振兴，在乡村工作队伍建设、乡村振兴工程建设、乡村振兴格局等方面做好战术统筹，根据不同时期农村发展需要调整农村振兴政策内容，提高乡村振兴战略实施成效。

加强政府顶层设计，补齐制度短板。充分发挥好政府在立法规划、宏观调控、监督监管等方面的引导作用，制定出台乡村振兴全国性或地方性法律法规，强化乡村振兴立法保障，夯实乡村建设发展的法律基础，明晰乡村振兴"有所为、有所不为"的法律边界，明确乡村振兴需要支持保护的正面清单和限制禁止的负面清单，搭建起法治先行、规划引领、政策支撑的制度体系框架，为市场在城乡资源配置中起决定性作用营造法治环境，为龙头企业、专业合作社等新型经营主体参与农业产业化经营创造法治条件，为保护好农民根本利益、促进农民增收提供法治保障，使乡村振兴有法可依、有章可循。

在乡村振兴过程中，美国先后制定出台并修改完善了以《农业调整法》《农业法》《农业安全与农村投资法案》等为代表的百余部法律法规，通过立法明确了农业的基础性地位，有力地支持了农业农村发展。日本则根据不同阶段农业农村发展需要，不断完善法律保障体系，制定修改《农地法》《农协法》《农业基本法》等一系列法律法规，在粮食增产、农民增收、农业增效等方面起到了良好的促进作用。德国建立了覆盖"联邦政府—州政府—地方政府"全系统的乡村建设法律框架体系，《帝国土地改革法》《土地整理法》等关键性法律法规，有力促进了土地整合和乡村更新。

1. 城乡居民收入均等化

典型国家因地制宜打造特色产业发展平台，调整优化城乡产业布局，农业产业、工业基地、旅游业等业态支撑有力，融合发展成效显著，实现了农民持续大幅增收。公共医疗与教育资源均衡配置。典型国家建立覆盖面广、公平性强，全体居民参与的城乡一体化医疗保障制度，政府计划和分配医疗资源，医疗资源分配合理，实现全体居民公平地使用医疗资源，不同收入群体之间等值分配。政府制定相关法律法规，为基础教育提供法律保障；因地制宜进行教育经费划拨，消除因地方经济发展水平导致的教育资源不均；实行教师定期流动政策，在县域范围内城乡教师相互流动，并对农村和偏远地区实行待遇倾斜政策。城乡居民养老保障制度多样。由政府强制实施的社会养老保险制度，农村居民可以与城市居民享受相同的养老保障。由个人负责、自愿参加的个人储蓄养老保险制度，以及由企业主导雇主和雇员共同出资的企业样补充养老保险制度，是其有效补充。

拓宽农民增收渠道，一是采取农业生产性补贴支持农民增收。"二战"后，德国对农用生产资料实行价格补贴；对"生产者共同体"提供一定的财政补助；并给予20%的投资补贴。日本制定农产品价格保护制度，当市场价格跌至最低保证价格以下时，由政府或者政府出资设立的事业集团参与市场收购活动。二是积极推进农户耕地规模经营。20世纪50年代，德国制定《农业法》，允许土地自由买卖和出租；实施《土地整治法》，将零星小块土地连片成方；资助有发展前途的大农场经营。20世纪60年代，日本首次修订《农地法》，开始允许农地出租和出售，重点支持与培养专业农户和农业大户。20世纪70年代末，韩国废除了3公顷土地最高限制和租赁限制。三是加快农村剩余劳动力转移。20世纪50—60年代，德国鼓励农业劳动力改行或者提前退休，日本鼓励小农户转向非农产业。20世纪70年代，韩国鼓励农村剩余劳动力流向大城市；80年代后，支持发展农村工业基地、土特产基地和乡村旅游等。四是产品专业化生产带动农民增收。日本政府根据县、乡、村自身条件和优势，打造"一村一品"，培育出一种或几种有特色、有市场、有潜力的拳头产品（不局限农产品，也包括特色旅游及文化传承项目）。

2. 重视基础设施建设

俗话说，"要想富，先修路"。这说明基础设施建设在经济发展中具有重要作用。当然，现代意义上的基础设施不仅仅局限于道路交通等传统方面，而已经涵盖延伸到生产生活、公共服务、信息物流等诸多领域；不仅仅具备打通城乡内外链接、提供生活便利等简单功能，而是成为农村生产、生活、生态和农业经济发展的关键支撑；不仅仅能够营造良好的发展环境，还能够有效降低农村经济发展的交易成本，激活人流、物流、信息流和资金流，更重要的是能够吸引人心、增加人气、留住人才，能够为乡村振兴提供活水之源和持续动力。

针对农业农村基础设施投资大、公益性强、回收周期长等特点，美国综合运用信贷担保、补贴等政策工具，由联邦政府和地方政府共同出资建设乡村公路、供气供热、垃圾污水处理等公益半公益基础设施，由市场投资主体建设农业发展等相关基础设施，为振兴乡村经济提供了有力支撑。德国以空间规划布局为先导，突出乡村文化传统和地方特色，重点完善道路交通基础设施、公共基础设施和生活服务设施，将乡村建设更新融入乡村整体发展，真正实现了"城乡等值"。

3. 加大教育投入

无论是壮大农村集体经济,还是促进农村产业融合发展,无论是构建农业产业体系、生产体系和经营体系,还是健全乡村治理体系,都离不开人才,都离不开人才振兴,"人才是第一资源"的重要性更加突出。当前,需要进一步增加农村教育投入,加大农民职业教育、职业培训和专项技能学习扶持力度,同时出台激励政策吸引新乡贤、大学生、退伍军人、农民工等返乡创业就业,打造新时代的新型职业农民队伍,以"人才振兴"助推"乡村振兴"。

美国不断加大农村教育投入,在农业教育领域实施"工读课程计划",构建农业教育、研究和技术推广相结合的"三位一体"体系,提高农民的职业技能和素质。日本积极搭建农协培训中心、农业科技培训中心等农民教育培训平台,实施地域带头人培养战略,重点培养农村产业带头人和接班人,强化对农民的技术培训和生产指导。德国农民中不乏高学历人才,并对农业从业人员设置了一定的门槛要求:农场主和农业企业主需具备从业资格,其他人员则需经过专门的农业技术培训和实习锻炼。

(二)推进产业升级改造

1. 推进产业融合发展

日本发展农业农村的"第六产业"来增强经济活力,2008年日本出台《农工商合作促进法》,陆续将"六次产业化"纳入《粮食、农业、农村基本计划》《日本振兴战略》等;政府层面自上而下成立"六次产业化"战略推进组织机构,2011年水产厅成立"水产业六次产业化推进团队",都道府县相继组建"六次产业化产地消推进委员会"。加强产业关联来提升农业动能。2013年韩国设立了100亿韩元的"第六产业相生资金",2016年又公布了《通过转向"第六产业"来促进农村经济发展和出口的相关措施》,致力于加强农业生产、加工、销售、出口等与旅游业之间的联系,以建立从农业向关联产业转变的体系。

大力推进生产经营组织化。德国19世纪就制定了《合作社法》,经过100多年发展,合作社现已全方位为农民提供农产品生产、加工、销售以及信贷、农资供应、咨询等方面的服务,成为一个综合性的社会服务体。健全农业社会化服务体系。农协是现代农业中连接分散的小规模生产与大市场的桥梁和纽带,日本农协提供全方位的服务,指派专职指导员辅助社员生产生活,吸收社员存款,再以优惠利率贷给社员;统一收购销售社员的农产品，增加市场谈判筹码，还统一购买社员生产生活所需，用于发展生产和改善生活等。

2. 培育壮大优势产业

各国以行政区域和地方特色产品为基础形成的区域农村经济发展模式，实现了把资源优势转化成产业优势和经济优势。促进产业融合是活跃农村经济的重头戏。典型国家以农村现存的有形、无形资源为基础，将农产品生产与制作、加工以及流通、销售、文化、体验、观光等要素与业态有效结合，增加产品附加值，让农民更好地获得增值收益。健全社会化服务体系是保障强势农业的支撑点。农业社会化分工的不断深化，生产者对社会化服务需求迫切，发达国家构筑了由政府、社会合作组织与农业企业构成的服务体系，有效推进了农业的集约化、规模化生产和市场化运作。

3. 发展农业新模式新业态

促进农村一二三产业融合发展，实现"三链重构"，需要大力推广功能拓展型、新技术渗透型、多业态复合型等新模式新路径，需要大力培育终端型、体验型、循环型等新产业新业态，需要着力打造农民专业合作社、家庭农场、供销合作社等新载体新平台，需要健全完善股份合作、订单农业等利益联结新纽带新机制，需要在传统农业中融入加工元素、融入服务元素、融入科技元素，形成体现现代农业特色的"微笑曲线"，这样农村发展才有活力、农民增收才有支撑，最终提高的是农业附加值，提高的是农村饱和度，提高的是农民获得感。

日本积极改造提升传统农业，大力推广以地方特色产品为基础的"一村一品"发展模式，充分发挥农业协同组织在农业生产、技术和金融等方面的独特优势，先后经历了进行初加工或简单加工的"1.5次产业"和注重农工商融合发展的"第六产业"两次转型升级，农业产业链条不断延伸，农产品附加值显著提升，农业现代化水平明显提高。美国则用发展工业的理念来发展农业，促进农业生产、加工、销售一体化，实现了农业产业化经营。

4. 转变农业生产经营方式

实现农业高质量发展，加快农业农村现代化，要瞄准制约农业生产经营的关键环节、重点领域精准发力，要聚焦深化农业供给侧结构性改革推动农业发展方式转变，要围绕小农户和现代农业有机衔接精准施策，尤其要依靠科技创新完善农业生产体系，进一步拓展生产边界；尤其要依靠资源整合促进规模化发展，进一步增加规模效益；尤其要依靠比较优势促进专业化分工，进一步提高经营效率，这也是破解当前我国农业综合竞争力不强、农民投入回报不高、抗风险能力弱的突破口和着眼点。

美国、德国高度重视提升农业生产效率，但其实现路径既有共性特点、也有个性因素。实现效率提升和规模经济，美国靠的是在粮食生产、作物种植、设施农业等方面的高度机械化，靠的是酶工程、细胞工程等农业生物化学技术的推广应用，靠的是依托资源禀赋进行的玉米带、棉花带等的生产专业化分工；实现效率提升和规模经济，德国靠的是土地合并整合实现的农业规模化、集约化生产，靠的是农业专用机械的大规模使用和农业机械化水平的大幅提高，靠的是以土地规模化和农业机械化为前提形成的农场规模化经营。

（三）夯实生态环保基石

1. 立法、立制、立规约束环境污染

立法是实现乡村可持续发展的手段。各国完善法规督促落实，通过强有力、科学的法律体系约束农业农村的环境污染行为，增强了国民的环保意识，为保护环境、减少污染实现乡村生态宜居。补贴是实现乡村可持续发展的措施。减轻农民的环保压力和环保负担，鼓励农户采取环境友好型生产方式，提高农民从事生态农业、循环农业的积极性。技术是实现乡村可持续发展的支撑。先进有效的生态环境保护技术是实现乡村可持续发展的重要支撑，通过废弃物的资源化利用、投入品的减量化使用、生产过程的有机化生产，实现了农业的循环利用和绿色发展。

韩国政府于1991年在农林部设立农业发展企划团，1994年又设立环境农业科（后改称亲环境农业政策科），逐步制定和实施了一系列亲环境的农业法规。1999年7月日本颁布实施了新的《食物、农业、农村基本法》，使之成为指导日本振兴农村经济和实现农业可持续发展的母法。作为配套法规，之后又制定实施了《家畜排泄物法》《肥料管理法》和《持续农业法》《有机农业促进法》等专项法规；日本还特别注意与法律配套的制度、规则、标准的制定，确保法律法规的贯彻落实。1981年法国正式将生态农业相关标准写入法律，1985年又出台了《生态农业法》；为推进生态农业发展，还专门设立发展基金。通过这一系列改革升级举措有效促进了法国生态农业发展，实现了生态与乡村经济的良性循环。立制，韩国建立亲环境农产品认证标示制度

和亲环境农业直接支付制度，对从事亲环境农业者给予适当激励。立规，1995 年韩国以《中小农高品质农产品生产支援事业》形式开始支援实践亲环境农业的农民，1996 年 7 月又提出《迈向 21 世纪的农林水产环境政策》。

2. 支持鼓励农民参与环境保护

欧盟第二轮 CAP 改革后，采取了绿色补贴，加强农村环境保护，试图重建栖息地，恢复农村自然生态系统原貌。所有成员国必须将 30% 的直接支付预算用于支持农民开展保护永久性草场、生态重点区域和作物多样性等活动，促进农业生产地区环境保护和气候条件改善。日本通过财政补贴的方式，鼓励农民采取环境保全型农业生产方式，如对采用可持续型农业生产方式的生态农业者给予金融、税收方面的优惠政策；对堆肥生产设施或有机农产品贮运设施等进行建设资金补贴和税款返还。

3. 技术措施助力绿色循环农业发展

日本倡导发展循环型农业，发挥农业所具有的物质循环功能，采取"减量化、再生化、有机化"等系列技术措施。一是农业化学品减量化，减少农业生产过程中化肥和农药的使用量，减少化学污染物排放量及食品有毒物质残留量；二是资源再生化，对畜禽粪便、作物秸秆等有机资源和废弃物的再生利用，减轻环境负荷，防止土壤、水体、空气等环境污染问题的发生；三是农业生产有机化，采用轮作、土壤改良及降低土壤消耗等技术。

（四）传承培育文化底蕴

保护乡村民俗文化。日本的多数乡村设有博物馆，把古老民居认定为保护单位，资助修缮保护民居。认定一批有"绝技""绝艺""绝活儿"的老艺人为"人间国宝"，录制其艺术，保存其作品，拨出专项资金给予支持，资助他们传授技艺，培养传人，改善生活和从艺条件。

推进农民启蒙教育。对于"二战"后处于落后状态的韩国农民来说，新村运动的思想启蒙意义重大，其口号是"勤勉、自助、协同"，号召农民团结互助，通过勤劳改善生活状态。

加强教育培训。韩国从中央到地方都有完整的农民培训机构体系，中央新乡村运动研修院是专门为培训"新村运动"骨干而建立。1862 年美国莫里尔赠地大学法案规定：赠地大学在基层展开推广工作，推广内容主要包括青少年发展计划、领导力培养、农业项目管理、农业资源利用、家庭科学消费、乡村社区和经济发展方案等。

保护发扬优秀的乡村传统文化。将传统精神内涵与当下乡村经济、社会发展有效结合，倡导树立自觉的敬业态度与勤劳节俭的生活风尚对乡村振兴各方面起到了积极作用。提高农民的科学技术水平和思想道德素质。针对性的培训和推广体系为农村社会发展起到人力资本积累作用，推动农业农村经济社会快速发展。引导和教育农民健康生活，树立新的生活方式和态度，展现村庄新风貌。

（五）提升乡村治理能力

法治是保障乡村治理有效的制度基础。1947 年日本制定并公布了《地方自治法》。规定市町村作为最基础的乡村地区公共团体，担负着向本市町村居民提供综合服务的责任，市町村长由居民直接选举产生，负责市町村的建设与管理。1953 年和 1956 年，日本政府分别制定了《町村合并促进法》《建设促进法》，开始以中学学区为基本人口规模，进行大规模合并运动。规定合并后采用公务政事按行政村组织行事，消防、社交、传统宗教和文化活动则主要以自然村组织治理为主。

自治是提升乡村治理能力的有效形式。20 世纪 70 年代，韩国实行"勤勉、自助、协同"的新村运动，成立了全国性的领导机构"新村运动本部"，并在各直辖市和道（相当于省）成立"新村运动指导部"，在各市和郡（相当于县）成立了救持会，后期设立了"新乡村庄建设中央会"等民间组织，1972 年专门启动了村庄指导员培训项目，积极培训基层的能人，带领全体村民共同参与村庄建设，改善村庄道路，改善饮用水供给系统等，通过自治推进新村建设。

法治自治是乡村有效治理的手段。重视立法对乡村振兴的推动作用。典型国家乡村振兴制定了一系列法律，保障乡村社会的有效治理，激发各参与主体的积极性，维护农民权益。立法覆盖乡村组织管理制度、行政体制安排、土地管理、城乡规划、农业发展和资源保护等方面。尊重农民、依靠农民、发展农民，提升村民自治能力。典型国家在乡村振兴过程中，把农民发展起来、动员起来、组织起来，提高农民自身素质、组织化程度，让农民切实以主体形式参与乡村公共事务治理，真正让农民成为乡村振兴的重要参与主体和受益者，实现乡村治理有效的目标，实现村民自治。

参考文献

1. Berman E M, Bowman J S, West J P, et al. Human Resource Management in Public Service: Paradoxes, Processes, and Problems. California: Sage Publications, 2012.

2. Boyne G, Powell M, Ashworth R. Spatial Equity and Public Services: An Empirical Analysis of Local Government Finance in England. Public Management Review, 2001, 3 (1): 19 – 34.

3. Sabereh Dejbakhsh, Colin Arrowsmith, Merv Jackson. Cultural Influence on Spatial Behaviour [J]. Tourism Geographies, 2011, 13 (1).

4. 曹永萍, 刘梦雨. 倾情书写保障和改善民生的幸福答卷——内蒙古改革开放 40 年民生建设的成就与经验 [J]. 实践, 2018 (11): 36 – 38.

5. 陈慈, 陈俊红, 龚晶, 孙素芬. 当前农业新业态发展的阶段特征与对策建议 [J]. 农业现代化研究, 2018, 39 (1): 48 – 56.

6. 陈俊红, 陈慈, 李芸等. 产业融合发展——转型中的北京农业 [M]. 北京: 中国农业科学技术出版社, 2016: 4.

7. 陈俊红, 赵姜, 龚晶等. 北京都市型现代农业发展现状、经验借鉴与路径探索 (2017) [M]. 北京: 中国农业科学技术出版社, 2018: 8.

8. 陈香玉, 龚晶, 陈俊红. 科研院所视角下农业科技政策改革的若干思考 [J]. 科技管理研究, 2017, 37 (16): 130 – 135.

9. 陈秧分, 黄修杰, 王丽娟. 多功能理论视角下的中国乡村振兴与评估 [J]. 中国农业资源与区划, 2018, 39 (6): 201 – 209.

10. 仇雨临, 翟绍果, 郝佳. 城乡医疗保障的统筹发展研究: 理论、实证与对策 [J]. 中国软科学, 2011 (4): 75 – 87.

11. 崔则. 村民自治中的民主选举研究 [D]. 成都: 电子科技大学, 2017.

12. 党国英. 试论建立村民监督委员会的重要意义——基于对陕西农村建立村民监督委员会制度的调查 [J]. 毛泽东邓小平理论研究, 2011 (5):

35-40.

13. 党国英. 我国乡村治理改革回顾与展望 [J]. 社会科学战线, 2008 (12): 1-17.

14. 党国英. 论村民自治与社区管理 [A]. 中国农业经济学会. 2005年中国农业经济学会年会论文集 [C]. 中国农业经济学会, 2005: 15.

15. 范小强, 王建利. 刍议北京乡村文化产业发展路径 [J]. 农村经济与科技, 2013 (7).

16. 傅夏仙. 久久为功, 扎实推进生态宜居的美丽乡村建设 [J]. 智慧中国, 2018 (6): 88-89.

17. 高其才. 通过村规民约的乡村治理——从地方法规规章角度的观察 [J]. 政法论丛, 2016 (2): 12-23.

18. 高珊珊. 破解"中国式"农村养老 [N]. 京郊日报, 2018-08-21 (6).

19. 龚建方. 村民自治过程中行政化问题探析 [D]. 南昌: 南昌大学, 2016.

20. 龚妮丽. 王阳明的教化思想对当代乡风文明建设的启示 [J]. 宁波通讯, 2018 (21): 25-26.

21. 龚宁, 吴燕婷. 供给侧理论下养老机构发展模式 [J]. 中国市场, 2016 (29): 24-25.

22. 关锐捷, 师高康, 张英洪, 段书贵, 朱长江. 北京农村集体经济收益分配实证研究 [J]. 农村经营管理, 2017 (4): 26-28.

23. 郭光磊, 编. 北京农村研究报告 (2013) [M]. 北京: 社会科学文献出版社, 2014.

24. 郭光磊, 编. 北京农村研究报告 (2014) [M]. 北京: 社会科学文献出版社, 2015.

25. 郭光磊, 编. 北京农村研究报告 (2015) [M]. 北京: 社会科学文献出版社, 2016.

26. 郭光磊, 编. 北京市城乡发展一体化研究 [M]. 北京: 中国言实出版社, 2016.

27. 韩芳, 武涵文. 供给侧改革视角下的京郊农村养老服务现状及问题分析 [J]. 河北农业科学, 2018, 22 (3): 88-90.

28. 韩俊. 破除城乡二元结构 走城乡融合发展道路 [N]. 学习时报, 2018-11-16 (002).

29. 韩增林，李彬，张坤领．中国城乡基本公共服务均等化及其空间格局分析［J］．地理研究，2015，34（11）：2035-2048.

30. 何仁伟．城乡融合与乡村振兴：理论探讨、机理阐释与实现路径［J］．地理研究，2018（11）：2127-2140.

31. 贺雪峰．论农村基层组织的结构与功能［J］．天津行政学院学报，2010，12（6）：45-61.

32. 贺雪峰．能人治村与基层治理现代化的方向——以苏州望亭镇调研为讨论起点［J］．长白学刊，2018（3）：57-61.

33. 贺雪峰．乡村建设的重点是文化建设［J］．广西大学学报（哲学社会科学版），2017（4）．

34. 侯江华，魏淑娟．现代化进程中村庄传统的流失——以上能村为个案［J］，江汉大学学报（社会科学版），2010（3）．

35. 胡秋华，宋延清．农村公共品供给制度：变迁特征与路径［J］．经济研究导刊，2014（16）：33-37.

36. 黄贵洪．乡村治理转型与"新乡绅"培育［D］．重庆：西南政法大学，2015.

37. 黄开腾．农村空心化治理研究：一个综述的视角［J］．农业经济，2018（1）：47-49.

38. 郎有兴．走向总体性治理：村政的现状与乡村治理的走向［J］．华中师范大学学报，2015，54（2）：11-19.

39. 李成贵．建设有文化的新农村［N］．人民政协报，2018-03-05（006）．

40. 李梅，苗润莲，张敏．北京乡村文化资源保护与开发现状及建议［J］．江西农业学报，2015（4）．

41. 李敏，张利明．当前农村不良社会风气的态势、成因及对策——基于全国 200 多个村 4000 多家农户连续 3 年的调查［J］．西北农林科技大学学报（社会科学版），2018（2）．

42. 历菲．论我国村民自治制度的完善［D］．哈尔滨：黑龙江大学，2015.

43. 林宝．中国农村人口老龄化的趋势、影响与应对［J］．西部论坛，2015，25（2）：73-81.

44. 林宏彬，吕红梅．文化中心建设视野下的北京西山文化带开发和利用［J］．北京联合大学学报（人文社会科学版），2017，15（3）：31-35.

45. 林闽钢, 王增文. 区域性基本公共服务均等化评估研究: 以江苏省为例 [J]. 城市发展研究, 2013, 20 (3): 23-26.

46. 刘丹. 加强乡风文明建设推进乡村振兴 [N]. 学习时报, 2018-08-17 (3).

47. 刘汉峰. 北京市推进农村基层党建"三级联创"活动的实践与思考 [J]. 新视野, 2016 (6): 90-95.

48. 刘洪民. 中原经济区新型农村社区民生保障问题研究 [J]. 地域研究与开发, 2013, 32 (3): 172-176.

49. 刘华军, 刘传明. 城镇化与农村人口老龄化的双向反馈效应——基于中国省际面板数据联立方程组的经验估计 [J]. 农业经济问题, 2016, 37 (1): 45-52.

50. 刘丽莉. 乡村振兴战略背景下社会主义核心价值观传播的困境与路径 [J]. 南通大学学报 (社会科学版), 2018, 34 (4): 125-130.

51. 刘玲玲, 刘承水, 王强. 北京市城乡接合部环境现状分析——基于北京市十区现状调查 [J]. 北京城市学院学报, 2017 (142): 6-9, 39.

52. 刘盛. 乡风文明与乡村振兴: 重要意义、现实难点与关键举措 [J]. 农林经济管理学报, 2018, 17 (5): 629-634.

53. 刘晓静, 张楠. 城乡统筹视角下中国养老服务体系构建 [J]. 河北大学学报 (哲学社会科学版), 2013, 38 (5): 111-118.

54. 刘彦随, 刘玉. 中国农村空心化问题研究的进展与展望 [J]. 地理研究, 2010, 29 (1): 35-42.

55. 陆杰华, 沙迪. 新时代农村养老服务体系面临的突出问题、主要矛盾与战略路径 [J]. 新疆师范大学学报 (哲学社会科学版), 2018 (11): 63-72.

56. 潘希迁. 日本农业劳动力人口老龄化的对策及对中国的启示 [J]. 世界农业, 2018 (1): 84-91.

57. 彭志强, 袁晨, 张乃可. 城乡一体化农村养老保险制度的可行性论证及政策建议——以重庆市为例 [J]. 重庆理工大学学报 (社会科学版), 2012 (5): 23-30.

58. 石静, 张伟娜. 论乡村振兴战略背景下实现城乡融合发展路径探析——以临沂市为例 [J]. 农家参谋, 2018 (23): 35-36.

59. 孙素芬, 魏清凤, 罗长寿, 陈学忠. 面向"十三五"发达地区农业信息化发展新阶段新思考——基于北京市的调查［J］．江苏农业科学，2015，43（9）：467-470．

60．汪洋，范文鹏．民生型政府视阈下农村养老社会保障体系的构建［J］．江苏大学学报（社会科学版），2014，16（2）：19-23．

61．王爱玲，文化，陈慈，等．北京现代农业建设的理论与实践［M］．北京：中国经济出版社，2015.6．

62．王春光．迈向多元自主的乡村治理——社会结构转变带来的村治新问题及其化解［J］．人民论坛，2015，479（5）：11-13．

63．王方，段豫川．重庆农村公共物品供求矛盾研究——基于对363户农户的调查［J］．农业经济，2014（2）：93-95．

64．王红漫．北京城乡一体化居民医疗保障制度探究［J］．中国医院院长，2016（3）：61-65．

65．王卉彤．农村金融改革的难点与未来方向［J］．国家治理，2018（39）：14-18．

66．王家辉．乡村振兴战略下农村金融发展模式的创新［J］．中国战略新兴产业，2018（44）：55，57．

67．王莉．乡村振兴下农村党建工作如何创新发展［J］．农家参谋，2018（19）：31．

68．王淑娇．北京"三个文化带"建设与利用［J］．城乡建设，2018（19）：40-43．

69．王廷．新型农村金融组织的发展思考［J］．现代营销（经营版），2018（11）：203．

70．王亚华，舒全峰．第一书记扶贫与农村领导力供给［J］．国家行政学院学报，2017（1）：82-87．

71．谢乾丰．关于健全"三治结合"乡村治理体系的若干思考［J］．社会科学动态，2018（4）：16-22．

72．熊海峰．大运河文化带的内涵解析与建设对策研究［J］．人文天下，2017（23）：41-44．

73．徐学庆．培育农村良好社会风气的若干思考［J］．郑州大学学报（哲学社会科学版），2009（1）．

74．徐学庆．乡村振兴战略背景下乡风文明建设的意义及其路径［J］．中州学刊，2018（9）：71-76．

75. 杨荣. 习近平关于民生保障重要论述的理论蕴涵和时代价值 [J]. 河海大学学报（哲学社会科学版），2018，20（5）：20-24.

76. 姚才刚. 社会主义核心价值观的传统文化根基及其实现路径 [J]. 湖北大学学报（哲学社会科学版），2018，45（6）：17-21.

77. 姚兆余. 农村社会养老服务的属性、责任主体及体系构建 [J]. 求索，2018（6）：59-65.

78. 于法稳. 实施乡村生态振兴，推进美丽宜居乡村建设 [J]. 金融经济，2018（19）：14-16.

79. 于建嵘. 乡村振兴需要公众有序参与 [J]. 人民论坛，2018（12）：74-75.

80. 喻琳. 农村社会管理创新下的村规民约研究 [D]. 武汉：华中师范大学，2013.

81. 袁俊，吴殿廷，吴铮争. 中国农村人口老龄化的空间差异及其影响因素分析 [J]. 中国人口科学，2007（03）：41-47.

82. 袁媛. 我国农村基本公共服务供给制度变迁中的政府行为研究 [J]. 农业经济问题，2014（11）：51-57.

83. 曾鹏，许杰智. 健全城乡协同发展体制机制 [N]. 中国人口报，2018-11-26（003）.

84. 张春光. 农村老龄化加剧的机理分析与风险防范——基于城镇化视角的探讨 [J]. 农村经济，2017（1）：92-98.

85. 张挺，徐艳梅，李河新. 乡村建设成效评价和指标内在影响机理研究 [J]. 中国人口·资源与环境，2018，28（11）：37-46.

86. 张晓昀. 中华民族传统道德的传承及其当代价值 [D]. 北京：北京交通大学，2018.

87. 张应良. 农村社区公共产品有效供给与制度创新 [M]. 北京：中国农业出版社，2013.

88. 张英洪著. 北京市城乡发展一体化进程研究 [M]. 北京：社会科学文献出版社，2015.

89. 张英洪，刘妮娜，刘雯. 北京市乡村治理现状及问题研究——以怀柔区北沟村为例 [J]. 北京农业职业学院学报，2016，30（2）：56-61.

90. 张英洪，刘妮娜. 以法治建设应对农村人口老龄化——北京市农村劳动力老龄化问题调研报告 [J]. 湖南警察学院学报，2015，27（4）：5-12.

91. 张英洪. "三权分置"的权利构建须尽快完善——基于京郊承包地情况调查 [J]. 农村经营管理, 2018 (8): 17-19.

92. 赵姜, 龚晶. 京郊农户节水型农业结构调整的意愿及影响因素分析 [J]. 干旱区资源与环境, 2018, 32 (5): 53-58.

93. 赵秋菊. 北京市"十二五"农村社会事业发展蓝皮书 [M]. 北京: 中国农业科学技术出版社, 2016: 10.

94. 中国社会科学院农村发展研究所课题组. 村民自治的有效实现形式——村民自治体适度下沉 [J]. 中国党政干部论坛, 2015, (7): 10-15.

95. 钟春艳, 王敬华. 北京城市农场发展模式与对策 [J]. 农业经济, 2017 (12): 6-8.

96. 周家明. 乡村治理中村规民约的作用机制研究 [D]. 南京: 南京农业大学, 2015.

97. 周蔚. 村规民约在村级管理中的功能问题研究 [D]. 长沙: 湖南大学, 2012.

98. 建设好生态宜居的美丽乡村 [N]. 人民日报, 2018-04-24.

99. 沈满洪、郕玉玲、彭熠等. 生态文明制度建设研究 [M]. 北京: 中国环境出版社, 2017.

100. 孙景淼等. 乡村振兴战略 [M]. 杭州: 浙江人民出版社, 2018.

重要术语索引

B

八步工作法 …… 127

C

城乡统筹 …… 64
村民自治 …… 17
村务公开 …… 17
村规民约 …… 17
传统文化 …… 24
厕所革命 …… 11
城乡一体化 …… 11
产权制度改革 …… 19
创新中心 …… 4
菜篮子 …… 26
创新创业 …… 18
城乡融合发展 …… 3
诚信台账 …… 18
村庄更新 …… 256
城乡等值化 …… 257

D

低收入帮扶 …… 32
第一书记 …… 17
多元主体 …… 128
多元治理 …… 128
道德建设 …… 138
道德模范 …… 17
低收入农户 …… 15
都市型现代农业 …… 16
对口帮扶 …… 208

F

服务能力建设 …… 31
法治乡村 …… 17
非物质文化遗产 …… 16
房地分离 …… 154
非遗文化 …… 232
发展驱动型 …… 254

G

管护机制 …… 24
公共资源配置 …… 21
规范化 …… 17
公共文化服务体系 …… 16
公共文化设施 …… 16
公益惠民演出 …… 16
国际化大都市 …… 3
公厕保有量 …… 12
沟域经济 …… 27

高精尖 …… 4

H

河长制 …… 13

J

基层党组织建设 …… 122
精神文明 …… 11
精准扶贫 …… 125
就业创业服务 …… 100
基础设施 …… 4
京津冀协同 …… 21
经济薄弱地区 …… 23
结构调整 …… 9
节水农业 …… 27
集体产权制度 …… 19
基本经营制度 …… 152

K

开发管理 …… 28
空心化 …… 4

L

绿化美化 …… 11
两个一百年 …… 3
老龄化 …… 4
林木绿化率 …… 13
历史文化保护区 …… 16
两田一园 …… 46

M

美丽宜居 …… 11

民主选举 …… 31
民主决策 …… 31
民主管理 …… 31
民主监督 …… 31
民主法治示范村 …… 17
民生保障 …… 14
面源污染 …… 13

N

农村公共法律服务体系 …… 31
农业文化 …… 16
农村基本公共服务 …… 95
农村教育 …… 32
农村医疗 …… 12
农村养老服务 …… 33
农村养老保险 …… 101
农村医疗保险 …… 102
农村污水 …… 12
农村垃圾 …… 12
农村人居环境 …… 10
农户卫生厕所覆盖率 …… 12
农村清洁能源 …… 12
农业科技创新 …… 13
农业社会化服务体系 …… 14
农业产业化联合体 …… 14
乡村公共文化服务体系 …… 16
农村基层组织 …… 17
农村集体经济 …… 19
农民合作社 …… 21
农产品电子商务 …… 75
农业职业人才 …… 18
农业科技人才 …… 18

农村专业人才 …………… 18
农村乡土人才 …………… 19
农村金融 ………………… 21
农业综合体 …………… 217

P

平安乡村 ………………… 17
盘活利用 ………………… 19

Q

清洁能源 ………………… 12
区域协作机制 …………… 80
确权颁证 ………………… 19
区域融合 ………………… 21
全域绿色发展 …………… 79

R

人才培养工程 …………… 17
人文历史遗迹 …………… 16
人居环境 ………………… 10
人才支撑体系 ………… 152
人才红利 ………………… 28
人口回流 ……………… 258

S

社会治理创新 ………… 126
四议一审两公开 ………… 31
善治 …………………… 130
"三治"融合 …………… 31
三大文化带 ……………… 16
生态旅游 ………………… 84
四级联动机制 …………… 86

社会保障 ………………… 4
社会救助 ………………… 15
森林绿地 ………………… 13
四好农村路 ……………… 11
生态环境 ………………… 12
生态修复 ………………… 52
生态补偿机制 …………… 52
疏解整治 ………………… 11
生命共同体 ……………… 3
森林覆盖率 …………… 13
生态农业 ……………… 13
三治融合 ……………… 235
三权分置 ………………… 19
适度规模经营 …………… 19
三会四权 ……………… 156
生态补偿 ………………… 52
三导三同步 …………… 220
"4+N"模式 …………… 240
三激活 ………………… 249
三链重构 ……………… 265

T

调转节 ………………… 13
土地承包经营权 ………… 19
体制机制 ………………… 19
土地制度 ………………… 26
土地承包关系 ………… 152
土地确权 ……………… 152
土地流转 ………………… 75
统筹集约利用 ………… 164

W

文化资源	16
文化宣传	28
文化服务	15
文化振兴	25
文化体育	15
污染治理	13
文化中心	4
外埠基地	73
微更新	221
微家训	232

X

乡村治理	17
新型农村社区	129
乡村德治	17
新乡贤	89
乡风文明	4
"闲人"现象	4
乡村振兴	3
乡村衰败	3
乡村生态环境	12
乡土文化	12
休闲农业和乡村旅游	14
休闲养老服务业	14
乡村文化	16
新产业新业态	21
闲置农宅利用	5
乡村共同体	224
新村运动	255

Y

移风易俗	29
1小时物流圈	73
有偿退出机制	155
一根绳精神	201
一村一品	65
以农养老	256

Z

治理有效	4
治理能力现代化	122
专业化	44
专职专选	127
自然山水	16
资金投入	49
重建轻管	30
智慧乡村	12
政治中心	4
最优化配置	222

后 记

本书能够顺利出版，得益于北京市发展与改革委员会、北京市农业农村局、北京市科委、北京市农林科学院的领导大力支持。

课题组依托农业农村部华北都市农业重点实验室、北京市农林科学院乡村振兴研究中心"农业经济与管理研究科技创新团队"平台，充分利用了农业信息与经济研究所多年积累的北京市农业农村问题研究的文献资源，在大量调研、数据采集、资料分析的基础上形成课题成果。课题调研、研讨等工作，得到了农业信息与经济研究所其他研究室、科研管理部门同仁提供了诸多帮助，在此表示深深感谢！

本书的上编由陈俊红副研究员、龚晶副研究员为主笔。中编七个专题，"北京美丽宜居乡村建设问题研究"（专题Ⅰ）由周中仁副研究员执笔，"北京农村产业发展问题研究"（专题Ⅱ）、"北京农村人口老龄化问题研究"（专题Ⅶ）由陈俊红执笔，"北京乡风文明问题研究"（专题Ⅲ）由杜洪燕博士执笔，"北京农村民生保障问题研究"（专题Ⅳ）由陈玛琳、龚晶执笔，"北京乡村治理问题研究"（专题Ⅴ）由张慧智副研究员执笔，"北京推进城乡融合发展体制机制研究"（专题Ⅵ）由陈香玉博士执笔。下编由龚晶、陈俊红、杜洪燕、本所实习硕士生吴红、郑子戌共同搜集整理完成。孙素芬研究员、孟鹤副研究员全程参与课题研究，并对各专题研究提供了技术性指导。

特别感谢北京市农学院唐衡教授、苟天来教授、董景山教授、徐广才教授等，北京市农村经济研究中心万敏波博士、陈金玲博士，首都经济贸易大学张强教授，北京市发展与改革委员会研究中心朱跃龙研究员、李金亚博士提供了诸多技术支持，他们为本成果的形成提供了宝贵意见和建议。

特别感谢21世纪创新研究院（CAPPC）执行院长王仕涛研究员、中国社会科学院农村发展研究所崔红志研究员、中国人民大学孔祥智教授、北京师范大学孙津教授、北京市农村经济研究中心张英洪研究员、北京市农学院刘芳教授，在百忙中抽出时间给予指导，并提出中肯意见，使本项成果研究思路更加清晰，内容更加合理和充实。

特别要说明，本书所用数据主要来源于统计局出版的各类年鉴数据、第三次全国农业普查数据、北京市农业农村局、科委、旅游委、环保局、民委、民政局、工商局、教委等相关部门直接提供。课题研究还参阅了政府部门及知名研究机构的公开报告，由于篇幅所限，未能在正文中全部标注，深表歉意。同时，也对各方面的支持与帮助表示衷心感谢！由于时间仓促和水平有限，偏颇、遗漏之处在所难免，恳请谅解和斧正。

最后需要指出的是，本书内容只反映课题组成员个人的观点。对于乡村振兴相关问题研究力求实事求是和全面，但由于学识和研究水平有限，还存在诸多不成熟和不完善之处，欢迎读者提出宝贵意见和建议。

著　者

2018 年 12 月于北京